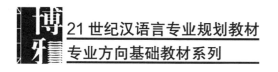

21世纪汉语言专业规划教材
专业方向基础教材系列

汉字学通论

（第二版）

孔祥卿　史建伟　孙　易　白艳章　编著

图书在版编目 (CIP) 数据

汉字学通论 / 孔祥卿等编著 . — 2 版 . — 北京：北京大学出版社，2020.9
21 世纪汉语言专业规划教材 . 专业方向基础教材系列
ISBN 978-7-301-31064-9

Ⅰ．①汉⋯　Ⅱ．①孔⋯　Ⅲ．①汉字－文字学－高等学校－教材　Ⅳ．① H12

中国版本图书馆 CIP 数据核字 (2020) 第 017607 号

书　　　名	汉字学通论（第二版） HANZIXUE TONGLUN (DI-ER BAN)
著作责任者	孔祥卿　史建伟　孙　易　白艳章　编著
责任编辑	王铁军
标准书号	ISBN 978-7-301-31064-9
出版发行	北京大学出版社
地　　　址	北京市海淀区成府路 205 号　100871
网　　　址	http://www.pup.cn　　新浪微博：@北京大学出版社
电子信箱	zpup@pup.cn
电　　　话	邮购部 010-62752015　发行部 010-62750672 编辑部 010-62752028
印　刷　者	大厂回族自治县彩虹印刷有限公司
经　销　者	新华书店
	650 毫米 ×980 毫米　16 开本　24.25 印张　361 千字 2006 年 6 月第 1 版 2020 年 9 月第 2 版　2021 年 12 月第 2 次印刷
定　　　价	59.00 元

未经许可，不得以任何方式复制或抄袭本书之部分或全部内容。
版权所有，侵权必究
举报电话：010-62752024　电子信箱：fd@pup.pku.edu.cn
图书如有印装质量问题，请与出版部联系，电话：010-62756370

第二版前言

《汉字学通论》自2006年出版至今已经十几年了。本书内容全面而又浅显易懂，被很多本科院校中文专业作为文字学课程的教材或参考书。在教学中我们一直在补充修改，也有一些学生和读者给我们提出了宝贵意见，十多年来学术界也有了很多新的研究进展，所以我们觉得本书有必要重新修订出版。这次修订保持了原书的章节结构，新增加了第十章"汉语俗字的研究"，原第十章"汉字向周边民族的传播"改为第十一章，增加了附录一《简化字总表》和附录二《第一批异体字整理表》。

三位原作者参与了修订，孔祥卿负责绪论、第一章、第二章、第三章、第四章、第五章、第六章和第九章的修订，史建伟负责第七章、第八章的修订，孙易负责第十一章的修订。新增加的第十章由白艳章撰写。

这次修订引用和吸收了很多专家学者的最新研究成果，书中大都做了标注，有些不便标注的地方，恳请见谅。书中难免有疏漏和错误，希望读者批评指正。

作者

2019年7月

目 录

绪论 中国文字学的历史发展和学科分支 ⋯⋯⋯⋯⋯⋯⋯⋯ 1
 第一节 中国文字学的萌芽 ⋯⋯⋯⋯⋯⋯⋯⋯⋯⋯⋯ 1
 第二节 中国文字学的奠基之作——《说文解字》 ⋯⋯⋯ 3
 第三节 传统文字学的发展 ⋯⋯⋯⋯⋯⋯⋯⋯⋯⋯⋯ 5
 第四节 古文字学的建立 ⋯⋯⋯⋯⋯⋯⋯⋯⋯⋯⋯⋯ 7
 第五节 现代汉字学的产生 ⋯⋯⋯⋯⋯⋯⋯⋯⋯⋯⋯ 8
 第六节 汉语俗字学的成熟 ⋯⋯⋯⋯⋯⋯⋯⋯⋯⋯⋯ 9

第一章 汉字在世界文字发展史上的地位 ⋯⋯⋯⋯⋯⋯⋯ 10
 第一节 文字的产生 ⋯⋯⋯⋯⋯⋯⋯⋯⋯⋯⋯⋯⋯⋯ 10
 第二节 文字的发展规律 ⋯⋯⋯⋯⋯⋯⋯⋯⋯⋯⋯⋯ 20
 第三节 汉字在世界文字发展史上的地位 ⋯⋯⋯⋯⋯⋯ 24

第二章 汉字的产生 ⋯⋯⋯⋯⋯⋯⋯⋯⋯⋯⋯⋯⋯⋯⋯⋯ 31
 第一节 各种史前的刻画符号 ⋯⋯⋯⋯⋯⋯⋯⋯⋯⋯ 31
 第二节 连缀成文的古文字资料 ⋯⋯⋯⋯⋯⋯⋯⋯⋯ 34
 第三节 汉字系统的形成 ⋯⋯⋯⋯⋯⋯⋯⋯⋯⋯⋯⋯ 36

第三章 汉字字体的演变 ⋯⋯⋯⋯⋯⋯⋯⋯⋯⋯⋯⋯⋯⋯ 41
 第一节 甲骨文 ⋯⋯⋯⋯⋯⋯⋯⋯⋯⋯⋯⋯⋯⋯⋯⋯ 41
 第二节 金文 ⋯⋯⋯⋯⋯⋯⋯⋯⋯⋯⋯⋯⋯⋯⋯⋯⋯ 43
 第三节 大篆 ⋯⋯⋯⋯⋯⋯⋯⋯⋯⋯⋯⋯⋯⋯⋯⋯⋯ 49
 第四节 小篆 ⋯⋯⋯⋯⋯⋯⋯⋯⋯⋯⋯⋯⋯⋯⋯⋯⋯ 51
 第五节 隶书 ⋯⋯⋯⋯⋯⋯⋯⋯⋯⋯⋯⋯⋯⋯⋯⋯⋯ 54
 第六节 楷书 ⋯⋯⋯⋯⋯⋯⋯⋯⋯⋯⋯⋯⋯⋯⋯⋯⋯ 60

第七节　草书和行书 …………………………………… 62
　　第八节　汉字字体发展演变的原因 …………………… 64

第四章　汉字的造字法 …………………………………… 67
　　第一节　"六书"理论的发展 …………………………… 67
　　第二节　汉字造字法的发展 …………………………… 70
　　第三节　造字法的层次 ………………………………… 92

第五章　汉字系统的描写与分析 ………………………… 95
　　第一节　汉字的系统性 ………………………………… 95
　　第二节　汉字系统的共时描写 ………………………… 99
　　第三节　小篆汉字系统的描写与分析 ………………… 101

第六章　汉字字与词的对应关系 ………………………… 190
　　第一节　一字多词 ……………………………………… 190
　　第二节　一词多字 ……………………………………… 194
　　第三节　同形字 ………………………………………… 200
　　第四节　字词关系的历时变化 ………………………… 203

第七章　《说文解字》和历代字书 ………………………… 208
　　第一节　许慎和《说文解字》 …………………………… 208
　　第二节　后世研究《说文解字》的著作 ………………… 211
　　第三节　《说文解字》以后的字书 ……………………… 217

第八章　古文字的研究 …………………………………… 230
　　第一节　甲骨文的研究 ………………………………… 230
　　第二节　商周金文研究 ………………………………… 235
　　第三节　战国文字研究 ………………………………… 239

第九章　现代汉字的研究 ………………………………… 251
　　第一节　现代汉字的形体分析 ………………………… 252
　　第二节　汉字的规范化和标准化 ……………………… 260
　　第三节　现代汉字属性的研究 ………………………… 269

第四节　汉字与中文信息处理 …………………………………… 278

第十章　汉语俗字的研究 …………………………………………… **281**
　　第一节　俗字的定义 ……………………………………………… 281
　　第二节　俗字材料的整理与研究 ………………………………… 282
　　第三节　俗字的类型 ……………………………………………… 292
　　第四节　俗字考辨的方法 ………………………………………… 301

第十一章　汉字向周边民族的传播 ………………………………… **306**
　　第一节　南方的汉字系文字 ……………………………………… 306
　　第二节　东方的汉字系文字 ……………………………………… 313
　　第三节　北方的汉字系文字 ……………………………………… 317
　　第四节　汉字传播的规律 ………………………………………… 322

主要参考文献 ………………………………………………………… **326**

附录一　简化字总表 ………………………………………………… **328**

附录二　第一批异体字整理表 ……………………………………… **363**

绪论　中国文字学的历史发展和学科分支

文字学古代叫"小学"。"小学"本来是指贵族子弟学习的学宫，《汉书·艺文志》："古者八岁入小学，故周官保氏掌养国子，教之六书。"因为文字为小学必修的课程，所以就用"小学"指称文字之学。班固《汉书·艺文志》系采录西汉刘歆《七略》而成，其中《六艺略》有"小学类"，列文字学书十家四十五篇。颜师古注："小学，谓文字之学也。"但是此"文字之学"与我们现在所说的"文字学"并不相同，实际是语言文字之学。中国古代没有现代意义上的语言学。在古代，口语不被重视，主要研究的是经籍中的语言，即书面语言。书面语言是用文字记录下来的，所以"小学"研究文字的形音义，目的是为了读懂经书。对文字形音义的研究后来形成了三门相互关联的学科：文字学、音韵学、训诂学。文字学主要研究字形，音韵学主要研究字音，训诂学主要研究字义。但是因为文字是集形音义于一身的，三者的研究又是不能割裂开的，所以，与音韵学、训诂学相对而言时，文字学是指研究字形的学科；一般笼统地讲时，文字学就是包括这三门学科在内的"小学"。

直到近代，章太炎等人正式倡导"语言文字之学"这一名称，取代了传统的"小学"，语言学和文字学也开始成为两个独立的学科。语言学以语言为研究对象，文字学以文字为研究对象。文字学是研究文字的产生、构造、发展演变规律等的学科。

第一节　中国文字学的萌芽

秦汉以前，是中国文字学的萌芽期。先秦时期已经有了不少关于汉字起源问题的传说，主要有：结绳和契刻说、八卦说、仓颉造字说等。

这些关于汉字起源的传说虽然与科学和事实相去较远，但是它们却反映了当时人们对文字问题的重视，因而可以说是中国人对文字问题最早的思考。

在先秦的著作中，已经有人通过字形的分析来说明字义，比如，《左传·宣公十二年》"止戈为武"，《宣公十五年》"反正为乏"，《昭公元年》"皿虫为蛊"，《韩非子·五蠹》"自环为厶，背厶为公"。这些解释虽然不一定符合古人造字的原意，作者在分析字形的时候，也不是出于文字学的目的，而是为了说明自己的思想理念；但是，毕竟已经注意到了汉字字形的可分析性。这些可以看成是中国文字学的萌芽。

《周礼·地官·保氏》："保氏掌谏王恶，而养国子以道。乃教之六艺，一曰五礼，二曰六乐，三曰五射，四曰五驭，五曰六书，六曰九数。"书，是写字的意思，"六书"与其他五艺并列，应该是指六种识写文字的技巧。那么，早在西周时期，在教授学童识字的时候，已经总结出了六种文字的条例，来帮助学童识字写字。虽然《周礼》没有明言"六书"的具体内容，但是，其性质与汉代形成的汉字构字条例的"六书"应该是一致的。

在教授学童识字的过程中，古人也开始编撰一些识字课本。《汉书·艺文志》中的"小学类"专指童蒙识字课本。据记载，最早的汉字识字课本是《史籀篇》。《汉书·艺文志》："《史籀》者，周时史官教学童书也。"许慎《说文解字叙》也说："及宣王太史籀，著大篆十五篇。"据此，一般认为《史籀篇》是西周时所编的识字课本。自从王国维《史籀篇疏证·序》中提出"史籀"并非人名，《史籀篇》也并非西周之作，而是春秋战国之间秦人所作，后人也多有以《史籀篇》为春秋战国时秦系文字者，但它仍是现在所知的最早的识字课本。

到了秦始皇统一天下，推行小篆，则有李斯的《仓颉篇》，赵高的《爰历篇》，胡毋敬的《博学篇》。这三部书，都是为了作为中央"书同文"政策的范本而写就的。到汉代合为一书，称《仓颉篇》，又称"三仓"。

汉初，丞相萧何制定了对整个汉朝影响巨大的文字政策，这种政策基本上可以看作是"以字取士"。重视文字的汉人，继承了秦"三仓"的传统，司马相如编《凡将篇》，史游作《急就篇》，李长编《元尚篇》，扬雄编《训纂篇》，东汉和帝时又有贾鲂的《滂喜篇》等。后人以"秦三仓"为上卷，扬雄《训纂篇》为中卷，贾鲂《滂喜篇》为下卷，称为汉"三仓"。

这些字书就是把常用的字编成三字、四字或七字的韵文，便于学童背诵识记。这样的识字课本虽然不能算是文字学著作，但是，它们在识字教学和规范社会用字方面起到了重要作用。后世仍有这样的识字课本出现。

第二节　中国文字学的奠基之作——《说文解字》

中国的文字学早在周秦时期就开始萌芽，到汉代逐渐成熟。东汉许慎的《说文解字》，是中国文字学的奠基之作，标志着中国传统文字学的形成。

《说文解字》分正文和叙两部分。《说文解字叙》是许慎在先秦到汉代的学者对文字问题长期思考的基础上系统整理的集大成之作，是中国传统文字学的经典理论。

《说文解字叙》首先讨论汉字产生的背景："古者庖牺氏之王天下也，仰则观象于天，俯则观法于地，视鸟兽之文与地之宜，近取诸身，远取诸物，于是始作《易》八卦，以垂宪象。及神农氏结绳为治而统其事，庶业其繁，饰伪萌生。黄帝之史仓颉见鸟兽蹄迒之迹，知分理之可相别异也，初造书契。百工以乂，万品以察。"说明在汉字产生以前，曾有八卦、结绳、刻契这样的记事符号系统。这些虽不是文字，但是有着和文字相似的记事作用。文字的产生与文字之前的记事方法有着密切关系，文字的创造出于同样的目的，而有着更好的效用。

然后讨论汉字创造的过程："仓颉之初作书，盖依类象形，故谓之文。其后形声相益，即谓之字。字者，言孳乳而浸多也。"说明汉字的创造源于象形，象形字是汉字系统的基础。

又研究了汉字的构造方式："周礼八岁入小学，保氏教国子先以六书。一曰指事，指事者，视而可识，察而可见，上下是也。二曰象形，象形者，画成其物，随体诘诎，日月是也。三曰形声，形声者，以事为名，取譬相成，江河是也。四曰会意，会意者，比类合谊，以见指㧑，武信是也。五曰转注，转注者，建类一首，同意相受，考老是也。六曰假借，假借者，本无其字，依声托事，令长是也。"从《周礼》提到"六书"，到汉代郑玄注《周礼》引郑司农解释"六书"为"象形、会意、转注、处事、假借、谐声"，到东汉班固《汉书·艺文志》"六书，谓象形、象事、象意、象声、转注、假借，造字之本也"，明白地说明"六书"就是六种造字方法。《汉书·艺文志》采自西汉刘歆的《七略》，则西汉时已明确"六书"是汉字的构字方法，但是并没有出现系统阐释"六书"的著作，直到许慎的《说文解字叙》，才系统阐释了汉字构字的理论——"六书"理论。

《说文解字叙》认识到汉字字形是不断变化的："仓颉之初作书，……以迄五帝三王之世，改易殊体。封于泰山者七十有二代，靡有同焉。""及宣王太史籀著大篆十五篇，与古文或异。至孔子书六经，左丘明述春秋传，皆以古文，厥意可得而说。""其后诸侯力政，不统于王，恶礼乐之害己，而皆去其典籍，分为七国，田畴异亩，车涂（途）异轨，律令异法，衣冠异制，言语异声，文字异形。秦始皇帝初兼天下，丞相李斯乃奏同之，罢其不与秦文合者。（李）斯作《仓颉篇》，中车府令赵高作《爰历篇》，太史令胡毋敬作《博学篇》。皆取《史籀》大篆，或颇省改，所谓小篆者也。是时秦烧灭经书，涤除旧典，大发隶卒，兴役戍，官狱职务烦，初有隶书，以趣约易，而古文由此绝矣。"许慎梳理了汉字字体的历史发展：从仓颉造字，到五帝三王之世，字体不断变化，到周宣王太史籀著大篆十五篇，与古文或有不同。至战国，各地言语异声，文字异形。秦始皇帝统一天下之初，即以小篆同一天下文字。此时，因为官狱繁杂，开始有书写简易便利的隶书，从此古文就不再使用了。

综上，文字的产生、文字的构造、文字的历史发展等重要的理论问题在《说文解字叙》中都有体现，我国后世的文字学正是以《说文解字》为基础继续发展深入的。

《说文解字》正文部分是许慎对其文字学理论的具体运用。因为隶书已经失去了古文造字之意,所以《说文解字》以小篆为字头,用"六书"理论对9353个小篆字形进行结构分析,通过分析字形来说明字义、字音,从中发现了汉字的系统性:汉字是衍形文字,具有相同偏旁的字往往有同类的意思,即"凡某之属皆从某"。《说文解字》分析出汉字的540个衍形的偏旁,具有相同偏旁的字放在一起为一部,以首字统系全部,即"部首",使得九千多汉字各有其位。

许慎的文字学理论和实践成为中国传统文字学的基石。

第三节　传统文字学的发展

许慎的《说文解字》是中国文字学的奠基之作,开创了研究文字的体例和方法。自此以后,仿拟《说文解字》体例的字书,历代迭出,继续《说文解字》研究的学者,代有其人。传统文字学的内容更加丰富、深入。

一、字书、字典的编纂

隋唐之时,小学书分为三类:以字形为统系的书称为形书,即《说文解字》一系;以字音为统系的书称为韵书,即《切韵》一系;以字义为统系的书称为义书,即《尔雅》一系。

《说文解字》既是我国第一部文字学著作,也是我国第一部字典,通过解说字的形音义,确定字形的规范和用字的规范。它开创的编撰字典的体例和方法为后世的字典所继承和发展。晋吕忱的《字林》,南朝梁顾野王的《玉篇》,辽代释行均的《龙龛手镜》,宋代司马光(实为王洙等编)的《类篇》,明代梅膺祚的《字汇》、张自烈的《正字通》,清代张玉书等奉敕编撰的《康熙字典》等,都是仿《说文解字》体例编成的字典,除了《字林》字体用隶书,其他都是楷书。所收字数越来越多,《康熙字典》达4万多。编排方法在《说文解字》540部首的基础上不断合并、调整,到《字汇》确定的214部基本上成为后来字典部首编排的基础。

唐代开始兴起字样之学，"字样"就是标准字形。毫无疑问，《说文解字》一书已有正字的作用，而唐代以后编撰的字样一类的字书则是以正字为目的。这主要是因为魏晋南北朝正是汉字字体由隶变楷的时期，字形纷繁，出现了很多俗体、讹误，需要经过考证，确定正字。颜师古的《字样》是第一部这种目的的字书，"字样"的名称也由此而来。之后，颜元孙的《干禄字书》，张参的《五经文字》，玄度的《新加九经字样》等都是正字法的著作，这些著作对于确立楷书的字形规范起到了重要作用。

二、对《说文解字》的研究

《说文解字》成书后，一直受到人们的重视。研究《说文解字》的学者代有其人，到清代达到鼎盛时期。清代研究《说文解字》的学者不下200人，有对《说文解字》进行校勘和考证的，有对《说文解字》进行补充和匡正的，有对《说文解字》的体例和内容进行全面研究的，还有对前人或同时代人研究《说文解字》的著作进行订补或研究的。其中最著名者有段玉裁、桂馥、王筠、朱骏声，他们四人一起被称为"说文四大家"。此种研究一直延绵至今，仍在继续推进，已经成为专门之学，世称"许学"或"《说文》学"。

《说文解字》开创的汉字构造的基本理论"六书"是《说文解字》研究的一个重要问题，古往今来研究和补充修正的人很多，成为"《说文》学"的一个分支——"六书学"。

三、右文和声系的研究

《说文解字》对汉字系统性的认识基于形旁，因为形旁多居字的左边，学者称之为"左文"，而声旁多居字的右边，称为"右文"。上古字少，很多字一字表示数义，后加不同的形旁相区别，而原字成为声旁，这样的一组字成为具有相同声旁的一系。这样的右文系统具有意义上的共性，在《说文解字》中已有所发现，比如丩部、句部等不以形旁为部首，而以声旁为部首，实际反映了许慎已对"右文"有所认识。

晋代杨泉《物理论》："在金曰坚，在草木曰紧，在人曰贤。"说明晋人已经注意到声旁相同的字如"坚、紧、贤"意义是有联系的。

到宋代就有人专从声符来说解字义,沈括《梦溪笔谈》卷十四:"王圣美治字学,演其义以为右文。古之字书,皆从左文。凡字,其类在左,其义在右。如木类,其左皆从木。所谓右文者,如戋,小也,水之小者曰浅,金之小者曰钱,歹而小者曰残,贝之小者曰贱。如此之类,皆以戋为义也。"《宋史》列传88:"王子韶,字圣美,太原人。……入对,神宗与论字学,留为资善堂修定《说文》官。"虽然王圣美并没有留下有统系、有条例之右文说专著,但是王圣美修订《说文解字》时,对右文有专门研究,被沈括记入《梦溪笔谈》,说明其"右文说"在当时是有一定影响的。

清代,戴震给段玉裁的信中说:"谐声字,半主义,半主声。《说文》九千余字,以义相统,今作谐声表,若尽取而列之,使以声相统,条贯而下,如谱系,则亦必传之绝作也。"后江沅的《说文解字音均表》、张惠言的《说文谐声谱》、陈立的《说文谐声孳生述》、姚文田的《说文声谱》、严可均的《说文声类》等,都是根据《说文解字》9353字而求得声旁,用声旁统系诸谐声之字,此为"声系"。他们做声系的目的,与段玉裁《古十七部谐声表》一样,都是为了古韵分部。而朱骏声的《说文通训定声》一书,解散《说文解字》540部首,以声为纲,所从得声之字隶于声旁之下,用1137声旁统《说文解字》之字,目的是明转注假借之旨,开了以声求义文字书的先河,为后世的字源研究奠定了基础。

第四节 古文字学的建立

古文字学肇端于宋代开始的"金石学"。从汉代就有商周的古器物在各地陆续发现,到宋代,出土的古器物渐多,爱好、收集、研索的人也愈多,遂成为"金石之学"。但是宋代的金石学家更关注器物本身,如欧阳修的《集古录》、赵明诚的《金石录》都是著录铜器,对上面的铭文研究较少。宋人对金文的研究或是著录铭文,如王俅《啸堂集古录》;或是摹录铭文后再凭借《说文解字》加以考释,如吕大临《考古图释文》，薛尚功《历代钟鼎彝器款识法帖》，宋徽宗敕撰、王黼等编《宣和博古图录》；另外也出现了汇集金文而编的字书类，如王楚《钟鼎篆韵》等。

经过元明时期金石学的中衰，到清代，金石学研究大盛，清高宗乾隆敕编的《西清古鉴》《宁寿鉴古》《西清续鉴甲编》《西清续鉴乙编》，合称"西清四鉴"，成为清代金石研究复兴的先导。此后著录、考释金文的著作很多，金文的材料日渐丰富。金文的研究取得了很多成果，出现了对古文字形体进行综合研究和总结研究方法的著作，如孙诒让的《名原》《古籀拾遗》《古籀余论》等，使得古文字学开始从金石学中分离出来。而1899年甲骨文的发现及其后对甲骨文的释读和研究更促进了科学古文字学的建立，形成了以古籀文字、金石文字、甲骨文字、简帛文字等为研究对象的古文字学。

第五节　现代汉字学的产生

清末以来的汉字改革运动和中华人民共和国成立后的汉字简化和汉字规范使得中国文字学出现了一个以现代汉字为研究对象的分支学科——现代汉字学。

传统所说的中国文字学实际都是以汉字为研究对象的，随着19世纪末西方普通文字学传入中国，以及中华人民共和国成立之初对我国少数民族语言文字的普查，人们意识到把只是研究汉字的学科冠以"中国文字学"的名称是不合适的，于是有学者开始使用"汉字学"的名称，以便与普通文字学和研究其他民族文字的学科相对待。

"现代汉字学"的名称是周有光先生最先提出的。周先生在《现代汉字学发凡》中说："汉字学分三部分：一、历史汉字学，二、现代汉字学，三、外族汉字学。""现代汉字学研究现代汉字的特性和问题，目的是为今天和明天的应用服务，也就是为四个现代化服务，减少汉字在现代生活中的不方便。"[①]

---

① 周有光《现代汉字学发凡》，载《语文现代化》丛刊第2辑，1980年。

现代汉字学有不同于传统汉字学的研究内容。现代汉字学是以现代汉字为研究对象，主要以应用为目的的学科。其应用的方面包括：汉字教学、社会用字、汉字信息处理等。其研究的内容有：现代汉字的性质和特点、现代汉字的形体分析、汉字的规范化和标准化（包括字形、字音、字义等）、汉字属性的研究（包括字量、字频、字性、字序等）、汉字的信息处理、汉字发展前途的规划等。

第六节　汉语俗字学的成熟

俗字是与正体相对，主要流行于民间的通俗字体。俗字存在于汉字历史上的各个时期，某一时期的俗字是相对于同一时期的正字而言的，正俗之间的关系可以随着时间的推移而改变。汉字楷化以后产生的俗字是汉语俗字研究的主要对象。

长期以来，文字学关注的是典籍传承的正字，而民间使用的俗字因为不登大雅之堂而不被重视，虽然历代字书收录有大量俗字，但是少有对其进行专门研究者。近一个世纪以来，大批敦煌写卷文书公诸于世，加上出土的墓志碑铭等资料中，都有大量的俗体别字，为俗字研究提供了材料。随着近年来很多学者对俗字进行考证、收录，开始出现"俗文字学"这个说法。蒋礼鸿的《中国俗文字学研究导言》[1]是一篇在俗字研究史上具有导夫先路意义的重要论文，构建了汉语俗字学最基本的理论框架。张涌泉的《汉语俗字研究》（1996），是第一部汉语俗字研究的理论专著，内容包括俗字的定义、古今俗字材料和研究状况、俗字研究的意义、俗字的类型、俗字考辨的方法等。汉语俗字研究在多年实践的基础上，理论也日渐成熟，成为汉语文字学研究的一个重要分支。

---

[1]　载《杭州大学学报》1959年第3期。

第一章　汉字在世界文字发展史上的地位

第一节　文字的产生

一、什么是文字

关于文字的概念，有广义和狭义两种理解。广义的文字指可以用来记事和交流、传递信息的书面形式；狭义的文字指记录语言的书面符号系统。前者把具有记事和传信作用的图画和符号包括在内，后者则将记事图画和符号排除在外。这两个定义各有不同的内涵和外延，一般所说的文字指后者。本书所说的文字在不做特别说明的情况下指的是狭义的文字。

人类最主要的交际工具是语言。语言是一个听觉符号系统，以声音为载体，通过人的听觉来感知。文字是人类创造的书面交际工具。文字是视觉符号系统，以书面形象为载体，通过人的视觉来认知。文字通过记录语言来交流和传递信息，需要转换为声音，即读出来才能表达意义；而广义的文字可以代替语言来交流和传递信息，直接表意，不需要转换为声音。语言具有民族性，从属于一定的族群，不同语言之间不能实现交际。文字也有民族性，不能跨越语言进行书面交际；而广义的文字不通过语言来传意，因此可以跨越语言来交流信息。

记录语言的文字产生得很晚，通常把有文字记录的时代称为"有史"的时代，文字产生之前的时代称作"史前"时期。"史前"时期早就出现了一些记事和传递信息的书面形式，有些民族一直没有创造可以记录其语言的文字，但是大都有一些记事和传信的书面形式，文字就是由这些史前的记事和传递信息的书面形式发展而来，因此，这种广义的文字可以称为"前文字"。

二、文字产生以前的记事方法

《说文解字叙》:"古者庖牺氏之王天下也,仰则观象于天,俯则观法于地,视鸟兽之文与地之宜,近取诸身,远取诸物,于是始作《易》八卦,以垂宪象。及神农氏结绳为治而统其事,庶业其烦,饰伪萌生。黄帝之史仓颉见鸟兽蹄迒之迹,知分理之可相别异也,初造书契。百工以乂,万品以察。"

许慎在这段话中讲到"八卦""结绳""书契",它们的作用各有不同。八卦用来"垂宪象"。宪,就是法,就是规律,八卦用卦象向后人垂示吉凶祸福的规律,教人们趋吉避凶,趋利避害。八卦是一种分类记事的符号系统,属于广义的文字。

结绳是在绳子上打结来帮助记事的方法。《周易正义》引《虞郑九家义》说:"古者无文字,其有约誓之事,事大大结其绳,事小小结其绳,结之多少,随物众寡,各执以相考,亦足以相治也。"结绳作为一种帮助记事的方法,很多原始民族都使用过,直到中华人民共和国成立前,有一些民族还在使用,有的发展出了相当复杂的结绳系统。李家瑞《云南几个民族记事和表意的方法》中说道:"傈僳族(碧江三区)黑麦燕带养侄儿时,用麻绳涂了墨,供给侄子一月,就结上一个结,用以记着供给侄子的月数。到解放时,已经结了五十一个结,因侄子已参加工作,他的叔父拿出这根绳子,表示他供养侄儿四年多了。""哈尼族(红河元阳)买卖田地时,用单股麻线打结,标志田价银子。每结代表一两银子,结与结之间距离相等,即是单位相同。如最后距离只有一半,即代表半两。这种打结麻线,买卖时要制同样的两根,买卖双方各执一根。"①

"书契","书"是文字,"契"是符契。《释名》:"契,刻也。刻识其数也。"郑玄注《周易·系辞》说:"书之于木,刻其侧为契,各执其一,后以相考合。"就是在竹木之上刻画齿痕,从中间劈开,一分两半,各执其一,相合则足以作为凭证,谓之"合契"。古书上记载了古代刻契作为借贷凭证的事。《列子·说符》:"宋人有游于

---

① 李家瑞《云南几个民族记事和表意的方法》,载《文物》1962年第1期。

道得人遗契者，归藏之，密数其齿，曰：吾富可待矣。"史籍和方志记载，我国很多民族都使用过木契。刻契是用刻画符号来记事。符契上的刻画符号和地下出土的陶器上的刻画符号，从外形到功用都有相似之处，这些符号有的后来被采用，作为文字符号。因此，史前刻画符号与早期文字的关系是相当密切的。许慎"书契"连言，正说明刻画符号与文字的关系。

"仓颉之初作书，盖依类象形，故谓之文。其后形声相益，即谓之字。"明白地告诉我们中国最早的文字是依类象形，即按照事物本身所属，描画其形象，也就是说文字符号来源于图画。

两千多年前《说文解字叙》所说的文字产生的过程与我们今天田野考古和社会调查得出的结论是一致的。文字产生之前，先民们用来记事的方法大致可以分为三大类：物件记事、符号记事、图画记事。[①] 文字正是由这三类记事方法引导出来的，而图画是文字符号最重要最直接的来源。

绘画是人类认识世界的产物，是对客观世界的描绘。世界各地发现的属于旧石器时代的遗物中，有一些刻或使用黑颜料画在岩石和洞穴的岩壁上的绘画，大多是一些动物图形（狮子、犀牛、马、鹿等），虽然很原始，但却是写实的，这些绘画属于原始艺术。

我们可以从原始图画中了解当时的社会生活。下面是两幅发现于云南沧源的岩画。

图1　云南沧源岩画

---

① 汪宁生《从原始记事到文字发明》，载《考古学报》1978年第9期。

图1是为庆祝胜利或节日举行的群舞狂欢的场面。左下角有一特大的双手叉腰、腰扎皮裙的人,头部衬托有特大的云朵,这显然是一个最重要的人物,酋长或是部落首领。画面的中心有两个相对起舞的人,头带鸟的尾羽,手臂披着羽毛,这是巫祝的形象。在巫祝的左上方有一对上下相对的人形,似要进行格斗表演,左旁有交叉搭成的木棒与酋长隔开,上方和右方有成排列队的起舞的人形,身体都是填实的三角形,似乎表示男性,都作统一的舞蹈动作。左下方在酋长的周围,是用单勾画成的三角形人形,似乎表示女性,其中有一个高举双手似乎在欢呼,显然她是女性中地位最高的成员。在她旁边还有双臂下垂头戴牛角的舞师。其他女性除还有一个举手欢呼者以外,都没有画出手臂,似乎在列队观望。画面中下方还有一头牲畜,前面似乎有一片血,这可能是用来祭祀神灵的祭品。因此,这幅图画描绘的是他们生活中常见的祭祀祝祷仪式。

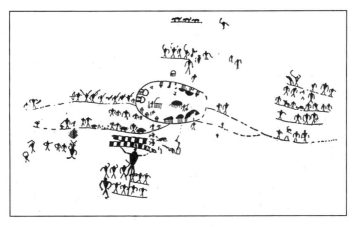

图2 云南沧源岩画

图2是一幅氏族寨落图。在画面最中间,是一个围起来的村寨。寨内有许多圆形建筑,是有立柱的草房。村寨中有人拿着叉,有人拿着石斧,像是在寨中巡逻。村寨左侧有一队列,手持弓箭武器出猎或是出征迎敌,其下是赶着猎物归来,右侧是押解战俘胜利归来的场面,上方有出猎或出征之前的队列舞蹈。村寨下方可能是在举行大型的祭祀活动。左下角一方,有几个人跟巫祝一起在进行祝祷活动,巫祝上方设有稷神

标志。在最突出的中下方,有一特大型的人指挥着两排舞蹈的人群,在他们的上方,有两排墓穴,并且还有死人的躯体和殉葬的动物。整幅岩画就象是一首叙事诗,用最简练的笔画,记录了先民们生活的生动情景。

原始图画是原始人生活的实录,因而也带有记事的成分。原始图画后来向两个方向发展:艺术创造和记事图画。在后一种功用的图画中,图画的写实性不再那么重要,开始有一些表意性的符号和图示。

图3 曼丹印第安人给皮货商人的信

图3是一位曼丹印第安人给一个皮货商人的信:当中是两根交叉的线,交叉线的一边画着一支枪的轮廓和一张海狸皮,海狸皮上方画了三十条平行的线条;交叉线的另一边画着一只黄鼠狼、一只水獭和一头水牛。大意是说:我愿意用一张黄鼠狼皮革,交换一支枪和三十张海狸毛皮。①

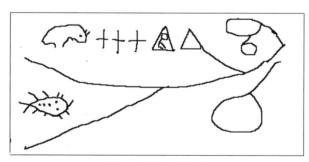

图4 奥基布瓦情书

---

① 据布龙菲尔德《语言论》,袁家骅、赵世开、甘世福译,钱晋华校,商务印书馆,1980年。

图4是著名的奥基布瓦情书:这是熊部落的女孩奥基布瓦写给她的男友——一个泥鳅部落的男孩的约会信,图中描画了约会的地点和所要走的路线。

现代人在与一些不通文字的土著民族交往时,也常常借助图画的形式。比如图5是塔斯马尼亚总督给土著人的图画文字信[①],用连环画的形式表达了白人和土著民族和睦相处的意愿,如果有违背誓约的情况,无论土著人伤害白人,还是白人伤害土著人,都将受到同样的惩罚。

图5 塔斯马尼亚总督给土著人的信

图6是北美七个印第安部落致美国总统的请愿信[②]:七个动物图形代表七个部落的图腾,他们的眼睛和心脏都有线条相连,表示七个部落

---

① 伊斯特林《文字的产生和发展》79页,左少兴译,北京大学出版社,1987年。
② 同上59页。

团结一心，目标一致。线条最终连到画面左下角的几个湖边，说明请愿的目的是获得这几个湖的捕鱼权。

图6　七个印第安部落给美国总统的信

这种记事或传信的图画被称为"图画文字"。其实质还是图画，因为跟文字一样具有记事和传递信息的作用，所以称作"图画文字"。

三、文字与图画的界限

"图画文字"的名称反映了记事图画和文字的密切关系。早期的文字也大都是图画形式的，那么，文字和图画的界限究竟在哪里呢？

布龙菲尔德提出两点：第一，约定俗成；第二，与语言形式的固定联系。图画是个人的表达形式，具有鲜明的个人性；而文字是社会的书面交际工具，具有社会的约定性。"一个图画到了已经约定俗成时，我们就不妨称之为字。""从利用图画到真实文字的过渡，另外还有更重要的一个方面，就是字跟语言形式的联系。"[①]

比如我国云南纳西族的东巴文经书从形式上看就像连环画似的，由一幅一幅的图画构成，但是，每一幅画都可以分解成若干个代表词或短语的图形和符号，这些已经是标记语言单位的字。但是早期的东巴文并不能与语言完全相应，有些词（比如虚词）在经书中没有出现代表它的图形，图形的排列顺序也不是完全按照语言中词的前后顺序排列的，图形的大小也不一致。

[①] 布龙菲尔德《语言论》358—360页，袁家骅、赵世开、甘世福译，钱晋华校，商务印书馆，1980年。

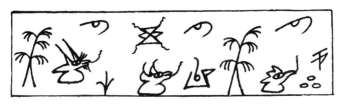

图7　东巴文经书

图7是东巴经中的一幅。图上只有13个图形符号，可是却记录了三段经文。图画上的文字符号实际起提示和帮助记忆的作用。东巴经师看到这幅图，会读出下面的三段经文：[①]

lɯ³³ nɑ²¹ dzər³³ khɯ²¹ hæ²¹ tshʅ⁵⁵ tho³³ nɯ³³ be³³ dɯ²¹ tʂhɯ³³ hæ³³ hæ³³,

ȵy³³ be²¹ sy²¹ be²¹ də²¹ uə³³ tsʅ⁵⁵?

ȵy³³ be²¹ ɣɯ³³ mə³³ be²¹,

ȵy³³ i³³ tɕi⁵⁵ dʐy²¹ zə³³ hər²¹ iə⁵⁵,

dɯ²¹ ȵə²¹ zə²¹ tshe⁵⁵ hər²¹,

lɑ³³ lər³³ zə²¹ tshe⁵⁵ hər²¹,

ze²¹ tshi⁵⁵ ze²¹ ȵy³³ hɯ³³ mə³³ do²¹;

zə²¹ tshi⁵⁵ zə²¹ le³³ me²¹,

ȵy³³ be²¹ the³³ be³³ be²¹ mʅ²¹ tsʅ⁵⁵.

lɯ³³ nɑ²¹ dzər³³ khɯ²¹ hæ²¹ khɯ³³ ȵi³³ nɯ³³ lʅ³³ dɯ²¹ tʂhʅ³³ tsʅ³³ tʂə³³,

nɯ³³ lʅ³³ sy²¹ lv³³ də²¹ uə³³ tsʅ⁵⁵?

ȵy³³ lʅ³³ ɣɯ³³ mə³³ lʅ³³,

ȵy³³ i³³ tɕi⁵⁵ dʐy²¹ no³³ dʐi²¹ iə⁵⁵,

dɯ²¹ ȵə²¹ no³³ mə³³ də²¹,

dzi³³ ɣɯ³³ no⁵⁵ ȵi⁵⁵ tɕhi²¹,

ze²¹ tshi⁵⁵ ze²¹ ȵy³³ hɯ³³ mə³³ do²¹;

no³³ tshi⁵⁵ no³³ le³³ me²¹,

---

① 东巴文资料和释读采自方国瑜《纳西象形文字谱》，云南人民出版社，1981年。

ȵy³³ lɣ̩²¹ the³³ be³³ lɣ̩²¹ mɣ̩²¹ tsʅ⁵⁵.

lɯ³³ na²¹ dzər³³ khɯ²¹ hæ²¹ æ⁵⁵ tsər²¹ nɯ³³ tɕy²¹ dɯ²¹ thŋ³³ o³³ o³³,
nɣ̩³³ tɕy²¹ sy²¹ tɕy²¹ də²¹ uə³³ tsʅ⁵⁵ ?
ȵy³³ tɕy²¹ ɣɯ³³ mə³³ tɕy²¹,
ȵy³³ i³³ tɕi⁵⁵ dʐy²¹ tʂhuɑ³³ phər²¹ iə⁵⁵,
dɯ²¹ ȵə²¹ tʂhuɑ³³ mə³³ do²¹,
bə³³ mu³³ tsʅ²¹ tʂhuɑ³³ phər²¹,
ze²¹ tshi⁵⁵ ze²¹ nɣ̩³³ hɯ³³ mə³³ do²¹;
tʂhuɑ³³ tshi⁵⁵ tʂhuɑ³³ le³³ me²¹,
ȵy³³ tɕy²¹ the³³ be³³ tɕy²¹ mɣ̩²¹ tsʅ⁵⁵.

经文意思是：

大杉树下可爱的小山羊"咩咩"地叫不休，
你呀为啥这样叫？
我叫不是为好玩，
小时给我吃青草，
大了吃不着。
大地青草呀，
不知丢埋到哪儿，
丢草又寻草，
我叫就是为此呀。

大杉树下可爱的小狗"汪汪"地叫不休，
你呀为啥这样叫？
我叫不是为好玩，
小时给我吃奶汁，
大了吃不着。
人间甜奶汁，
不知丢埋到哪儿，

丢奶又找奶,
我叫就是为此呀。

大杉树下可爱的小鸡"喔喔"地叫不休,
你呀为啥这样叫?
我叫不是为好玩,
小时给我吃白米,
大了吃不着。
村庄谷米呀,
不知丢埋到哪儿,
丢米又找米,
我叫就是为此呀。

大部分东巴文经书都是这种形式。但是也有少数东巴文经书,基本上与语言形式相对应,很少有不表现出来的词,即便是虚词也出现它的形式,顺序与语言的顺序也一致。如图8[①]。

图8 东巴文经书

图8的六幅图画是六句经文,读出来就是:

$zo^{33}ɕi^{21}zo^{33}ə^{33}sʅ^{21}$,
$zo^{33}phi^{55}huɯ^{33}se^{21}tsʅ^{55}$,
$zo^{33}ʂu^{21}luɯ^{33}tso^{33}uɑ^{21}$.

---

① 东巴文资料和释读采自方国瑜《纳西象形文字谱》,云南人民出版社,1981年。

mi³³ɕi²¹mi³³ə²¹me³³,
mi³³phi⁵⁵hɯ³³iə³³ʂə⁵⁵,
mi³³le³³me²¹tso³³uɑ²¹.

经文意思是：

养育男儿的父亲，
说是男儿逃亡，
又会来寻找男儿。
抚养女儿的母亲，
说是女儿私奔，
又会来寻访女儿。

除了第一句的"zo³³"（子）出现两次但只写一次，第四句的"me³³"（母）省掉词头"ə²¹"以外，其他的音节在经文中都有字记录，甚至像"ə³³sɿ²¹"（父）的词头"ə³³"都有专门的字来记写。

东巴文经历了部分标记语词到完全记录语言的过程，由不完善的"准文字"发展成与语言单位对应一致的记录符号，不管它的文字符号在形式上多么地接近图画，无疑它都是真正的文字。

"图画文字"是用来记事和传递信息的图画，是代替语言而不是通过记录语言来交流信息，因此不属于文字的范畴。"图画文字"与"文字"的本质区别就是语言的介入。"图画文字"用整幅图画来传递信息，不能从中分析出单个的语言单位；而东巴文尽管形式如图画一样，但每一幅图画都可以分出一个个不同的图形符号，分别对应不同的语言单位，因此东巴文不是记事图画，而是记录纳西语的文字。

第二节 文字的发展规律

文字发展的总趋势是由表形到表意，由表意到表音，由此形成了文字发展的三个阶段：表形文字、表意文字、表音文字。世界上的不同文字分别处在这个发展序列的不同位置之上。这就是文字发展的"三段论"。

一、表形文字

表形文字就是图形文字，每一个字形都是一个客观事物或形象的描绘。如纳西东巴文。这是文字的早期阶段。早期文字在使用图形文字的同时，也会使用抽象的表意符号，所以我国有的学者把这个阶段称作形意文字阶段，如蒋善国的《汉字学》、周有光的《比较文字学初探》等。

二、表意文字

由于文字作为书面交际工具的性质，更由于文字和语言的关系，当图形和语言单位的关系逐渐固定下来之后，图画的形象性、写实性就不再那么重要了，图形逐渐演变成代表有意义的语言单位的符号，这时就发展为表意文字。布龙菲尔德称为"表词文字"："表意文字（ideographic writing），这是一个很容易引起误会的名称。文字的重要特点恰恰就是，字并不是代表实际世界的特征（观念），而是代表写字人的语言的特征，所以不如叫作表词文字（word-writing）或言词文字（logographic writing）。"[①]

最古老的表词文字体系——苏美尔文字、古埃及文字、克里特文字、原始印度文字，早在公元前4000年到公元前3000年间就产生了。汉字产生于公元前2000年左右。自源的表词文字都以象形文字为基础，但是增加了抽象指事的符号和合体会意的表意字。同时，也出现了表音的成分。"假借语音近似的象形字来代表不能描绘的词，从这个手段我们看到文字中涌现出语音的因素。"[②]比如埃及人把"棋盘"〔mn〕这个符号写两遍代表"移动"〔mnmn〕这个词，把两个符号"尘拂"〔mç〕和"篮子"〔Dr〕连在一起，写成"耳朵"〔mçDr〕这个词。甲

---

① 布龙菲尔德《语言论》360页，袁家骅、赵世开、甘世福译，钱晋华校，商务印书馆，1980年。

② 同上361页。

骨文用本是簸箕之形的"其"字来记录代词"其"。

词是音义的结合体,当一个文字符号和语言中的一个词形成固定联系后,这个字既代表这个词的意义,又代表这个词的读音。正因为它也代表这个词的读音,所以,当遇到语言中另一个与之同音的词无字可写的时候,可以借用这个同音字来记写,这就是同音假借。早期表词文字都经历过同音假借的阶段,表意文字的名称不尽合理也就表现在这个地方。因为在这些古老文字中,一个字不仅表示这个词的意思,也跟这个词的语音相联系,甚至可以不管原来的意思,用来表示另外一个读音与之相同的词。因此我国学者如蒋善国、周有光等把这个阶段称作意音文字阶段。

三、表音文字

表示语词的文字经常地用来记写与它同音的另外的词,这样,字符更经常地具有标音价值,字符也就逐渐地变成了音标。这就是说,字符不是代表语言形式,而是代表语音形式。这样的文字就成了表音文字。

公元前3000年以前,在苏美尔文字中产生了早期的音节符号。这种音节符号通常来自单音节的表词字,例如"箭"(苏美尔语读ti)这个字的符号也用来表示 [ti] 这个音节。苏美尔语是黏着语,音节符号作为表词字的补充,用来表示附加在词干上的词缀,或用来记录专有名词,尤其是来自外国的专有名词。音节符号的广泛使用,使苏美尔文字变成了表词-音节文字。

巴比伦人借用和发展了苏美尔文字。苏美尔语基本上是单音节词根的语言,而闪米特的亚述-巴比伦语则是以三音节词(确切地说是三辅音词)为主的,因此,表示苏美尔语单音节词根的符号,被巴比伦人和亚述人轻易地变成音节符号并开始用来表示亚述-巴比伦语词汇的单个音节。这种楔形文字随着巴比伦王国和亚述王国的兴盛而对周边民族产生了强大的影响,一度成为各国间的通用文字,直到波斯人征服新巴比伦王国以后,才逐渐被遗忘了,取而代之的是波斯人以阿拉美音素文字为原则创造的音素文字。

辅音音素文字最早出现于埃及文字中。古埃及语与闪米特语一样,辅音在语言中有重要的作用，构成词语的清晰的框架，表示词的语义、词的基本性质；元音起辅助作用，指出词的语法功能并根据语法功能而变化。埃及语词干的辅音结构决定了埃及文字表音要素的辅音性质。在埃及圣书字和僧侣字中有些符号用来代表只包含一个辅音的音节；应用这些符号时，伴随的元音可以不同，由此产生的混淆以添加定义符号的方法加以消除。比如［m-n-h-］这一写法可以读成"男青年""纸莎草""蜂蜡"这三个不同的词，为了区别，表示"男青年"时在后边加一个"人"的定义符号；表示"纸莎草"时加一个"植物"的定义符号；表示"蜂蜡"时则加一个"散体物"的定义符号。这跟汉字的形声字很相似，但汉字形声字的声符不是纯粹的标音符号，同时也是表词字，每一个表词字都可以充当声符来构造形声字。而古埃及这样表示单个辅音的标音符号共有二十四个。

在公元前1500年以前，操闪米特语的民族熟悉了埃及文字，便利用二十四个最简单的埃及符号来书写他们语言里的词。因为闪米特语的结构也是以一串辅音为每个词根的基础，不标示元音只是在词的派生的某些特点上可能引起读者疑惑，但是大多数情况下可以根据上下文来揣测，因此，辅音字母文字很适合闪米特语。

闪文有两种变体：一种字体是南闪文，它的代表是古西奈的铭文和现代的埃塞俄比亚字母；另一种字体是北闪文，使用的民族是腓尼基人、希伯来人和阿拉美人。北闪文字，按照腓尼基和阿拉美变体，经过许多改变流传于亚洲和欧洲。阿拉美文的变体包括现代"希伯来"类型的字体、叙利亚体和现代阿拉伯文字。

印度使用的字母部分来自阿拉美文字，而大部分导源于腓尼基文字。对印度诸语言来说，元音的标示是十分必要的。于是印度人利用每个闪文字符代表一个辅音加［a］的音节，随后又设计一些附加符号添在原来的声符上表示辅音与另一个元音的结合。这样，一个单纯的声符表示［ba］，同样的声符添上不同的附加符号就是［ba:］［bi］［bi:］［bu］［bu:］等。后来印度人又进一步设计了纯粹的辅音符号和纯粹的元音符号，来精确地记录他们的语言。

古希腊人接受了腓尼基文字系统并根据自己的语言进行了决定性的

改造：有些腓尼基符号所代表的是希腊语所没有的辅音，比如A、O、I，希腊人就利用这些多余的符号表示元音，把两个符号连在一起代表一个单独的音节，这样，他们终于实现了音位的文字原则——即用一个符号代表一个音位。

代表音位的字母从希腊人流传到地中海的其他民族，比如罗马人。到中世纪，又从希腊人传给保加利亚人、塞尔维亚人和俄罗斯人，又从罗马人直接或间接地传给欧洲的其他民族。[①]

表音文字有音节文字、辅音文字、音位文字（即元辅音文字）这几种不同的类型，从文字的发展来看，音节文字是最早出现的，然后是辅音文字，最后是音位文字。从文字记录语音的功能来说，音位文字是最精确的，它已经分析到了语音的最小单位。但是一种语言采用什么类型的文字最好，还要看语言本身的特点。对于语词多音节、音节界限不清、音节结构复杂多样、音节总数很多的语言如英语来说，当然音位文字是合适的。但是对于音节分明、音节结构简单、音节数量较少的语言如日语来说，音节文字才是最简便经济的，是记录这种语言的最好选择。

第三节　汉字在世界文字发展史上的地位

一、汉字的特点

（一）汉字是词的符号

汉语里长期没有普通语言学所说的"词"的概念，相当于西方"词"的概念，古代一直是叫作"字"的。不但写在书面上的词称为"字"，就是嘴里讲的也叫"字"，比如说"这人说话喜欢咬文嚼字"，指的是太讲究用词。甚至"字"有时是指发音，比如说"演员唱得字正腔圆""他有点吐字不清"，这里的"字"说的是发音的问题。这是因为文字系统的形成以能够逐词记录语言为标志，古代汉语的词多

[①] 字母的产生和传播主要参考布龙菲尔德《语言论》，袁家骅、赵世开、甘世福译，钱晋华校，商务印书馆，1980年。

是单音节的，所以汉字从一开始就是一个字代表一个词，读为一个音节，形成字—词—音节的对应形式。音节是语音单位；词是语言单位，包括音和义两个方面；字是词的书写形式，记录词的音和义，因此，汉字是词的符号，汉字与词的音义密切结合在一起，是形音义的统一体。

"字"的概念形成之后，古今没有变化。虽然字所记录的语言单位可能已经由词变成了构词的语素，但是汉字形音义的统一体的性质没变，只不过由表词变成了表示语素。这一点和拼音文字不同。拼音文字中并没有相当于汉字的"字"的单位。字母不是字，字母拼写以词为单位，拼写出来的词英语叫作written word，就是书写的词。而汉语原来没有西方所说的"词"的观念，书面上词和词之间也没有分界。虽然现代语言学传入中国后，我们在语言观念上有了词的概念，但是在实践中，什么样的语言单位是词，仍然存在很大的分歧。而"字"这一级语言单位在中国人头脑中的地位一直非常稳定，书面阅读理解时是以字为单位，由字组成词，再去理解整个句子的。"字"是汉语的最小意义单位，有的字能独立成词，那么这个字也就是一个词。从古代汉语起就有少数字不能单独使用，一定要两个字连用，这就是所谓"联绵字"。一般说来，这样的字只代表联绵词的一个音节，是没有意义的。此外，汉字在用来记录音译外来词的时候，单个汉字也是没有意义的。但是，汉字形音义的统一体的性质也影响到这些字，很多联绵字也带上了标示意义的形符，单独一个字出现时也能提示意义，比如"徘徊""咖啡"等。

（二）汉字是意音文字

文字是记录语言的，语言有音义两个方面，因此，文字记录语言就可能有两种方式：或者通过标示语音单位来记词，或者通过标示语义单位来记词，前者是表音文字，后者是表意文字。汉字的象形字、指事字、会意字都是通过标记词的意义来记词的，假借字是通过标记词的读音来记词的，形声字一半标记词的读音，一半标记词义，因此汉字既不是表音文字，也不是纯粹的表意文字，而是表意和表音相结合的文字，即意音文字。但汉字中的表音成分与表音文字有本质上的不同，汉字里的表音成分不是纯粹的标音符号，而是由有意义的表词字充当的。

（三）汉字是历史悠久、一直没有中断使用的文字

汉字与苏美尔的楔形文字、古埃及的圣书字是世界上最古老的三大文字系统。

楔形文字是生活在美索不达米亚（即幼发拉底河和底格里斯河两河流域）的苏美尔人在5500年前创造的。这种文字是用一面削尖的苇杆（后来改用骨头、木料或金属制成的簪形笔）在黏土制成的泥版上压出来的，形成一头粗、一头细的笔画，形如楔子，所以叫作楔形文字，也叫钉头字。楔形文字使用了3000多年，曾经被用来书写多种语言。开始是苏美尔语；后来阿卡德人代替苏美尔人成为两河流域的统治者，他们继承了这种文字；再后来楔形文字又为巴比伦人和亚述人所继承，并且随着亚述帝国政治和商业的扩张，成为地中海一带的国际通用文字。但是随着亚述帝国的覆灭，楔形文字在两河流域逐渐退出历史舞台，最后一块泥版是公元75年的遗物。

古埃及文字在5000年前就已经存在了。最早的文字是碑铭体，主要雕刻在神庙和金字塔的石碑上，或者绘写在祭礼的器物上，因此古埃及文字又称为圣书字。圣书字有三种字体：碑铭体、僧侣体、人民体。碑铭体是图形体，僧侣体是流线体，人民体是简化的流线体。碑铭体使用了3500多年，最晚的碑铭体见于公元4世纪。僧侣体很早就产生了，与碑铭体分工并用。碑铭体用于庄严的场合，僧侣体用于实用的场合。僧侣体一直使用到公元3世纪。人民体是对僧侣体的简化，是随着文字应用的扩大而出现的。人民体最早出现于公元前7世纪，比碑铭体和僧侣体晚2000多年。人民体出现以后，僧侣体就变成僧侣阶级的专用文字，除了宗教经典以外，一概用人民体。人民体也叫"书信体"或"土俗体"，起初只用来书写日常书信，后来成为主要字体，被应用于长篇文学著作，以及翻译古代经典。人民体的应用一直延续到公元5世纪。此后，古埃及文字就完全衰亡，成为无人能识的死文字了。

汉字最早的文献是殷商时期刻在龟甲和兽骨上的甲骨文，距今3500年。甲骨文一直使用到西周早期。同时期还有浇铸在青铜器物上的金

文。金文从殷商中晚期到战国晚期，都是通用的正体文字。战国时期，用来抄写书籍的文字西方秦国是籀文，东方各国是古文。秦始皇统一中国建立秦朝，正规的文字是从籀文简省而来的小篆，而民间日常使用草率简易的隶书。汉代，隶书成为规范字体，并逐渐演化出更为简易的楷书，楷书从魏晋南北朝一直沿用至今。汉字产生的时间比楔形文字和圣书字晚一些，但是汉字是一直沿用下来的、今天仍在使用的活的文字。汉字的历史是连续的，没有中断的。

（四）汉字是传播广远的文字

汉字发源于黄河流域中部古称"中原"的地方，随着华夏民族的扩展，汉字也不断扩大它的使用区域，到战国时期，已经成为黄河、长江、珠江三大流域的文字。后来又向国内和国外其他民族传播。向南和西南，传到越南，以及四川、贵州、云南的少数民族；向东，传到朝鲜和日本；向北，传到历史上的契丹、女真和西夏。在1000多年间，形成一个东亚的汉字文化圈。汉字在向其他民族和国家传播的过程中，经历了各种变异；其他民族借用汉字记录本民族语言的时候，进行过改造和新的创造，形成了30来种汉字型的文字。

二、汉字在世界文字发展史上的地位

甲骨文和世界上发现的几种古老文字系统古埃及文字、苏美尔文字、克里特文字、玛雅文字一样都基本上是表词文字体系，就是一个字代表语言中的一个词，文字按照语言的顺序完整地记录语言。严格地说，表词文字才能算是真正的文字，在这之前的不能完整准确记录语言的文字只能算是"准文字"。表词文字要求每一个词都要有一个字来表示，但是，语言中有很多词不能用形象表示出来，于是，假借读音相同或相近的已有的代表其他词的象形字，来表示那些无法用形象描绘或没有来得及描绘的词，就是同音（音近）假借。假借是所有古老文字系统都曾经使用过的方法。假借的使用使文字中出现了表音的因素，在这之后，汉字与其他几种文字的发展出现了方向上的不同。

苏美尔文因为有大量的表示语法作用的词缀，所以出现了专门表示词缀的音节符号，成为表词-音节文字；古埃及语以三辅音词根为主，所以出现了表示辅音的辅音符号，成为表词-辅音音素文字。汉字大量采用同音假借的方法来表示那些没有造出字来的词，但是古汉语大多是单音节词，于是，一个字就同时用来表示很多个同音或近音词，为了不混淆，在假借字的基础上增加一个标义的符号来区别不同的词，这就造成了最早的形声字。在其他几种古老文字譬如古埃及文字中，也曾出现附加的定义符号，但是由于埃及语的词多是三音节，定义符号与表音符号截然分明，不能合成一体。而汉字的形声字是半形半声构成的合体字，成为产生新字的一种手段。从殷商甲骨文以象形和假借为主，经过1000多年的时间，到战国时期已经发展成为以形声字为主。形声字的大量出现，使汉字在数量上成倍增长，得以继续保持表词文字的性质，即一个字表示语言中的一个词，不同的词用不同的字来表示。

表词文字的发展可以有不同的方向。根据我们对中国彝族文字的研究[①]，早期的共同彝文也和甲骨文及其他几种古老文字一样属于表词文字，以象形和假借为主。后来，由于民族的分化和迁徙，彝文分化成了几种方言文字。有的方言彝文渐渐地变成了音节文字，有的方言仍是表词文字。但是与汉字不同，它不是发展出形声字从而继续保持表词文字的性质，而是靠变形、异体、增减笔画、增加区别符号来为同音词造出分化字。前面几种是汉字中也有的分化字的方法，也是各彝语方言普遍采用的分化方法，而增加区别符号是彝语东部方言特有的分化字的方法。区别符号与汉语的标义形符性质不同，不能提示词义，但是二者都可以起到别字的作用，使文字可以继续保持表词的性质，即不同的词用不同的字形表示。

不同的文字体系可能有不同的发展道路，语言本身的特点对于文字的发展具有一定的制约作用，说到底，文字是记录语言的，文字总要以更好地记录语言、更好地反映语言的特点为目标。对于词根单音节如汉语和彝语这样的语言来说，长期使用表词文字（后来发展成语素文字）是完全可以的。因为这种语言词汇的发展以词根复合为主要构词方式，

---

① 参看孔祥卿《彝文的源流》，民族出版社，2005年。

书面上的文字形式为分析复合词的结构提供了便利。在使用拼音文字的汉藏语言（如藏文、缅文）中，分析复合词的语素构成已经是一项十分艰难的工作，而汉语的语素只从文字上就一目了然。放弃表词文字（语素文字）也就意味着失去了从文字形式上分析语素的便利条件。因此，完整、准确、方便地书写语言是文字的目标，把表音文字当成世界文字共同的发展方向是没有道理的，也是不符合实际的。

现在世界上大部分的文字都是借源文字，也就是借用其他民族的文字改造而成。上面说到的那几种古老文字，它们的发展很大程度上受到了民族借用的影响，即在被其他民族借用的时候，借用民族对它们进行了改造以便更好地适应本民族语言。在文字传播的过程中，原来文字的特征逐渐地失去，渐渐地发展出不同类型的文字。但是这些后来发展出来的文字并不是最早借出的源文字的直系后代，因为使用它们的不是原来的民族，记录的也不是原来的那种语言。因此，这不能看成是一种文字系统自身发展的结果。研究文字自身的发展规律，应该以同一种文字系统而且是自源文字古今的发展轨迹为线索，比如古埃及的碑铭体文字后来发展出僧侣体和人民体，纳西族的东巴文象形文字后来发展出哥巴文音节文字，汉字从甲骨文到现代汉字的发展，彝族从共同彝文到方言彝文的发展等等。

古埃及文字、苏美尔文字、克里特文字、玛雅文字等自源文字已经灭亡了，其文字发展的线索已经中断。汉字是世界几大古老文字系统中唯一沿用下来的文字。此外，中国境内还有两种一直连续使用下来的、仍然活着的自源文字——东巴文和彝文。它们在文字自身发展规律的研究方面具有重要价值，尤其是与汉字的比较研究极具价值。东巴文和彝文基本上都是宗教文字，只掌握在少数宗教祭师手中。而汉字从西周开始就成为统治者维护国家统治的工具，为上层统治者所掌握。《说文解字叙》："盖文字者，经艺之本，王政之始。前人所以垂后，后人所以识古。"春秋以后，汉字开始流入民间，进入人们的日常生活，掌握汉字的人越来越多。文字用途的不同，文字所处的社会环境的不同，都是影响文字发展的因素。中国境内这几种文字的研究，对于丰富普通文字学的内容非常重要。

此外，汉字从汉代以后就陆续传播到周边的国家和民族，经过其他民族借用、改造和再创造的过程，发展出了很多种不同类型的汉字系文字。研究汉字系文字的传播、发展过程，对于丰富世界文字发展史的内容，探索文字传播的规律，都有重要的意义。

第二章 汉字的产生

从上一章所讲文字从原始文字发展为表词文字的过程来看,汉字也应该有原始文字的阶段。但是,汉字的原始文字阶段是怎样的?又是怎样从原始文字发展成完整记录语言的表词文字体系的?

第一节 各种史前的刻画符号

文字符号来源于史前的记事图画和符号,因此,汉字的源头也要从各种史前的图形符号和刻画符号中去寻找。

20世纪50年代后,出土的考古资料很多,例如陕西西安半坡遗址、临潼姜寨遗址、青海民和马厂塬遗址、乐都柳湾遗址、上海崧泽遗址、马桥遗址、山东莒县陵阳河遗址、河南贾湖遗址、湖北宜昌杨家湾遗址、清水滩遗址、安徽蚌埠双墩遗址等新石器时代的陶器上,发现了刻画或描绘的各种符号或图形。

对这些图形和符号的性质,学界有着不同的认识。比较一致的看法,它们都是有意义的符号,但是不是认定为早期文字存在分歧。

这些符号大体分为两类:一类是形体比较简单的几何形符号,比如图1、图2。

图1　半坡陶器上的刻画符号　　图2　姜寨陶器上的刻画符号

这些符号大都刻在同一种陶器的同一个部位，规律性很强。有些符号不但重复出现在很多器物上，而且还出现在不同的遗址里，因此，应该是带有记事性质的符号。

郑州商代遗址二里岗文化（早于殷墟文化）陶器上的刻画符号（图3）与仰韶文化彩陶上的刻画符号相似。郑州商城遗址中，也曾发现有字骨，其中两件各有一字，另一件有十个字，是练习刻字的。其形制与殷墟甲骨文差不多，可见当时已经在使用甲骨文了。那么，在使用甲骨文的同时，这些符号也在使用，说明它们与文字并行不悖，应该是有特定用途的记事符号。

图3　二里岗文化陶器上的刻画符号

另一类是象形符号，从新石器时代到夏商时期的遗址出土的陶器上都有发现。如安徽蚌埠双墩遗址（图4）、山东莒县陵阳河遗址（图5）、河南偃师二里头遗址（图6）、河北藁城台西遗址（图7）等出土陶器上的图形符号。双墩遗址是新石器时代的遗址，距今7300多年。陵阳河遗址是大汶口文化中晚期遗存，距今4800年左右。二里头遗址属于二里头文化遗存，相当于夏商时期。台西遗址时代约在商代中晚期。

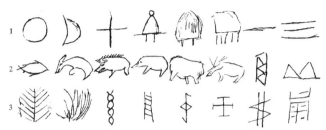

图4　安徽蚌埠双墩遗址陶器上的图形符号

图5　山东莒县陵阳河遗址陶器上的图形符号

图6　河南偃师二里头遗址陶器上的图形符号

图7　河北藁城台西遗址陶器上的图形符号

　　这类符号图形性很强，与殷墟甲骨文形体接近，学者们多认为是原始文字。但是因为发现的只是单个符号，没有连词成句的，因此，它们究竟是不是标写词语的文字，无从判断。不过，这种象形符号进入文字系统，成为象形字是完全可能的。尤其是台西遗址陶器上的象形符号与甲骨文、金文酷似，又与殷墟相距不远。甲骨文已经是成熟的文字，这种文字肯定已经在相当的范围内流行，因此，台西陶器上的刻画符号很可能是与甲骨文属于同一个系统的文字。

青海乐都柳湾陶器上的符号（图8），介于上面两类符号之间，比象形符号简单，又比几何形符号复杂。

图8　柳湾陶器上的符号

柳湾遗址按考古学文化分期，分别为马家窑文化半山、马厂类型和齐家文化，马厂类型文化距今大约4000年。这些符号刻在马厂类型的彩陶壶的腹部，其中有些符号与甲骨文字十分相似，也有的符号与彝族古文字非常相似，甚至有的符号与楷书汉字近似，因此，不能仅从符号形体上比附，认为它是某种文字的前身。

以上所有单个出现于某一器物上的符号都是有意义的符号，因为没有连用的例子，并不知道是否有读音，因此不一定是标记语词的文字，基本上属于记事符号的范畴。它们与中国文字的产生有密切的关系，无论是图形符号，还是简单的刻画符号，都可能成为后来文字系统形成时文字符号的来源。但是中国境内的早期文字不止汉字一种，它们也并非都是汉字符号的直接来源。

第二节　连缀成文的古文字资料

各地考古也发现了一些器物上两个以上符号连缀在一起的，被认为是标记语词的文字。如图9。

（1）江苏吴县澄湖古井堆遗址
良渚文化黑陶罐上的文字

（2）上海马桥遗址黑衣
灰陶阔把杯底陶文

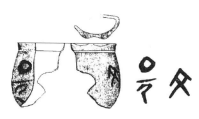
（3）山西襄汾陶寺文化遗址朱书陶文

（4）浙江平湖庄桥坟良渚
文化遗址石钺上的文字

图9　几种连缀成文的古文字

图9中器物上至少有两个字符连缀成文，可以认为是记录语词的文字。它们和甲骨文、金文是一个系列的文字。

但是，古代中国境内还存在着与甲骨文不同系统的其他文字。如图10所示出土于江西省清江县吴城遗址（商代中晚期）陶片上的文字和巴蜀一带多地发现的属于战国至西汉时期的青铜兵器上的文字。

（1）吴城文字

（2）巴蜀文字

图10　与甲骨文不同系统的文字

吴城文字已经连字成句，一个陶器上最多的有十几个字。这些字是什么意思，还不能解读，应该是与中原甲骨文字不同的另外一种文字。巴蜀文字看上去相当成熟，也与汉字不是一个系统，这种文字在汉文化占领巴蜀之地以后一段时间里仍在使用，到西汉消失。这些资料说明，在中国境内，早期文字不止一种。它们与汉字一样都是由原始的记事符号孕育而来，在文字制度和符号外形上与中原的甲骨文、金文很相近，但各自独立产生，记录不同的民族语言，形成不同的早期文字系统，是汉字的姊妹文字。汉字系统成熟以后，随着中央王朝的建立，中原文字扩张，不断扩大其影响，逐渐覆盖其他文字，使得其他早期文字没有延续下来。

第三节　汉字系统的形成

文字起源于图画和记事符号，这已成为共识。但原始图画和记事符号并不会自然转化成文字，文字的产生出于一定的社会需要。

一、文字产生的背景

1. 日常生活的需要，出现原始文字

生活中记事的需要，在世界各地都有各种不同形式的记事符号，这是广义的文字，是真正文字的来源。考古发现，早在公元前8500年到公元前3000年间，两河流域就出现了大量用黏土做成的几何形状的制品，如球形、圆锥体、圆柱体、椭圆体、四面体、三角形等。贝瑟拉认为它们是记账用的陶筹，不同形状代表不同的农产品或商品。这些陶筹有的被封存在大的泥球内，必须打碎外面的球才能看到里面的陶筹。为了不破坏封套就能知道里面的内容，后来就用陶筹在封套外面按压留下印痕，这样从外面印痕的形状就能知道里面的内容。受此启发，出现了直接在泥板上按压印痕的记账或代表合约的泥板。公元前4400年到公元前3000年间，出现了形状更加复杂的陶筹，有的陶筹上还刻有线条，复杂

陶筹无法再按压在泥板上，于是用尖笔在泥板上刻画陶筹的形状。[①]

中国各地发现的陶器上的刻画符号或图形符号应该是同样性质的标记符号，或代表器物的所有者，或代表器物的制作工匠，或代表器物的功用等。这些有标记作用的图形和符号成为中国文字的符号来源。

2. 巫术、原始宗教的需要，创造早期文字

在原始社会时期，由于人们对大自然的畏惧和崇拜，巫术产生了。一部分生活经验比较丰富，能预知和解释事物现象的人成为巫师。在巫师的法事活动中，经常用图形符号来象征神灵和一些事物，这些图形符号有单个的，更多的是成幅成组的。东汉形成于四川的"五斗米教"所用的符箓就是这种性质。巫术图画或符号是记事性质的，但还不是文字。当巫师把他们做法事的经验或念诵的经文用图形和符号记录下来的时候，就成了文字。

水族巫师使用的水书就是这种性质的巫术文字。他们自创各种图形符号来代表鬼神、星宿、吉凶祸福等意思，又借用汉字或自创符号来代表干支、五行，从而形成了自创象形字与借汉字相结合的水书系统。水书并不能逐词记录语言，很多内容需要水书先生在阅读时自行补充出来，说明水书是为了水族巫师传承技艺的需要而产生的。

纳西族的东巴文是一种从记事图画发展而来的宗教文字。早期的东巴文更像图画，通过所描绘的图画帮助提示东巴要念诵的经文的内容，发展到晚期，东巴文已经是逐词记录经文内容的表词文字了。傅懋勣把前者叫作东巴图画文字，后者叫作东巴象形文字。[②]东巴象形文字是从东巴图画文字发展来的，它与语言中的词一一对应，字序与语序相同，虚词也标记出来；而东巴图画文字只记重要的词，很多虚词甚至实词也不标记出来，字的排列跟语序不同，而是像一幅画。

彝族的文字过去也是一种宗教文字，主要用于宗教活动。彝族的宗教是以祖先崇拜为主要内容的原始宗教。背诵祖先的世系，追忆祖先的功绩，是祭祖活动中的重要内容。开始还能靠口耳代代相传，随着祖先

---

① 丹妮丝·施曼特-贝瑟拉《文字起源》，王乐洋译，商务印书馆，2015年。
② 傅懋勣《纳西族图画文字和象形文字的区别》，载《民族语文》1982年第1期。

代数的递增，祖先活动事迹的增多和祭祀活动的礼仪化，口耳相传不再能满足需要，于是产生了用来记录历代祖先活动事迹和祭祀礼仪的书面文字。因为祖先名字和祖先活动的地名是经文中出现最多和最主要的内容，彝文很多字是记音的符号字，只知其音，不知其义。

3. 统治国家的需要，是文字成熟的契机

原始部落阶段，人类的活动以部族为组织，人们交往的范围较小，有语言作交际工具基本上就能满足交流的需求，尚没有对文字的迫切需要。到部落联盟甚至早期的酋邦阶段，人们的社会活动不再以部族为联系，更多的是以地域为联系。这时语言的分歧是存在的，但还不足以影响到交际。国家的形成包括了更广泛的地域、众多的民族，此时，距离较远的不同民族间语言的差异已经不能正常交际。要对这地域广泛、民族众多的国家实施统治，需要有超越时空的统一的交际工具，这就是文字。世界上几大古文字都出现在国家形成之后。

苏美尔人于公元前3500年前后来到两河流域，在那里建立了许多城市国家，这些城市国家不断地相互战争，战胜的城邦成为城邦联盟的首脑。苏美尔文字就是在这样的城邦联盟社会成熟起来的。苏美尔文字源自当地记账用的陶筹符号。苏美尔文字中最早的字就是来自陶筹印痕的代表农产品的符号字，然后才增加了象形字，再通过表意字记音的手段记录词缀和专有名词，从而成为逐词记录语言的成熟文字。

古埃及文字成熟于公元前3100年的第一王朝，埃及国王美尼斯统一上埃及和下埃及，形成了完整的国家机构，古埃及文字也达到成熟。古埃及文字是象形文字，其文字的形态与古埃及神庙中的壁画风格非常一致。古埃及高度形象化的文字有直接表词、表音和表义等不同功能，慢慢出现了专门的辅音符和定义符，用辅音符和定义符组合来记词，从而成为能逐词记录语言的成熟文字。

二、传说中文字的创造者

文字的创造是一件惊天动地的大事，各民族关于文字创造的传说中，文字的创造者是核心。文字的创造者实际就是文字最早的使用者，因此造字者的名字不重要，他的身份才是最重要的，由造字者的身份可知文字产生的背景和最初的功用。

水族传说中水书的创造者叫六铎公，六铎公的身份是师公，即水族的巫师，水书就是水族的巫师传承使用的，只有师公才能读能写。纳西族传说中文字的创造者叫丁巴什罗，他的身份是东巴，即纳西族的祭师，纳西象形文字是由东巴传承使用的，所以叫东巴文。彝族传说中最早使用文字的人叫宓阿叠，他的身份是毕摩，即彝族的祭师，彝文由毕摩师徒相传，彝文书籍都掌握在毕摩手里。

苏美尔史诗《恩美卡与阿拉塔之王》中说楔形文字的创造者是乌鲁克国王恩美卡。国王恩美卡试图从相隔重山的伊朗富饶之区阿拉塔获得必要的建筑原材料，但阿拉塔之王以谜语的形式向恩美卡提出了一系列的要求，国王恩美卡一一回应了这些要求，信使往来奔波于两位国王之间，终因所要传达的口信太过复杂而力不从心。国王恩美卡就用文字把信息写在泥板上，于是交流就顺利了。可见楔形文字是两河流域城邦之间的通用文字，用于城邦之间的交流沟通。

中国古代有仓颉造字的传说。据说仓颉是黄帝时代的史官，"黄帝之史仓颉见鸟兽蹄迒之迹，知分理之可相别异也，初造书契。百工以乂，万品以察"。(《说文解字叙》) 史官的工作是记事，神农氏的时代曾有过结绳记事，但是事务繁多，简单的结绳不敷使用，于是仓颉便用图形和刻画符号来记事，因为可以画出很多图形和符号，所以各种事务都可以记得清清楚楚。可见所谓的仓颉造字还是用于生活中记事的原始汉字。

三、成熟的汉字系统形成的时间

用于日常记事的图形和刻画符号早就出现了，中国各地发现的史前的象形符号和刻画符号就是原始的记事符号，这些符号的时间跨度非常大，地域也非常广，可见利用图形和刻画符号来记事在中国原始社会是相当普遍的，所以仓颉造字是有基础的。但是黄帝、仓颉时期的字可能还属于原始文字，保留着图画的传统，而汉字系统的成熟则是在奴隶制国家形成的时候。为保证政令的通行，满足统治国家的需要，文字在短时间内发展成熟。

现在发现的最早的成体系的汉字是殷商时期的甲骨文，甲骨文中象形、指事、会意、形声四类字都齐全，已经是成熟的表词文字体系。发现于河北藁城台西遗址（约为商代中晚期）陶器上的文字，与甲骨文酷似，应是同一个系统。这说明在商代，甲骨文系统的文字已经在一定范围内传播。因此，甲骨文肯定不是汉字的最早阶段。

《尚书·多士》记载，西周初年周公对商朝的遗民训话时说："惟尔知，惟殷先人有册有典，殷革夏命。"意思是：殷的先人已有典册，上面记载了"殷革夏命"的历史。因此可以说，汉字文献在夏商之际已经产生了。甲骨文有 卌（册）字，像竹木条用绳子连缀成册；𠕋（典）字，像手捧册；𦥑（笔）字，像手持笔写字。从这些字来看，商代以前主要的书写工具是笔，书写的主要载体是竹木编成的简册。只是因为竹木材料易朽，商代以前的简册可能无法存留到现在。

夏人非常重视祭祖，其对祖先的崇拜和祭祀与彝族很相似。夏王朝有完整的世系流传下来，如果没有文字记载，这是很困难的。

夏是我国历史上第一个奴隶制国家政权，融合了北方众多的民族，接下来的商、周都是经过了众多民族的融合，才形成汉族的祖先——华夏民族。"华"或"夏"是我们民族最早的称名，当是来自夏族的名字。华夏共同语在此基础上形成。华夏共同语是以文字为媒介进行传播的，文字的固化作用使得华夏共同语得以超越时空，迅速传播，从而促进了南北更多的民族融入华夏族和后来的汉族。

三千多年前的甲骨文我们今天仍旧能够读懂，其语法与现代汉语差异不大，很多词仍然活跃在今天的语言中，说明甲骨文记录的语言就是汉语的祖先——华夏共同语。但是殷商文字还有一些比较原始的迹象，这些原始迹象在西周以后的古文字里已经基本绝迹，因此，商代距离汉字体系形成的时间不会太远。据此推断汉字体系形成的时间应该是在夏代，距今四千年左右的时间。可是，我们至今没有发现夏代文字的系统资料，无法知道夏代文字的整体面貌。

第三章 汉字字体的演变

第一节 甲骨文

甲骨文是汉字最早的字体,因其刻在龟甲和兽骨上而得名。甲骨文主要出土于河南安阳小屯村及其附近,这一带是殷都故址。大约在公元前14世纪,商王盘庚迁都于此,直到公元前11世纪纣王丧国,前后经历12位王,共270余年,这里一直是商王朝的都城,故称为殷墟,而甲骨文也因此称为殷墟文字。这些文字的内容绝大多数都是占卜的记录,所以又称作卜辞。商代统治者敬天事神,凡事必先占卜。通常用大龟的腹甲或牛的肩胛骨占卜。占卜的方法是先在甲骨背面钻凿出一些小坑,然后在这些小坑上加热使甲骨表面产生裂纹,这些裂纹就是卜兆,贞人根据卜兆来测定吉凶。过后,把占卜的事由、卜兆的吉凶以及后来是否应验的情况刻在兆纹旁边,作为档案保存下来。

殷墟甲骨文埋在地下三千多年,于1899年被发现。1977年,在陕西岐山县凤雏村出土了属于西周早期的甲骨文,说明周人继承了殷人在龟甲上刻字的传统。周原甲骨文无论是辞例还是文字结构,都与殷墟甲骨文基本相同,但刻写风格比殷墟甲骨文更加草率难识。

甲骨文的特点:

(一)笔画瘦硬,折笔多方折

甲骨文的这一字形特点与书写材料和书写工具有关系。因为甲骨文是用刀在坚硬的龟甲兽骨上契刻的,不易刻出圆笔、肥笔,因此,与同时存在的另一种字体金文相比,甲骨文比较峻峭单薄,金文比较圆润浑厚,这是书写材料和书写工具的不同所决定的。

	日	子	父	大	王	午
商代金文	⊙	♀	㇏	⼤	王	⼁
殷墟甲骨文	⊡	⼦	⼅	⼤	王	⼁

（二）文字象形性程度较高

汉字来源于图画和记事符号，以象形字为基础。甲骨文作为一个文字体系已经符号化、线条化，但是，它距离汉字产生的时间毕竟不太远，文字的图画意味还比较强，体现了"画成其物，随体诘诎"的特点。比如"犬""豕""象""虎""鹿""鱼"等都是象形字，各自描绘所表示的事物，使人望形而知其义。

犬	豕	象	虎	鹿	鱼

象形字在与别的字合成会意字和形声字时仍然保持了它的图形性的特点，如"为"是一只手牵着一头象，"逐"是一只脚追赶一只猪；"雉"是从"隹"，"矢"声的形声字，"狈"是从"犬"，"贝"声的形声字，字中箭矢、短尾鸟、狗、贝的形象都非常鲜明。

为	逐	雉	狈

（三）字形不固定

因为甲骨文还有很强的图画性，见形知义，所以对字的形体的规范化要求不高。写字时如同绘画一样，注意抓住事物的主要特点，画出其轮廓，突出其特征，而字形的繁简、正反，构字符号位置的左右、上下，都不会影响意义的理解，所以，甲骨文的写法很不固定，同一个字可以有多种写法，如：

车: (字形) 鹿: (字形) 隹: (字形)

卜: (字形) 羌: (字形) 得: (字形)

侯: (字形) 五: (字形) 各: (字形)

（四）合文现象较多

所谓合文，就是把两个字合成一体，从形式上看好像是一个字，实际读成两个字。甲骨文中合文现象比较普遍，这是文字比较原始的迹象。如：

五十: (字形) 十五: (字形) 三千: (字形) 五千: (字形)

八月: (字形) 十二月: (字形) 六人: (字形) 三牛: (字形)

三祀: (字形) 四牡: (字形) 五十朋: (字形)

上甲: (字形) 雍己: (字形) 小王: (字形) 小臣: (字形)

丙寅: (字形) 不雨: (字形) 允雨: (字形) 亡雨: (字形)

第二节 金文

金文是浇铸在青铜器上的文字，古人称铜为金，故称金文。

我国历史上，殷周两代都非常重视祭祀，这种用青铜铸造的祭祀礼器成为国家政权的象征。在青铜器上铸铭文的风气从商代后期就开始流行，到周代达到高峰。商代青铜器铭文的时间，一般不早于武丁时期，每器铭文通常才三五个字，少者仅一字，多是族徽。至殷商晚期帝乙、帝辛时期才开始出现较长（三四十字）的铭文。而西周铜器铭文篇幅在百字以上的很常见，最长的《毛公鼎》达到498字。铜器铭文通常是记载接受天子赏赐、褒扬贵族功绩等内容，有时也铸政令，记征伐等事。由于钟和鼎在周代的各种有铭铜器中占有重要地位，所以金文又称钟鼎文。西周金文是金文的主体，数量最多。春秋战国以后，铸造铭文开始扩大到礼器以外，比如剑、戈等兵器上常见有铭文。

一、殷商金文

殷商金文与甲骨文基本上是同时存在的，是用途不同的两种字体。甲骨文是占卜的记录，而金文有两类：一类是氏族的标志，称为族徽。族徽来源于图腾崇拜，在很大程度上保留了原始的形态，具有浓厚的图画意味。因此它比一般文字更接近原始文字。

图1　族徽金文

另一类就是记事的金文。记事金文与甲骨文结构与用字情况没什么不同，但是，由于用途和刻写材料的不同，呈现出不同的风格。

从书法上看，商代金文比较圆润浑厚，甲骨文比较峻峭单薄，这是由于书写材料的不同造成的。因为甲骨文是用刀刻出来的，线条一般比较纤细、均匀，很少有粗细的变化；而金文是先用毛笔书写，再翻到模范上，最后浇铸而成，因而保存了毛笔笔画的特征，多肥笔，笔画有粗细的变化，有很多涂黑的团块。比较下面各字，金文中呈块状的笔画，甲骨文几乎都是廓空的框框或单线条笔画。

	丙	辛	午	丁	王	才
商代金文						
殷墟甲骨文						

另外，因为甲骨文是占卜的文字，每天都要有大量的占卜内容需要记录，而在龟甲这样坚硬的东西上刻字又很不容易，所以殷商甲骨文比商代金文字形更加简化。如：

	彝	舞	贝	寅	于
商代金文					
殷墟甲骨文					

甲骨文和金文是两种用途不同的字体，这两种字体之间没有前后继承关系。由于所见文字材料的绝对时间甲骨文更早一点，而且商代较长篇的甲骨文出现于武丁时期，而较长篇金文到商代晚期才出现，似乎使人觉得甲骨文出现较早而金文出现较迟。但是，通过上面的比较，我们看到，商代金文比甲骨文的象形程度更高，更接近于原始文字。过去人们习惯于笼统地把金文看成是由甲骨文发展而成的字体，是不合实际的。

二、西周金文

周民族原是商王朝统治下的异姓诸侯国，建都于陕西岐山一带，今在陕西各地发现了有商时期的有铭铜器，在岐山发现了周前的甲骨文，证明在武王灭商之前，周人已经接受了殷商文字。武王灭商后，使用的仍然是从殷商继承下来的文字。西周甲骨文继承商代甲骨文发展而来，西周金文继承商代金文发展而来。

西周金文从武王克商（"夏商周断代工程"定为公元前1046年）到平王东迁（公元前770年）共270多年，可以分为早、中、晚三期。

早期金文完全沿袭了商代金文的风格，如，"随体诘诎"的象形性非常明显，笔画粗细不均，块状笔画很多，合文现象也不少；中期金文笔画渐趋匀称，块状笔画很少，看不出有意识造成的粗细变化，"随体诘诎"的程度减弱，字的大小差异也不明显，显示出整体的平整状态；西周晚期这些发展趋势进一步明显起来。比较早期武王时的利簋铭文（图2）和晚期宣王时的史颂簋铭文（图3），可以看到，后者比前者字的笔画更匀称，字的大小更均匀，行款更整齐。

图2　利簋铭文

图3　史颂簋铭文

上述变化趋势，从单个字的对比看得更清楚，可以概括为两条变化规律：

1. 团块笔画线条化

	辛	王	才	父	大	生	侯
西周早期	辛	王	才	父	大	生	侯
西周晚期	辛	王	才	父	大	生	侯

以上例字，西周早期字中涂黑的团块到晚期不见了，变成了粗细一致的线条。

2. 诘诎笔画平直化

	舞	贝	隹	马	殷
西周早期	舞	贝	隹	马	殷
西周晚期	舞	贝	隹	马	殷

以上例字，西周早期字中弯曲的笔画到晚期明显变得平直了，这样的变化更方便书写。

团块笔画线条化和诘诎笔画平直化，使汉字的图画性逐渐减弱，符号性逐渐增强，这是汉字演变过程中的重要步骤，从此，汉字不再是画成的，而是写成的了。

三、春秋金文

汉字在西周时期已流行于包括江淮在内的华夏各国，其中如东方齐、山西晋、南方楚、西方秦国，都曾称霸于一时。几个大国分别控制着一批外围的中小诸国，并由此形成各自的势力范围。

春秋时代各国的金文，开始的时候大体都沿袭西周晚期金文的写法，进一步完成团块笔画线条化和诘诎笔画平直化的演变过程。各国金文在春秋中期以前与西周金文没有太显著的区别。到春秋中晚期，各国文字风格呈现多样化的发展趋势，在江淮流域的吴、楚等国，东方国家和南方国家的部分金文，字形特别狭长，笔画故作宛曲之态，如齐侯盂铭文(图4)、蔡公子义工簠铭文(图5)。

图4　齐侯盂铭文

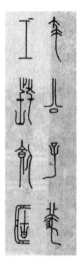
图5　蔡公子义工簠铭文

或者在文字上增加装饰性的图案和符号，文字开始向美术化方向发展。著名的鸟虫书，就是在文字上加饰鸟形或虫形，主要流行于楚、宋、蔡、吴、越等国。至今已发现的鸟书文字多见于戈、剑等兵器上（如图6、7、8）。《说文解字叙》说"秦书有八体，四曰虫书"，又说西汉时代"有六书，六曰虫书，所以书幡信也"，大概这种字体也书于幡信，只是幡信易朽，不能保存至今。

图6　"楚王孙渔之用"戈　图7　"蔡公子加之用"戈　图8　"玄镠"戈

第三节 大篆

　　经过殷商、西周的发展，汉字从"随体诘诎"的象形文字走向线条化，从画成的文字变成写成的文字，从字无定形走向文字定形化。其字形标准就是周宣王太史籀编的《史籀篇》。《史籀篇》是史官整理处于自然演化状态的汉字，并使之定形化、规范化的成果，作为教学童蒙的规范课本，《史籀篇》对社会用字起到了标准规范作用，不仅影响了当时的社会用字，而且沿至春秋战国，一直指导着西土的文字使用，直到秦始皇书同文的小篆，都是以《史籀篇》为基础的。

　　《汉书·艺文志》载《史籀》十五篇，注云："周宣王时太史，作大篆十五篇。"《说文解字叙》也说："及宣太史籀著大篆十五篇，与古文或异。"按班固和许慎所说，《史籀篇》是周宣王太史所作，是当时史官教学童蒙的识字课本，那么西周晚期的标准文字就是《史籀篇》的文字。《史籀》为书名，大篆是指其字体而言。《汉书·艺文志》和《说文解字叙》都把《史籀篇》的文字称为"大篆"，显然是为了与"小篆"相区别。秦国文字继承西周晚期文字而来，那么秦人在学习文字时的范本应该就是《史籀篇》。秦统一后的规范文字叫作"小篆"，那么，统一之前秦国使用的继承自西周的文字就叫作"大篆"。《史籀篇》的文字被称作"籀文"，部分字收录在《说文解字》中，标明"籀文作某"。从《说文解字》收录的二百多个籀文来看，它与春秋早期秦系文字的字体风格一致。到战国时期，东方各国发生文字大动荡，规范文字开始解体，俗体流行，任意简化，使得战国古文成为最难辨认的字体；而西方秦国仍然保持了西周传下来的正统文字，这与《史籀篇》的规范作用是分不开的。

　　大篆与金文不是前后继承关系。金文从其载体材料得名，并不是某种字体，广义的金文应该包括战国乃至秦汉铜器上的铭文，但是一般所说的金文是指商周春秋时期的金文。而篆书是从字体的特点命名，《说文解字》："篆，引书也。"指这种文字由拉长的圆转线条构成。西周晚期，文字已经脱离早期象形字"随体诘诎"的特点，更加符号化、线条化，文字也更加定形化、规范化，此时出现的《史籀篇》就是这种规范文字的范本。秦国继承这种文字，并一直沿用至春秋战国。这种字体也在不断地演变，晚期的大篆已十分接近小篆。

今天能够见到的大篆文字材料包括《说文解字》籀文、石鼓文、诅楚文。

《史籀篇》已亡佚，只有二百多个字作为重文收录在《说文解字》中。如《说文解字·箕部》："箕，簸也。从竹，𠀠，象形，下其丌也。凡箕之属皆从箕。𠀠，古文箕省。𠥊，亦古文箕。𠔼，亦古文箕。𥬔，籀文箕。𠥑，籀文箕。"

石鼓文（图9）是刻在圆形石碣上的文字。唐初在天兴县（今陕西凤翔）发现十个刻有文字的石碣，形如鼓，故称石鼓，上边刻有歌颂田园宫囿的四言诗。石鼓文的年代，从字体看，大约在春秋战国之际，为秦系文字。石鼓今存九个，藏故宫，文字残缺很多。有宋拓本，但是拓本文字也不全，说明宋代时石鼓文字就已残缺。

诅楚文（图10）是战国中后期的秦国刻石，内容为秦王告神诅咒楚王之罪。每告一神，即刻一石，每石除神名之外，内容都基本相同。北宋时发现三种诅楚文石刻，原石和拓片均亡佚，今只存摹刻本。文字与小篆非常接近。说明秦国文字是从大篆向小篆逐渐变化的，其间并无十分明显的界限。

图9　石鼓文

图10　诅楚文

第四节 小篆

小篆是秦始皇统一中国之后在全国通行的正体文字。

春秋战国时期，不仅是社会政治大动荡的时期，也是经济文化大发展的时期，百家争鸣。西周时，学在官府，典籍藏于密府，为史官所垄断，没有个人著述，更没有私人授学，文字掌握在专门人员手中。春秋以降，王官失散，学出私门，延至战国而私学大盛，诸子纷纷聚徒讲学，著书立说。文字的使用范围空前广泛，文字开始走入日常生活。由于战国时期文字使用范围的扩大，文字从官府流入民间，从特定用途进入日常生活，学术思想的活跃，社会经济的发展，生活节奏的加快，都要求书写效率的提高，于是省简、讹变的俗体文字大量出现，俗体文字在社会通行，反过来影响正体文字。由于省简和讹变的不同，同一个字在不同地区的写法也不尽一样，这就是"文字异形"。

除了文字形体的差异，各国之间还存在通假用字的不同。比如第一人称代词，甲骨文多借"余"字，西周除用"余"字外，又有专用字"吾"。而战国晋系《栾书缶》假"虐"为"吾"，楚系《越王钟》假"虞"为"吾"。再如地名"唐"字，齐或假借"啺"（《古玺汇编》〇一四七），燕或假借"庚"（《古玺汇编》〇〇五九）。再如"工"字，燕系多假借"攻"字，"左攻君"（《三代吉金文存》二十·五七·六弩牙）即"左工尹"；楚系多假借"弲（弘）"字，"弲帀"（《三代吉金文存》四·十七·二鼎）即"工师"。中山国的文字这种假借更多一些，如《中山王墓兆域图》借"冂"为"门"，借"逃"为"兆"，借"乏"为"法"，《中山王鼎》借"施"为"也"，借"閈"为"见"，借"含"为"今"，借"豖"为"重"等。①

文字形体结构的差异和通假用字的不同，已经影响到文字的社会功用，所以秦始皇统一国家伊始，丞相李斯就奏请同一文字。秦始皇的"书同文"实际包括两个步骤：第一，规范传统秦文字，使其成为标准

---

① 刘又辛、方有国《汉字发展史纲要》第九章，中国大百科全书出版社，2000年。

文字——小篆；第二，用小篆统一六国文字。

小篆以秦国正体文字为基础，秦国正体文字承袭西周晚期规范文字"籀文"而来。秦统一中国后，为统一规范全国文字，"（李）斯作《仓颉篇》，中车府令赵高作《爰历篇》，太史令胡毋敬作《博学篇》。皆取《史籀》大篆，或颇省改，所谓小篆者也"。（《说文解字叙》）就是说小篆是秦国文字规范化的结果，其字形比大篆"籀文"省简，所以叫作小篆。从西周晚期的籀文，到春秋战国时期秦国使用的大篆，到秦始皇统一中国后规范定形为小篆，其间的继承关系非常清楚。

秦标准文字小篆通过国家政令推向全国，皇帝的诏令、兵符等官方文字字体都是小篆。

图11　秦诏版

图12　秦兵符

秦始皇统一中国后，到处巡游并留下刻石。一方面是为了记功，另一方面也是为了推行这种规范字体。先后有峄山（图13）、泰山、琅玡台、芝罘、碣石、会稽诸碑，多不传。今所见多为摹刻拓本，字体也是标准小篆。

小篆这种字体使用的范围并不广，使用的时间也不长，到汉代就为隶书所取代。因此，秦代的小篆资料保存下来的并不多。但是，东汉许慎编《说文解字》，用小篆作字头，收录了9353个字，保存了最系统的小篆文字资料。

图13　峄山刻石

小篆的形体结构与战国文字相比较,有如下变化和特点①:

一是确定了偏旁符号的形体。战国文字同一偏旁往往有多种写法,如形符"阜"或作(《㠱伯盨》"阴"),或作(《蔡侯盘》"陟"),或作(《鄂君启舟节》"阳"),小篆一律确定为阜。

二是确定形符在字体中的位置。先秦文字包括秦国的在内,有不少字的形符位置不固定,如偏旁"女","妇"字《邛君壶》写在右边,《員叔多父盘》在左边;"婚姻",《诅楚文》"女"旁在右,同器"姑"字"女"旁在左;"如"字,《石鼓文》"女"旁在上,小篆都

---

① 摘录自刘又辛、方有国《汉字发展史纲要》第九章(四),中国大百科全书出版社,2000年。

固定在左边。

三是战国文字中，可换用的形符很多，小篆多固定为一种。如"体"，《中山王壶》从"身"作"軆"，《睡虎地秦简》从"肉"作"朣"，小篆固定从"骨"作"體"。

四是每字的笔画数基本固定。先秦古文同一个字笔画多少不一样，多一笔少一画的情况很常见，战国时期由于文字省简严重，笔画数更是不一，小篆固定文字的形体之后，笔数也因而有定。

五是假借字多加形符成为形声字。战国文字比西周文字的形声字增多，这是总的趋势，同六国文字相比，秦国文字的形声字又更多。如"诸侯"，六国文字多作"者侯"，但《睡虎地秦简》已作"诸侯"；"谓"字，六国文字都借用"胃"，但《睡虎地秦简》已用"谓"字。

因此，秦始皇的"书同文"运动，关键并不在于字体的规范，其重要意义在于结束了随意通假的现象，确定了汉字结构系统的规范。从殷商、西周，到春秋战国，汉字的发展趋势是形声化，即为了适应语言对文字表意精密化的要求，在假借字基础上增加区别意义的形符构成形声字，这个发展趋势被小篆的规范作用确定下来，从而确立了汉字的形声系统，这个系统经过东汉许慎《说文解字》的整理，成为历代正字的规范。

第五节　隶书

隶书是篆书的草率形式，是与篆书同时存在的俗体文字，用于日常生活如书信、手抄书籍，以及下层官吏的公务活动等。隶书的俗体性质，说明它最初是出自民间的。隶是徒隶，就是狱卒，隶书的得名是由于这种字体出自徒隶之手，相传创造隶书的程邈就是一个狱卒。因为官狱事务繁多，首先在狱卒手中出现了把篆书的圆转笔画改成方折笔画从而书写更加简便快捷的字体，称作隶书。

这种书写方便的字体在战国晚期就已出现，在湖北云梦睡虎地发现的秦墓中竹简上的文字，就是早期隶书，称为古隶或秦隶。秦隶并不是一种独立成熟的字体，而是与篆书相辅而行的日用手写体。但是这种俗体因其书写方便而使用得相当广泛,并且随着秦国势力的逐步扩大推广到更广泛的区域。比如云梦本属楚地,秦国攻占云梦后,把秦文字带到了这里。随着秦灭六国,这种文字已经流传到全国。所以秦始皇统一中国后,虽然确定小篆为通行全国的官方文字,但是同时承认隶书的合法地位,不但普通百姓日常使用的是隶书,而且允许下层官吏在政务活动中使用。所以古隶才能得到进一步的发展,并在汉代成熟起来,成为取代小篆的正规字体。

成熟的隶书以东汉尤其是顺帝以后的碑刻文字为代表,为与"秦隶""古隶"相区别,称作"汉隶""今隶"。这种字体结构平整,字形稍扁方,笔画带有明显的"蚕头雁尾"的作风,左波右磔对比明显,故称"八分书",或简称"八分"。秦隶是篆书的草率形式,是与篆书相辅而行的日用手写体;而八分隶书是庄重场合的规范字体,是取代小篆的新字体,是成熟的隶书。

隶书的成熟和代替小篆成为正规字体是逐步完成的。山东临沂银雀山汉墓出土的竹简(图14),长沙马王堆汉墓出土的帛书(图15),都是西汉早期的文字,字体还是古隶;甘肃武威出土的东汉简(图16),已经是成熟隶书;在内蒙古发现的居延汉简(图17)时代跨度较大,早的在西汉武帝时,晚的已属东汉,居延汉简中已大量采用明显具有八分作风的字体。

图14　银雀山汉墓竹简

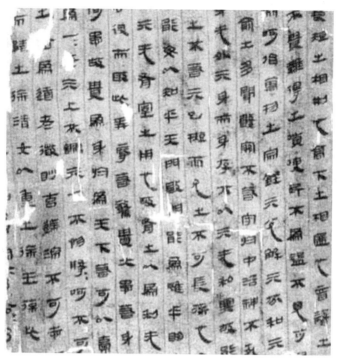

图15　马王堆汉墓帛书

图16　武威汉简

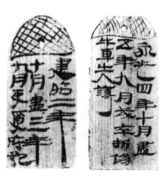

图17　居延汉简

比较庄重、正式的碑刻文字，其字体变化更替略晚于日常使用的文字。西汉时期的碑刻几乎都是篆书，东汉早期的碑刻，还有一些是篆书刻写的，但多数碑刻已采用隶书，东汉中期顺帝以后的碑刻，隶书日臻精美成熟，成为后世隶书的楷模。如《石门颂》（建和二年即公元148年）、《乙瑛碑》（图18。永兴元年，公元153年）、《孔庙礼器碑》

（永寿三年，公元156年）、《西岳华山庙碑》（延熹八年，公元165年）、《史晨碑》（图19。建宁二年，公元169年）、《曹全碑》（中平二年，公元185年）、《张迁碑》（中平三年，公元186年）等。

图18 乙瑛碑

图19 史晨碑

东汉灵帝时校订儒家经典，用通行的隶书把七种经书抄刻于石碑上，立于太学门前，史称"熹平石经"（图20）。石经文字可谓隶书的标准字体。

图20 熹平石经

从篆书到隶书的演变,习称隶变。在汉字发展史上,隶变是最重要的一次变革,被称作古今文字的分水岭。小篆以前的字称为古文字,隶书以后的字称为今文字。隶变彻底破坏了篆书中遗存的图画意味,使汉字完全革除了象形性,成为由笔画写成的文字。汉字的笔画系统在隶书中已经形成,因此,隶书是今文字的开始。但是,隶书从开始到成熟也是经过一段时间的,所以,古隶书既有今文字的特点,又带有古文字的成分。通常所说的隶书指的是作为正规字体,用于正式场合的成熟的汉隶。

比较隶书与篆书,两种字体有非常明显的不同。

(一)书写风格的不同

篆书行笔是均匀的,而隶书笔画有粗有细,提顿明显,末笔往往捺得很重,笔道粗肥而长。

(二)笔法的改变

隶书改变了篆书的笔法,把圆转的线条改成平直的或折转的笔画,从此,汉字的笔画系统形成。

篆书	木	口	糸	止	辵	昌	邑
隶书	木	口	糸	之	辶	阝	阝

(三)结构的变化

隶变过程中,许多形体由于省简、合并、讹变,以至于破坏了原来的结构。如:

篆书	香	書	善	財	並	更	叟	年	秦
隶书	香	书	善	财	並	更	叟	年	秦

"香"小篆从"黍"从"甘",隶书变成从"禾","甘"也与"曰"相混;"书"小篆从"聿"(写字用的笔)"者"声,隶书则

省"者"成"曰";"善"小篆从"羊"(表吉祥),从二"言",隶书变成从"羊"从"口";"则"小篆从"鼎"从"刀",隶书从"贝"从"刀";"並"小篆从二"大"(人形)并立于地上,隶书省并之后构意不可分析;"更"小篆从"攴""丙"声,隶书省并之后不可分析;"叟"小篆从"又"(手形)持"火"在"宀"(房子)下搜索,为"搜"本字,隶书上部合并成没有意义的部件;"年"小篆从"禾""千"声,隶书合并不可分析;"弃"小篆从"廾"(两手)持箕畚弃子,隶书中上面的倒"子"变成"云",下部也合并而不可分析。

有些篆书中不同的偏旁,隶变后混同了,如:

"肠"小篆从"肉","朗"小篆从"月","服"小篆从"舟","冑"小篆从"冃",隶书都变成了"月";小篆中"青"的上半部分是"生","责"的上半部分是"朿","素"的上半部分是"𠂹(垂)",隶书都变成了一个新的没有意义的部件"主"。

或者篆书中好几个部件粘合成了新的部件,如:

"秦""泰""奉""奏""春"几个字在小篆中构字成分都不同,"秦"的上半部分"午(杵)"和"廾"、"泰"的上半部分"大"和"廾"、"奉"的上半部分"丰"和"廾"、"奏"的上半部分"中"和"廾"、"春"的上半部分"艸"和"屯",隶书都合并粘合成了一个新的没有意义的

构件"夫";"塞"和"寒"小篆中构字成分也不同,中间部分隶书都粘合成了一个新的没有意义的部件"共"。

其他如"要(要)、贾(賈)、票(票)、栗(栗)、覃(覃)"等字上面的字头各有来源,隶变混同为"西";"幸(幸)、寺(寺)、走(走)、袁(袁)"等字上面的字头各有来源,隶变混同为"土"等。

也有的小篆同一个部件由于书写的变异,隶书变成不同的部件,如:

又:彡、甫、司、㕥——父、甫、右、友
止:止、寺、封、是——出、寺、封、是

此外,由于隶书讲究字体结构的匀称平稳,篆书中一个偏旁,隶变后由于所处位置不同而写成不同的形体。如:

水:㵐、㴑、㳄、益——溅、泰、清、益
心:志、情、恭——志、情、恭
火:燒、熱——燒、熱

现在楷书有些偏旁与独立成字时写法不一样,如"邑"旁作"阝","网"头作"罒","手"旁作"扌",正是隶变造成的。

因为隶变造成的结构上的变化,很多汉字在系统中的位置发生了改变,因此,隶书与篆书不仅是字体的不同,也是两个文字系统的不同。

第六节 楷书

楷书旧称"正书""真书",过去多认为楷书在汉末三国时代已经产生。传世的楷书早期资料有魏钟繇的《宣示表》,晋王羲之的《乐毅论》等,所以,钟繇被视为"楷书之祖"。但是,从考古发现的魏晋文字资料来看,当时的碑刻都是用隶书书写。当然,这时的隶书已出现向楷书过渡的味道。比如晋《爨宝子碑》(图21。公元405年),有的著作把它归入楷书,但从基本精神看,似乎应归入隶书的范围。而像《爨龙颜碑》（图22。宋大明二年，公元458年）这样的字体，已经称得上是楷书，但仍残留隶意。

图21　爨宝子碑　　　　图22　爨龙颜碑

比较保守的看法是，魏晋时代还只是楷书的萌芽时期，跟隶书在秦和西汉初所处的地位相当，南北朝是楷书逐渐成熟，隶书逐渐消亡的时期。比较《中岳嵩高灵庙碑》（图23。北魏太安二年，公元456年）与《张玄墓志》（图24。北魏普泰元年，公元531年），可以看到隶书的痕迹越来越不明显。

图23　中岳嵩高灵庙碑　　　　图24　张玄墓志

标准的楷书是唐代人的书法作品，唐人楷书完全革除了南北朝楷书中残存的隶书遗意（如图25、26）。

图25　化度寺碑（欧阳询书）　图26　多宝塔碑（颜真卿书）

楷书由隶书发展而来，楷书和隶书的区别主要是行笔风格的不同，结构上基本相同。楷书继承了隶书笔画平直、结构方正的特点，去掉了隶书的"波势挑法"，把波磔改为平笔，字形也改扁平为竖长方形，成了横平竖直的方块字。汉字形体至此最终定型了，在此后的一千多年，楷书一直是通用的标准字体。

第七节　草书和行书

一、草书

"草"是草率、潦草的意思，草书是为了加快书写速度而写成的潦草的字体。

在隶书形成的过程中，由于隶书本就是日用手写体，所以有的写法比较潦草，为了提高速度，笔画相连或简省笔画，形成一种草体形式，叫作章草。

关于"章草"的得名，旧说很多。有的认为"章"义为有章法，与后来今草的随意简省相对；有的认为"章"来源于《急就章》；有的认为得名于东汉章帝；有的认为这种字体用于奏章。

　　章草是古隶的草率写法，古隶本身又是篆书的草率写法。但是，由篆书转化为古隶和由古隶转化为章草，总体而言是不同的演变模式。古隶主要是把篆书圆转的线条变为方折的笔画，结构上的联系清晰可循；而章草对古隶的改变，主要是笔画的省简和运笔的连续，结构上往往只存大意。比较下列各字：

篆书	居	君	還	卽	歸	盡	屬	奉
古隶	居	君	逻	即	歸	盡	属	奉
章草	禾	貝	逻	即	歸	盡	属	奉

　　晋代以后，楷书已经开始出现。当时的书法家利用楷书的笔法改造章草，形成与章草风格不同的草书，为了区别，称为"今草"。今草是楷书的草率写法。今草与章草相比，章草有浓厚的隶书笔意，书写时笔画相连，但字与字之间不相连属；今草去掉了与隶书相近的笔法，书写时笔笔相连，一笔到底。字与字之间上下钩连，顾盼呼应，字形省改严重，难以辨认。到了唐代，张旭、怀素等人变本加厉，书写诡奇疾速，任意省简笔画，恣意连写，发展成"狂草"。

图27　张旭《肚痛帖》

草书不是汉字发展史上的正式字体，本来只是写法潦草的日用手写体，后来成为一种书法形式。书法界所说的"草书"通常指今草，有时也包含章草。

二、行书

行书是介于楷书和草书之间的一种日用手写字体。它基本上保持了楷书的笔画结构，只是做了一些适当的省简，笔势连贯，写起来比楷书简便、迅速，又不像草书那样面目全非，不易辨认。行书没有严格的书写规则，写得规矩一点，比较接近楷书，可称为行楷；写得放纵一点，比较接近草书，可称为行草。行书出现于东汉末年，盛行于魏晋，王羲之的《兰亭序》是著名的行书法帖。由于行书便于书写又方便辨认，到今天一直是手写体的主要形式。

图28　王羲之《兰亭序》

第八节　汉字字体发展演变的原因

一、追求书写便利是文字演变的最大动因

文字演变的动因是书写的便利，字体的发展演变始于手头日用俗体的变化，这种变化是自发的，当个体手中的变异发展到一定程度，就会

出现规范化的社会要求，手头出现的新字体经过规范化成为标准字体，民间又会有新的更为便利的字体出现，到一定阶段又经过规范化，成为标准字体。

殷商和西周时期，文字的使用范围很小，殷商时可能只有巫卜、史官这些专业人士掌握文字，文字的功用也受到限制，西周时书籍藏于官府，也只有贵族子弟才有读书的机会。这时候的文字还处于自发阶段，文字主要是以形表义，因形见义，因此，规范化的要求不迫切，规范化程度也不高，表现为字不定形，异写众多。西周晚期是汉字开始定形化、规范化的时期，规范字体是大篆。

春秋以后，汉字扩大其应用范围，由上层统治阶级扩展到民间，由官府扩展到私人领域，由统治工具发展为日常书写工具。文献的种类大量增加，私人著述开始出现，汉字也进入飞速发展的阶段，出现了俗体文字和正体文字的不同。民间俗体文字的发展变化明显快于正体文字，而且成为引领文字演变趋势的风向标。之后汉字的发展就是正体和俗体的对立统一、消长转化。

战国时期，文字的变异、混乱已经到了影响识读和理解的程度，秦始皇统一六国后实行"书同文"政策，用规范的小篆作为正体文字，此时民间却孕育着书写更便利的俗体文字隶书。到汉代标准的"八分"隶书取代小篆成为正体，日用场合又出现了章草、行书这样更为简便的俗体。这种俗体规整化为楷书，成为取代隶书的标准字体。宋元以来，民间手头文字中出现了很多草写的简体俗字，经过现代整理规范，简体字成为正体字。

可以说，正体、俗体的对立统一，彼此的消长转化，贯穿于整个汉字发展史。

二、书写材料的改变是字体变化的重要推手

殷商时期甲骨文和金文不同的书体特征是由于书写材料的不同造成的，甲骨文是直接用刀在坚硬的龟甲兽骨表面契刻，金文是先在器物的泥范上制字然后浇铸而成，因此甲骨文和金文的线条，一个纤细如一，坚硬如切；一个肥瘦粗细有变，涂抹加工自如。籀篆是用竹笔蘸墨

书写于竹木简上,所以线条粗细一致,因为竹木吸收墨汁需要时间,所以不能写得太快,有充足的时间让线条柔和圆转。汉代隶书的成熟与毛笔的使用有关,具有蚕头燕尾、波势挑法的"八分"书只能使用柔软的毛笔方能写出,而隶书横向发展稍显扁平的字形特征,大概也是为了在长度有限的一条竹简上尽量多写几个字以减轻书册的分量。行书、草书的出现与丝帛、纸张用作书写材料有关,因为只有墨水迅速吸收才可能连笔书写。唐五代时中国已有雕版印刷,宋以后雕版印刷的书籍大量出现,使汉字的标准字体固定为唐楷。楷书的书法特征和刻版匠人刀工的结合,形成了标准的印刷体,这种源自宋朝、成熟于明朝的标准印刷字体被称作宋体字。到西方现代印刷术传入中国,我国已经习惯使用这种印刷字体一千多年了,所以直到今天,宋体字仍是书籍印刷的最主要字体。

附注:本章主要参考裘锡圭《文字学概要》(修订本)(商务印书馆,2013年)和詹鄞鑫《汉字说略》(辽宁教育出版社,1991年),很多材料和字例直接采自《汉字说略》,限于体例,未能一一注明,特此说明并致谢意。

第四章　汉字的造字法

第一节　"六书"理论的发展

字是语词的书写形式,造字法是说明为语词造字的方法,即文字从无到有,从少到多,是怎样创造出来的。

《周礼·地官·保氏》:"保氏掌谏王恶,而养国子以道。乃教之六艺,一曰五礼,二曰六乐,三曰五射,四曰五驭,五曰六书,六曰九数。"艺,是技艺。"六艺"是西周贵族子弟从小要学习的六种技艺,"五礼"是五种礼法,"六乐"是六类音乐,"五射"是五种箭法,"五驭"是车马的五种驾法,"九数"是九章算术。"六书"与其他五艺并列,应该是六种写字法。

写字法也就是记词法。文字通过记录语言来表达思想,文字书写语言以词为单位。词是音义的结合体,记词法就是分析文字是怎样表达词的音义的。西周时已经知道汉字记词的方法有六种,保氏通过"六书"的分析来教导学童认识文字形音义的关系,从而帮助记忆字的写法,明了字的用法。"六书"是保氏教学的内容,说明用来分析汉字形音义关系的"六书"理论在西周已经形成,但在当时这属于简单的初级学问,因此"六书"具体是什么内容,在汉代以前的文献中并没有记载。汉代刘向、刘歆父子整理群书,编制目录,把书籍分为七大类即"七略",其中"六艺略"著录易、诗、书、礼、乐、春秋、论语、孝经、小学九类图书。小学类就是文字书,讲到周官教国子"六书",才有了明确的"六书"名目。班固据《七略》整理编写的《汉书·艺文志》中收录了该内容。

班固《汉书·艺文志》:"古者八岁入小学,故周官保氏掌养国子,教之六书,谓象形、象事、象意、象声、转注、假借,造字之本也。"周官保氏教国子"六书"，应该是通过分析六种文字写词的方法来帮助理解字的音义，识记字的写法，而班固明白地说，"六书"就是六种造字法，那么，造字法和写词法是不是一回事呢？

造字是指为语词创造文字符号，写词是指用什么样的文字符号、怎么样来记词，二者是从不同角度出发的文字分析。写词法是从用字的角度，分析字形如何体现词的音义；而造字法是从文字创造的角度，分析字形是怎样根据词的音义造出来的。二者是一个事物的两个方面，因此，虽然说汉字造字法理论是汉代人提出来的，但是与周代以来的汉字教学实践中分析汉字形音义的理据得到的六种写词法有直接的关系，甚至汉人并没有认识到两者有什么不同，而仍沿用"六书"的名称。

郑玄注《周礼》引郑司农（众）云："六书，象形、会意、转注、处事、假借、谐声也。"

许慎《说文解字叙》曰："周礼八岁入小学，保氏教国子先以六书。一曰指事，指事者，视而可识，察而可见，上下是也。二曰象形，象形者，画成其物，随体诘诎，日月是也。三曰形声，形声者，以事为名，取譬相成，江河是也。四曰会意，会意者，比类合谊，以见指㧑，武信是也。五曰转注，转注者，建类一首，同意相受，考老是也。六曰假借，假借者，本无其字，依声托事，令长是也。"至此，"六书"不但确立了名目，也有了界说。

以上三家之"六书说"皆出自刘歆之学。班固《汉书·艺文志》录自刘歆的《七略》；郑玄之说引郑众，郑众之父郑兴师事刘歆；许慎师事贾逵，而贾逵是刘歆的学生。三家之说皆从刘歆所传而又有所发展，因此，汉代学者都认为"六书"就是六种造字方法，只是对每种造字法的实质和出现的先后顺序有不同的认识，所以在"六书"的名目和序列上有一些差异。今天讲到"六书"一般沿用班固的顺序、许慎的名称，即：象形、指事、会意、形声、转注、假借。

造字法和字形结构分析是两回事。结构分析是对已有的文字所作的静态分析，而造字是一个动态的过程。当然，通过字形的结构分析，大致可以知道这个字是用什么样的方法创造出来的。但是不同的过程可能会产生同样的结果，比如，同音假借后增加区别意义的形符而成的字，与因为读音的改变加注标音声符而成的字，以及合标义形符与标音声符而成的字，在结构上是一样的，都是由两部分构成，一部分跟意义有关，一部分有标音作用。因此，分析字形结构就只有一种分析法，可是就造字来说，是不同的过程。因为造字过程已经被时间湮没，很多字究竟是怎么创造出来的，可能今天已无法知晓。许慎虽然在《说文解字叙》中对"六书"进行阐释，通过举例，说明了汉字字形的创造从无到有、从少到多的发展过程；但是正文对9353个小篆只进行字形分析，通过分析字形来说明字形本义，并不进行六书的分类，即没有明言属于六书的哪一书。可是一般附会二者，把"象某某之形"的分析说成象形字；"从某从某"的分析当成会意字；"从某某声"的分析当成形声字，于是，不但从中找不到一个转注字、假借字，除了"上""下"二字，连指事字都找不到。也正因为如此，才引起了后人对"六书"本质的怀疑，于是"四经二纬说""四体二用说"就应运而生了。

明代杨慎提出六书"四经二纬说"，他在《古音后语》中阐述"六书"的本质："六书当分六体，班固云'象形、象事、象意、象声、假借、转注'是也。……四象以为经，假借、转注以为纬。四象之书有限，假借转注无穷也。"意思是说"象形、象事、象意、象声"是创造字形的四种方法，字形分别描写形、事、意、声，故为"四象"；而假借、转注并不创造字形，"假借借此四者也，转注注此四者也"。因此"四象"为经，假借、转注为纬。清代戴震在此基础上提出六书"四体二用说"，他在给江永的信（《答江慎修先生论小学书》）中说："（指事、象形、形声、会意）四者，书之体止于此矣。由是之于用，数字共一用者，如初、哉、首、基之皆为始，卬、吾、台、予之皆为我，其义转相为注，曰转注；一字具数用者，依于义以引申，借于声而旁寄，假此以施于彼，曰假借。所以用文字者，斯其两大端也。"其后王筠在《说文释例六书总说》中综合戴震、杨慎的观点："（象形、指事、会意、形声）四者为经，造字之本也；转注、假借为纬，用字之法也。"之后，虽然对转注的所指众说纷纭，对假借的理解也分歧很大，但是分六书为二途，象形、指事、会意、形声为造字法，假借、转注是用字法的观念深入人心。

用字法属于我们所说的写词法。《周礼》的写词法与汉人所说的造字法是从不同视角对文字形音义关系的分析,都用"六书"之名,"四经二纬说""四体二用说"则把"六书"分为造字和用字两类性质,这是认识上的进步,但用字的假借是否与造字法无关,转注所指到底是什么,这些都是需要讨论的问题。

文字从无到有、从少到多,是一个动态发展的过程。造字法分析与文字结构分析不是一回事,前者是对文字产生过程的动态分析,后者是对已经形成的文字系统的静态分析。造字法是不断发展的,"六书"不在一个层次上,但是都跟造字的过程有关。

第二节 汉字造字法的发展

一、脱胎于图画的象形、指事、会意

(一)象形

世界文字发展史证明,文字来源于记事图画,图画和语言相结合就成为文字,正如李孝定在《汉字史话》中所说:"图画具备了形和意,一旦与语言相结合,赋予图画以语言的音,于是具备了形、音、义等构成文字的三要件,便成为原始的象形文字。"因此,由描绘客观实物之形而成的象形字是所有自源文字的基础,象形是所有自源文字共有的造字方法,汉字自然也不例外。"画成其物,随体诘诎"是许慎给象形造字法所下的定义。汉字中,大部分的独体字都是用这种方法造出来的。

1. 独体象形

	甲骨文	金文	篆书
日	⊙	⊙	日
月	☽☽	☽	☽
山	⋀⋀	⋀	山
火	火火	火	火

第四章 汉字的造字法

女			
子			
目			
心			

2. 复体象形

	甲骨文	金文	篆书
眉			
须			
果			
栗			
瓜			
牢			

"眉"是目上毛，"须"是颊毛，"果"长在树上，"栗"长在树上，"瓜"连着藤蔓，"牢"中圈着牛羊。以上字都是复体象形，所象之物须由另一物的衬托才能清楚明白，这些字的意义在人的认知当中就是与另一物连在一起的，独体不足以体现其义，故不烦多画一部分。然视角仍在主体形象，比如"牢"，视角落在外面的圈栏上，而不是里面的牛，里面的动物可以换成羊、马等，但外面的圈栏不变。

（二）指事

指事来源于原始记事。现实生活中的符号有两类：第一类是纯粹

第四章　汉字的造字法

约定的符号，比如红绿灯交通信号，救护车、救火车、警车等的不同笛声，数学符号，等等；第二类是本身有形象意义的符号，比如农药瓶上的骷髅符号（提醒有毒）、货物箱子上的伞形符号（提醒防潮）、玻璃杯符号（提醒小心轻放），等等。第二类符号也需要约定，但是符号本身能引起人们对意义的联想，因而容易理解和记忆。原始记事也有这两类符号，一是标记符号或曰记号，比如用箭头指示方向、用十叉表示交换、刻木记事的符号等；一是用图形作为提示标志，如在石壁上画动物头朝下的标志表示这里道路危险，提醒经过的人要小心；从狗的嘴里画出一条弯曲的线条表示狗叫等。这样的表达方法引入到文字中来就是"指事"造字法。许慎说"指事者，视而可识，察而可见"，就是说这类字采用简单的标记符号或图形符号来标示抽象的概念或思想，因其图形和符号标志突出，所以容易辨识；但其意义需要透过字形去了解，所以需要察形见意。

1. 符号标记

	甲骨文	金文	篆书
上	二 ⌒	二 上	丄 上
下	二 ⌒	二 下	丁 下
一	一	一	一
二	二	二	二
三	三	三	三
四	三	三 四（春秋）	四
十	ǀ	ǀ 十（春秋）	十
廿	∪	∪ 廿（春秋）	廿
卅	∪∪	∪∪ 卅（春秋）	卅

以上这些字都是用标记符号来指事,"上""下"是相对概念,用长短两个线条的相对位置来示意;"一""二""三""四"都是积画而成,来源于原始的刻木记事符号。在原始人的生活中,数字是最需要记录的,所以计数的符号可能出现得很早。今天有些没有文字的民族也有计数的符号,或为积画而成,或为圆圈堆积,这样的符号可能是更早的实物计数的形象化。中华人民共和国成立前,我国有些民族还用实物符号如石子、木棍等堆积计数。"十""廿""卅"来自结绳记事,竖线是绳子,中间的圆点是绳结。

2. 图形象征

	甲骨文	金文	篆书
大			
小			
高			
王			
臣			
夕			

以上这些字是用图形象征的方法来表示抽象概念。字形与"画成其物,随体诘诎"的象形字无异,但是字义是隐藏在字形背后的,需要透过字形去体会。四肢伸展的人形象征"大",细微的沙粒之形象征"小",台基上建造亭子象征"高",象征权力的大斧之形表示"王",竖起的眼睛(低头时所现)象征"臣服",月亮出现象征夜晚的"夕"。从造字记词的角度来说,它们是用图形来象事。

3. 加点指事

以上这些字是在图形上某个位置加点画来指事：树下一点标示"本"（树根），树上一点标示"末"（树梢），刀锋上一点标示"刃"，人的臂下两点标示"腋"，器皿中一点标示"血"，口中一点标示"甘"。附加的点画不是区别符号，而是标示符号，其作用是把人的目光集中在点画的位置，一看便心领神会。

4. 变体指事

	甲骨文	金文	篆书
県(懸)			
屰(逆)			
子			
孓			

了　　　　　　　　　ᘚ

叵　　　　　　　　　叵

以上这些字是改变字形来指事："首"朝下表示"悬"，"大"（人形）朝下表示"逆"，"子"去掉一只胳膊表示孤单义的"孑""孓"，"子"没有胳膊表示蹦跳义的"了（ᘚ）"，"可"反过来表示"叵"（不可）。现代方言字"冇"，用"有"去掉中间的部分表示没有，也是同样的方法。

指事字也是来自图画，段玉裁说："有事则有形，故指事皆得曰象形，而其实不能涵。"就指事与象形的区别，段玉裁说："指事之别于象形者，形谓一物，事赅众物，专博斯分，故一举日、月，一举上、下。上、下所赅之物多，日、月只一物。学者知此，可以得指事、象形之分矣。"（《说文解字注》）要言之，象形与指事的区别在于：象形为摹形象物，用形象符号直接表示具体概念，所以见形而识物；指事是符号标示或图形象征，字义隐藏在形体后面，所以要察形而见意。

（三）会意

会意造字法是在象形和指事方法的基础上自然发展而来的。由于单个的图形或符号所能表达的概念和思想毕竟有限，于是出现了多个图形合体会意的造字法。会意造字法也是脱胎于图画，它比象形更复杂，象形是用单个的图形来表示具体事物的概念，会意是用一幅复杂的图画来表示更为复杂的概念。在会意的图画中，单个的图形不是代表这个具体事物本身，而是表示更为宽泛的意思，因此，会意又源于指事。比如："武"字甲骨文写作𢖩，上面是"戈"字，下面是"止"字，但是戈形在这里不止代表戈这种武器，而是泛指兵器，脚形在这里也不代表脚，而是表示走路，两个图形合起来构成的图画让人联想到兵士手持兵器威武行进的场面，由此表达出"威武"的意思。这样的表达方法在原始记事图画中就已经存在，如画两只手握在一起表示友好，头戴插有羽毛的帽子的人代表王或巫师。这样的表达方法引入文字就是会意造字。

"会意"班固称为"象意","意"是人心里的画面,把心里的画面用图形表现出来就是"象意",体会图画表达的意思就是"会意"。早期会意字是合形象意,来自原始图画,后期发展出用两个字符会合示意的合义会意,即许慎所说的"比类合谊,以见指㧑"。

1. 合形象意

单个图形所能表达的思想毕竟有限,于是产生了把单个形体合在一起来象意的方法。合形象意就像是一幅复杂的图画,人们是通过画面来体会字义的。

	甲骨文	金文	篆书
戌			
伐			
戎			
兵			
弄			
共(供)			
具			
舆			

棄				
毓				
鬥				
執				
報				
奚				
藝				
鼓				
彭				
即				
既				
鄉				
孰(熟)				
盟			(春秋)	
監				

步						
涉						
陟						
降						
队(坠)						
正(征)						
出						
各						
逐						
从						
比						
北						
夾						

"戍"字由人形和戈形构成，人在下，戈在上，人扛着戈表示戍守的意思。

"伐"也是由人形和戈形构成，但人戈并列，且戈刺入人颈，表示杀伐的意思。

"戎"字由甲和戈形构成，甲和戈都是兵器，戈用以攻击敌人，甲用以保护自己，二者都是打仗时必需的，合起来表示兵戎、战争的意思。

"兵"由斤和两只手构成，两手举着斧斤，说明这是兵器，所以"兵"是兵器的意思，也指使用兵器的士兵。

"弄"是两只手拿着一串玉摆弄，表示玩弄的意思，也说明玉原来就是供人把玩的。

"共"字是两只手抬着一个东西，表示供奉的意思，是"供"的本字。

"具"是两只手抬着鼎的形象，表示摆置的意思。

"舆"是四只手抬一个东西的形象，表示抬起的意思。

"弃"是手拿着簸箕，簸箕中装着个孩子，周围有尘土，图形显示的是把孩子扔掉，因此是抛弃的意思。

"毓"是生孩子的形象，从"子"，从"女""母""每"（甲骨文这三个偏旁不分），或从"人"。子在下，且呈倒形，说明子是从母体中生出来的，表示生育的意思。

"鬥"字是两个人以手相搏的形象，表示打斗的意思。

"執"字左为刑具之形，右边一人跪在地上，双手被锁在刑具里，是拘捕犯人的写照。《说文解字》："执，捕罪人也。"《左传·昭公七年》："执人于王宫，其罪大焉。"

"報"比"執"字，在人的头上多了一只手，表示判决罪人。《说文解字》："报，当罪人也。"《韩非子·五蠹》："报而罪之。"

"奚"字是一只手牵着一个头上捆了绳子的人（甲骨文或从"女"，或从"大"，或从"人"，都是人的形象），表示奴隶的意思。甲骨文多见"获奚"多少人的字样，就是打仗获取的俘虏充为奴隶。此外，罪人及其家属也可收为奴隶。《周礼·天官·冢宰》："奚三百人。"郑玄注："古者从坐男女没入县官为奴，其少才知以为奚。"

"藝"字甲骨文为一人手持草木之形，表示种植的意思。

"鼓"字一边为一竖立的鼓，另一边一只手拿着鼓槌，表示击鼓的意思。

"彭"字鼓形的旁边有线条，示意敲鼓发出的声音，表示拟声词

"彭"，今作"嘭"。

"即"字是人旁有一食器，人面朝食器，《说文解字》："即，就食也。"所以，引申有靠近、即将的意思。

"既"字是一人跪坐在食器旁，但是转头向后，《说文解字》："既，食已也。"所以，引申有已然的意思。

"鄉"字是两人面对面坐着，中间有一个食器，表示宴饮的意思，应是"饗"的本字，也表示面对，即"嚮"的本字。假借为乡党的"鄉"。

"孰"字为一人用手去掀食器的盖子，表示饭已经熟了，是"熟"的本字。

"盥"字甲骨文为器皿中有一只手，表示洗手的意思。

"監"字甲骨文为一个人张大眼睛往一个器皿中看，这个器皿装上水就是镜子，因此"監"字是古人照镜子的形象，表示镜子和照的意思。有了铜镜以后，"監"字增加"金"符作"鑑"，又改变结构作"鑒"，遂与"監"分化为二字。

"步"是两只脚一前一后走路的形象，表示走路，也表示一步两步的"步"。

"涉"是两只脚中间有一条河，一只脚在河这边，另一只脚在对岸，表示涉水过河的意思。

"陟"为两只脚一上一下从山坡上往上登的形象，脚的方向都朝上，表示登、上升的意思。《诗经·周南·卷耳》："陟彼高冈，我马玄黄。"

"降"字与"陟"相反，两只脚的方向都朝下，表示下降的意思。

"队"字为一人（或从"子"）倒着从山上掉下来，表示坠落，为"坠"的本字。

"正"字是一只脚朝着一个城走去，表示征伐的意思，为"征"的本字。

"出"字是一只脚从居住的洞穴中往外走，表示出去的意思。

"各"字是一只脚来到住所，表示到的意思。这个意思后来写作"格"，如《书·舜典》："格，汝舜。"

"逐"字甲骨文为一只脚追逐动物的形象，或从"豕"，或从

"犬",或从"马",或从"鹿",后来固定为从"豕"。

"从"字为两个人前后相随,表示跟从的意思。

"比"字为两个人并排而立,表示并列的意思。

"北"字为两个人背对背站立,表示相背,是"背"的本字。

"夾"字中间是一个大人,两边各有一人相扶助,表示辅佐和挟持的意思。

2. 合义会意

合义会意是用两个字符的意义合起来表示一个新字的意义,也就是许慎所说的"比类合谊,以见指㧑"。许慎举"武""信"为例,"武,楚庄王曰:夫武定功戢兵,故止戈为武。"按照《左传》把"武"的作用理解成停止战争,藏聚兵器;"信,诚也。从人言。"段注:"人言则无不信者。"

显然合义会意字是比较晚起的,它脱离了图画,直接用字义去组合表示新义。合形象意的方法来自原始图画,靠画面表意,即便后来字符已经失去了图画性,但是画面感仍是指引人们理解字义的途径。比如尘土的"尘"《说文解字》作"麤",这个字形展现的是一群鹿在奔跑,身后扬起尘土的画面。后来简化作"塵",仍能给人奔跑的小鹿身后扬起尘土的画面感。后来简化作"尘",小鹿奔跑身后扬尘的画面不见了,取而代之的是"小土"就是"尘"的理解,这就是"合义会意"了。后世很多口语俗字是用合义会意的方法造的,如不正为"歪",不好为"孬",不上不下为"卡",大步为"奀"(四川方言字)等。

象形、指事、会意这三种造字法都脱胎于图画,在原始绘画中是三种不同的表达手段,引入到文字就是三种造字法。象形是静态的图形,会意是动态的画面。复体象形字与合形象意字很像,区别在于复体象形是静态的图像,虽然连带画出另一部分图形,但是视角仍落在主要表现的部分上,另一部分只是衬托;而合形象意是由几个形体组合构成的动态画面,画面中的各个形体都是主角,共同体现整体的意义。图形象征指事字与象形字很像,区别在于象形是直接描摹物象,通过形象认知事物;图形象征是透过形象,表达背后的象征意义,需要通过相关的联系才能理解意义。象形是表形法,指事是表意法。

二、同音假借使文字能够完整记录语言

"假借者，本无其字，依声托事。令长是也。"根据许慎所举的例字，假借指的是新概念的命名，"本无其字"是说语言中原来没有这个词，新概念出现了，借用已有的概念名称来给它命名，就是"依声托事"。比如"令"本是动词，发号令的意思，借用这个名称转指发号令的人，就是"县令"的"令"；"长"本是年长的意思，借用这个名称转指"官长"的"长"，因为过去长官一般是由年长的人充任的。这是语言中新词新义的产生途径，是语言问题，不是文字问题。所以明清学者都认为假借就是词义的引申，跟造字无关。

今天我们仍沿用假借的名称，赋予它新的理解，假借指文字的同音借用，即借用原有的一个字来记录跟它同音的另一个词。"本无其字"就是语言中有一个词，原来没有为它造出专用的字；"依声托事"就是依据读音，把它的意义寄托于一个读音相同或相近的已有的字身上。因为这个字原是为另一个词所有，所以叫"假借"。

一个图形，只有当它和一定语言单位的联系固定下来的时候，它才不但可以表意，而且拥有了读音，才能被借用来代表另外的意义无关的语言单位；反过来说，一个图形，如果只是用来记事或表达思想，没有据音使用的痕迹，那它是不是拥有读音，是不是与语言单位形成了固定的联系，是无法判定的。因此，有没有假借用字是判断究竟是图画还是文字的"试金石"。比如纳西族的东巴经，虽然以连环画的形式出现，但是因为其中很多图形不是图形本身的意思，而是假借来代表另外一个同音的词，所以，我们可以肯定东巴经是文字书，而不是图画书。

可以说没有假借就没有真正的文字。任何语言中都存在没有实际意义的虚词或表达语法意义的音缀，这些语言成分只有音，没有义，用图画的方法无法表现，要想完整记录这些语言中所有的成分，必须借助已有的字形，因此，独立产生的自源文字系统，在早期都曾经采用过假借记音的方法。换言之，假借是早期文字普遍采用的据音用字的记录语言的方法。

与其他文字的借字记音不同，汉字的假借是借音记词，而且是长期

的假借某个字固定地记录某个词。约定俗成，假借字和所记的词之间建立起固定的联系，假借义和本义一起成为这个字的固定意义，甚至有时取代本义成为这个字的通用义。比如汉字"其"，甲骨文作ᗑ，本象簸箕之形，为"箕"之本字，假借记录代词{qí}，是因为代词{qí}原本无字，长期借用，后来"其"固定为代词{qí}的专门用字，本义簸箕反而另造了"箕"字。这样原来无字的代词{qí}有了固定用字，这个字是通过假借得到的，是假借的结果。这样的假借是一种写词法，被列为"六书"之一。汉代学者把假借作为一种造字法与其他五书并列，称"皆造字之本也"，这里的造字不是构造字形，而是确立汉字形音义的联系。

假借的本质是借用，因为长期借用，借来的东西归为己有了。假借用字，是一种主观的过程；通过假借的过程，原来无字的词取得了一个固定的字形，这是客观的结果。假借既是用字之法，又是造字之法，这是从不同角度说的。从结果来说，是造字；从过程来说，是用字。假借造字必然经过假借用字的过程，但是假借用字不一定都固定下来，也就是说不一定能造出字来。因此假借既是早期文字普遍采用的据音用字的记录语言的方法，在有的文字系统中又是一种造字方法，这两种意义的假借不是一个层次的问题，应该区分开来。早期文字系统由于字数较少，都大量地采用假借的方法来补有词无字之缺，但是假借的结果截然不同：有的文字因为同音假借，原来的象形字变成了标音符号，因而改变了文字的性质，成了表音文字；有的文字经过假借的过程，原来没有字的词取得了固定用字，仍然保持表词文字的性质。对于前一种情况来说，假借用字只是文字发展过程中的一个阶段；对于后一种情况来说，假借不仅是文字发展某一阶段的用字方法，它还成为一种造字方法。

汉字的假借既是用字方法，也是一种造字法。假借的结果有三种情况：

1. 假借义与本义并存。

豆，甲骨文作ᖜ，象高足盘之形。《说文解字》："古食肉器也。"《国语·吴语》："觞酒，豆肉，箪食。"又假借为豆类植物之名。

干，甲骨文作丫，本义是盾牌。《韩非子·五蠹》："执干戚舞。"又假借为干支之"干"。

戚，甲骨文作𰀀，本义是古代一种兵器。"干戚"经常连言。又假借为忧戚之"戚"、亲戚之"戚"。

斤，甲骨文作𠃌，本义是斧子，又假借为重量单位。

耳，甲骨文作𦔮，耳朵的象形。又假借为语气词"耳"。

2. 本义已失，假借义成为专用义。

我，甲骨文作𰀀，本义是一种兵器。假借为第一人称代词，本义已失。

焉，金文作𰀀，本义是一种鸟。假借为语气助词和疑问代词"焉"，本义已失。

难，《说文解字》作"鸏"："鸟也。从鸟堇声。"或作"難"，从"隹"。假借为困难之"难"，本义已失。

3. 假借义成为字的专用义，本义另造新字。

莫，甲骨文作𰀀，《说文解字》："日且冥也。从日在茻中。"假借为否定词"莫"，本义加形符"日"作"暮"。

爰，甲骨文作𰀀，《说文解字》："引也。"假借为连词"爰"，本义再加形符"手"作"援"。

其，甲骨文作𰀀，金文作𰀀，簸箕的象形。假借为代词"其"，本义加形符"竹"作"箕"。

而，金文作𰀀，胡须的象形，本为胡须。假借为连词"而"，本义加形符"髟"作"髵"，或加"彡"作"耏"。

然，《说文解字》："烧也。从火，肰声。"假借为指示代词"然"，本义再加形符"火"作"燃"。

假借是一些表词字的产生途径，因此假借是一种造字法。但是，假借的本质是借用，并不构造新字形，假借的字形可能来自象形、指事、会意中的任何一种。造字分析和字形结构分析是两回事，因此，在字形结构分析中没有假借字。

三、形声的出现

象形、指事、会意来自图画，都是用表意的方法造字记词，假借是把表词字抛弃意义，借音记词，因此假借字是表音字。表意字和表音字组合成字就是形声字。

形声字的来源：

1. 为了表词的明确性，给表意字加声符。

"鸡"甲骨文作🐦，象一只头上有鸡冠的大公鸡，晚期作🐦，增加了符号"奚"，提示该字的读音。"凤"甲骨文作🐦，象一只头上有高冠的凤鸟，晚期作🐦，增加了符号"凡"，提示该字的读音。

2. 为了显义，表意字再加义符，原字退化为声符。

"得"甲骨文作🐚，从"又"从"贝"，"又"为手，"贝"表示财物，手中持贝表示获得。晚期增加偏旁"彳"作🐚，"彳"为道路，在路上捡到财物，凸显获得的意义。"畴"甲骨文作🌾，象分割成块的田地，小篆加义符"田"作🌾。

有的字既加声符也加义符，如"铸"甲骨文作🔥，西周金文作🔥，是一个铸造的画面，春秋金文中有作🔥的，增加了声符"𡕰"和义符"金"。

3. 原字假借记录别的同音词之后，为了表词的明确性，本义再加义符造出区别字，原字退化为声符。

比如本象簸箕之形的"其"假借表示代词{qí}之后，它就同时记写意义无关的两个词——簸箕之{jī}和代词{qí}，为了区别，给簸箕本字"其"加上一个义符"竹"，造出"箕"字，这样"箕"和"其"就分化成两个字，"其"是虚词{qí}的专用字，而"箕"是簸箕之{jī}的专用字。在"箕"字中，"竹"是义符，而"其"则成为标音的声符。

再如"莫"加义符"日"分化出"暮"，"爰"加义符"手"分化出"援"，"孰"加义符"火"分化出"熟"。在"暮""援""熟"等字中，起表意作用的是"日""手""火"，而"莫""爰""孰"则退化为声符。

4. 早期字少，一个字假借记写几个同音词，为了表词的明确性，后来在假借字基础上增加义符造新字。

"辟"，《说文解字》："法也。从卩辛，节制其辠（罪）也。从口，用法者也。"先秦文献中"辟"假借记写好几个不同的词，如：《左传·僖公二十三年》："晋楚治兵，遇于中原，其辟君三舍。"

辟，退避，后加"辶"作"避"。《荀子·正论》："王梁造父者，天下之善驭者也，不能以辟马毁舆致远。"辟，跛足，后加"足"作"躄"。《国语·晋语》："晨往，寝门辟矣。"辟，开也，后加"门"作"闢"。

5. 由于词义的发展，一个字有好几个同源的词义，为了表意的明确性，增加义符造出分别字。

"竟"，《说文解字》："乐曲尽为竟。从音儿。""竟"义为终，《高祖本纪》："岁竟，两家常折券弃责。"引申为穷尽，《史记·项羽本纪》："籍大喜，略知其意，又不肯竟学。"引申为界，《礼记·曲礼》："入竟而问禁。"此义后加义符"土"作"境"。

"贾"，《说文解字》："市也。从贝西声。"段玉裁注："贾者，凡买卖之称也。""引申之凡卖者之所得、买者之所出，皆曰贾，俗又别其字作价（價）。"

《说文解字》："句，曲也。从口丩声。"句部有三个字"拘""笱""鉤"，都有曲的意思，都从"句"得声得义，但所指各自不同，于是加不同的义符标注义类。"拘，止也。从句从手，句亦声。""笱，曲竹捕鱼笱也。从竹从句，句亦声。""鉤，曲也。从金从句，句亦声。"

6. 由于语音的变化，同一个概念在不同的时期或不同的地域有不同的音，为了标音的准确性，在原字基础上加标音声符，造出新字，原字成为义符。

书面语的"父"字已经变成轻唇音[fu]，而口语中还是读重唇[pa]，为标示口语词，在"父"字基础上增加声符"巴"造出"爸"；"火"，某些方言中音转为[xuei]，为标示方言词，在"火"字基础上增加声符"毁""尾"，造出"燬""焜"字。

7. 标义形符和标音声符合成新字，也就是形声造字。

《说文解字叙》："形声者，以事为名，取譬相成，'江''河'是也。"段玉裁注："'事'兼指事之事、象形之物，言物亦事也。'名'即古曰名今曰字之'名'。譬者，谕也；谕者，告也。以事为名，谓半义也；取譬相成，谓半声也。'江''河'之字，以水为名，譬其声如'工''可',因取'工''可'成其名。"就是"以事为名"指"形"的选择,"取譬相成"指"声"的选择,"江""河"是水流,故选择"水"作形符,其读音近似"工""可",故选择"工""可"拟其音。形符或表示抽象之事,或表示具体之物,来自指事或象形;声符譬喻其读音,来自假借。因此,形声是在象形、指事、会意、假借之后出现的造字法。

形声字由表意的形符和标音的声符合成,形符的作用主要是表示字的意义范围,声符的作用主要是模拟读音,同类的概念用同一形符,加上不同的声符可以造出一系列字,如"江河淮汉"都是水名,"杨柳榆槐"都是树名。同一声符加上不同的形符可以造出一系列同音(或音近)但意义有别的字,如:

古:姑估固故沽辜鸪诂罟轱蛄雒眰痼咕 枯酷苦骷跍殈筶狧秙 胡祜怙粘翃居瓳岵

古代汉语词汇单音节的特点,使得汉语中同音词特别多,形声字既能使同音(近音)词在字形上有相同的偏旁,又能从字形上区别其不同意义,使得汉字既有标音的功能又能保持表意的属性不变。形声的出现使汉字没有走其他文字经过的音符化的道路,而是走上了独特的形声化道路。

所谓形声化,指文字中形声字的数量和比例越来越高。形声化使汉字的系统性大大增强。甲骨文中形声字的数量还不多;金文中形声字数量大为增加,但是形符和声符的系统性不强;至战国文字,形声字已成为产生新字最重要的方式;到小篆,形符的类化和声符的系统形成,标志着汉字的形声系统形成。形声字成为汉字系统孳生新字的主要方式,有些字在甲骨文、金文中不是形声字,到小篆也变成了形声字;或原来形符不固定,到小篆固定下来。如:

"鸡"字甲骨文本来是象形字,描画一只鸡的形象,后来增加标音的符号"奚",到小篆中形符类化成"佳"。

"凤"字甲骨文本来是象形字,象一只头上戴冠的鸟,后来增加标音符号"凡",小篆中形符类化成"鸟"。

"得"甲骨文为手持贝之形,"贝"表示财物,手中持贝表示获得。后来增加"彳","彳"为道路,在路上捡到财物,凸显获得的意义。增加标义形符后,原字因为有标音的作用而退化为声符,所以《说文解字》解释"得"字为"从彳,导声"。

"铸"字甲骨文原是铸造铜器场面的描绘,下面为"皿",上面两只手抬着器物在火上。后来增加标义的形符"金"和标音的声符"畱(畴)",到小篆类化为从"金""寿"声的形声字。

"畴"字甲骨文本是象形字,象田地之形,小篆增加标义的形符"田",原字退化为声符,后来又类化为"寿"声。

"沫"字甲骨文为一人在器皿旁用手捧水洗脸的画面,小篆变为从"水""未"声的形声字。

"浴"字甲骨文为器皿中有一人,人的身边水花四溅,这是洗澡的画面,战国时期的信阳竹简中已写成从"水""谷"声的形声字,与小篆同。

"野"字甲骨文是从"林"从"土"的会意字,郊外谓之野,小篆变成从"里""予"声的形声字。

"城"字金文中或从城郭形,加上标音声符"成",或从"土""成"声,小篆固定为从"土""成"声。

"期"字金文或从"日""其"声,或从"月""其"声,小篆固定为从"月""其"声。

到小篆,汉字的形声系统已经成熟,《说文解字》中形声字的数量占总字数的80%以上。这些形声字是由几百个形符和声符构成的。《说文解字》形声系统的描写分析见第五章。

四、转注是文字的变形分化

关于转注历来众说纷纭,分歧主要来自对许慎"转注者,建类一首,同意相受,考老是也"一语有不同的理解。对转注性质的认识,有主形、主音、主义三大派。主义派认为转注是"转相为注"的意思,转注就是同义互训,"考,老也""老,考也",因此"考""老"义相转注。主音派认为转注指词的同源分化,"转"是语转,"注"是灌注,"考""老"音转,意义互相灌注。主形派认为转注指字形的分化,"考"字由"老"字转形而成。转相注释、同义互训与造字、用字无关,不属于"六书"的问题;语转是语言的问题,也不属于"六书"。我们认为"六书"都是讲造字、写字的,因此"转注"也是跟字形有关的概念。

许慎《说文解字叙》言转注举"考""老"为例,而"老"部分析二字形义:"老,考也。从人、毛、匕(化),言须发变白也。""考，老也。从老省，丂声。"二字的结构不同，说明转注不是指单个字的构字方法，而是指两个字的字形关系。"考""老"是由一个字形分化出来的，甲骨文作🦯，一个人头上长草（干枯的毛发），手上拄杖，会老义。小篆分为二形：🦯🦯，下部的"匕"和"丂"都是手杖形变来的。语言中"考""老"分化为二词，字形上也分化为二字，"老"读为"老"，"考"读为"丂"，许慎的释形是根据讹变了的小篆，释"老"为"从人、毛、匕（化）"，释"考"为"从老省，丂声"，"丂"是手杖之形讹变声化来的。因此，"考""老"是同一字形的分化。

我们把"转注"定义为文字的变形分化。"转"指字形的变异，"注"谓"以此注彼"，"转注"指一字变形分化出数字，彼此相互区别又有联系。"建类一首"，是说两字有相同的字形基础；"同意相受"，是说彼此为分化关系因而互相授受、互相发明。"意"并非字义，而是理据，《说文解字》多处说到"某与某同意"，并非某字与某字字义相同，而是说某字与某字在造字之理上相同。"同意相受"正是说明从源字分化的机理，或义同音别，从源字受其义；或音同义别，从源字受其音；或音义同源，从源字受其音义。

1. 同源分化

大：太　小：少　不：丕　史：吏　享：亨

句：勾　鄉：卿　陳：陣　茶：茶

以上每组字音义同源，字形上通过增加、减少笔画或变异笔形、部件的方法进行分化。

2. 音借分化

白：百　母：毋　气：乞　刀：刁　兵：乒、乓

以上每组字都是音同音近的关系，"百"和"白"甲骨文同字，"毋"甲骨文借用"母"字，"乞"甲骨文借用"气"字，后来通过变形分化为二字，"刁"是把"刀"的最后一笔变撇为提，"乒""乓"是"兵"去掉一点而成。

3. 义借分化

月：夕　女：母　大：夫

甲骨文"月"有☽、☾二形，既读为"月"，又读为夜晚的"夕"，后区分为二字，☽为"月"，☾为"夕"，"月"比"夕"中间多一点。甲骨文"女"与"母"通用，"大"与"夫"通用，后区分，"母"为"女"加两点，"夫"为"大"加一横。

第三节　造字法的层次

一、"文"与"字"

作为造字法，"六书"不在同一层次上。象形、指事、会意是第一层次的造字法，直接来自图画；假借、形声、转注是第二层次的。第一层次的造字与声音无关，第二层次的造字有声音参与。许慎《说文解字叙》："仓颉之初作书，盖依类象形，故谓之文。其后形声相益，即谓之字。字者，言孳乳而浸多也。"段玉裁注："《周礼·外史》《礼经·聘礼》《论语·子路篇》皆言'名'，《左传》'反正为乏''止戈为武''皿虫为蛊'皆言'文'，六经未有言'字'者。秦刻石'同书文字'，此言'字'之始也。郑注二《礼》、《论语》皆云：'古曰名，今曰字。'按名者，自其有音言之；文者，自其有形言之；字者，自其滋生言之。"文，纹也，最早的文字来自图画，故称之"文"；字，孳也，图画与声音结合之后，文字可孳乳繁衍无穷，故谓之"字"。所以，"文"是早期来自图画的文字，其时，文字还难成系统；"字"是从"文"孳乳繁衍出来的，有了"字"，汉字系统才成熟完善了。从许慎对"文""字"的说明和段玉裁的注释来看，象形字、指事字、会意字皆可称为"文"，三者有相同的来源和共同的性质，而假借字、形声字、转注字皆可称为"字"。"字"与"文"的区别是增加了表音成分。只有"文"还不能成为文字系统，不能完整地记录语言；有了"字"才成为完整记录语言的文字系统。从图画到"文"，没有明显的界限，与声结合的"字"的出现才是文字与图画的分水岭。

但是，段玉裁后边又说："按析言之，独体曰文，合体曰字。统言之则文字可互称。"这个说法对后世的影响极大，一般都按"独体曰文，合体曰字"的原则把象形字和指事字归为不可再行分析的独体之文，而会意字和形声字归为合二文或多文而成的合体之字。其实，会意字有两类：合形象意、合义会意，分处于文字发展的不同阶段，合形象意是通过画面示意，多个形体组成一幅图画，因此是"文"；合义会意是由多个字的意义来合成新义，因此是"字"。

二、"六书"的顺序

象形、指事、会意都来自图画，象形是直接表形，指事是单纯表意，象形、指事是最基本的造字法；会意以象形和指事为基础，是复杂表意。假借是借字记词，需要先有一个借源字，借源字可以来自象形、指事、会意，形声字出现后也可以借用形声字。形声以假借为基础，声符是假借的结果，声符可能来自象形、指事、会意中的任何一种造字法，义符多来自象形字，故称"形符"。转注是文字的变形分化，需要有一个源字，源字可能来自象形、指事、会意、形声任何一种造字法。

象形字是表形的，指事字、会意字是表意的，假借是表音的，汉字造字法的发展验证了普通文字学所讲的文字"表形→表意→表音"的发展规律。但文字"表形→表意→表音"的发展不是替代式的，而是互相补充，在此基础上汉字进一步发展出兼表音义的形声字。形声化是汉字发展的趋势，强化了汉字的系统性，使汉字成为成熟、完善的音义文字系统。汉字造字法的发展表明，表音化不是文字发展的最终结果。因此，汉字造字法的发展也补充了普通文字学的理论。

三、"六书"的性质

"六书"的性质确实不同，象形、指事、会意、形声是直接造字，假借是间接造字，转注是分化造字，因此"六书"都是造字法，在造字的过程中各有不同的作用。

文字系统是逐渐形成并不断发展的，系统中的成分不是同时产生的。文字分新造和改造两种，"六书"中象形、指事、会意、形声是四种新造字的方法，而假借和转注是改造字的方法。既是改造，就有一个原型。假借是借用原字表示一个新词，形音不变或音略转，而意义不同，从而形成一个新的形音义的统一体，改造出一个新字。转注是在原字的基础上通过变形改造出一个新的字形，表示一个音义相关的词。原字和改造的新字从造字的角度来讲不在一个时间层面上，所以假借有本义和假借义之分；转注有源字和派生字之分。

六书"四体二用说"看到了象形、指事、会意、形声与假借、转注不同的一面，即假借、转注是以象形、指事、会意、形声为基础的文字应用，但是没有关注用字过程中文字的再分配和分化，只看到了单个文字的创造，没有关注文字系统的整体发展。所以我们吸收"四体二用说"的合理成分，但不认为假借和转注与造字无关，相反假借和转注是汉字系统形成不可或缺的过程。假借是文字借用，可补有词无字之缺，弊端是造成一字多词，表词不明；转注的变形分化是产生新字的手段，可分解一字多词。

四、造字法和字形的结构类型

造字法是说明我们使用的汉字是怎样创造出来的，是对造字过程的还原；字形的结构类型是把我们使用的文字从形体结构上进行分类。假借、转注是造字过程，因此位列"六书"造字法；但是假借没有新字形，转注分化的新字形离开源字无法分析，因此假借、转注不是汉字的结构类型。一般认为象形、指事、会意、形声是汉字的四种结构类型。

不同的类型是以典型特征来界定的，每个类型都是以典型成员为核心的集合，非典型成员的部分特征与其他类型交叉，因此，类和类之间难以划定截然分明的界限，据此给所有的汉字归类是非常困难的，总会出现难以归类的情况，前人提出"兼类"[①]或"正例""变例"[②]的概念，也只是表面上弥合矛盾，并没有解决根本问题。根本问题在于象形、指事、会意、形声是造字法，而造字法是发展的，因此，每一种造字法造出的字可能有不同的结构类型。因此，汉字结构的分析不应沿用"六书"的名称，应该有新的概念和理论。

---

① 郑樵《通志·六书略》。
② 王筠《说文释例》。

第五章　汉字系统的描写与分析

第一节　汉字的系统性

汉字已经沿用了三四千年，汉字的规律性、系统性是汉字得以存在并能很好地完成其记录语言职能的根本保障。系统由其内部的基本元素按照一定的规则组成。仿照语音系统的基本元素"音素"、语言系统的基本元素"语素"，文字系统的基本元素可以称之为"字素"；书面上的一个个可以独立运用的单位叫作"字"；字素组合成字的方法叫"成字法"。对于拼音文字来说，字素就是字母；字就是书写的词（writing word）；成字法就是正词法。字母不是字，英文与汉字相对应的单位不是字母，而是书写的词。这样，我们知道，无论表意文字，还是表音文字，都有字素和成字法。字素和成字法是文字成为系统的必备条件。

一、汉字的字素

"字素"的概念最早是李圃先生提出来的，我们接受了这个概念，但是定义上与李圃先生有所不同。李先生把字素定义为"汉字中形与音、义相统一的最小的造字单位"，而把不一定具备读音，但构字时意义稳定的造字单位称为"准字素"。[①]我们认为，字是形音义的统一体，只要具备了形音义三要素，就成为字了，而不再是字素。比如英文的a，当它只表示元音[a]时，它是一个字母，当它以[ə]的读音代表名词前面的不定冠词时，它已经是一个字，即一个书面的词。汉字的基本字素来自文字前的图画和记事符号，它们形与义的联系已经固定，有的图形和符号直接与汉语的词音相结合，从而成为早期的象形字和指

---

① 李圃《甲骨文文字学》，学林出版社，1995年。

事字；有的没有与词音相结合，而是作为形义的结合体与其他字素一起组成合体字，那么，它就只是字素而不能单独成字。成字也可以作为字素再参与构字，但此时它不再是形音义的统一体，而是作为形义的结合体或形音的结合体在构字时起标义或标音作用。因此，我们把汉字字素定义为：汉字系统中形与音或形与义相结合的构字单位。

形与音或形与义相结合的最小的构字单位就是基本字素。基本字素有成字字素和不成字字素。成字字素可以独立构成一个汉字，也可以通过附加标记的方法派生新字，也可以与其他的字素一起组合成新字；不成字字素只能和别的字素一起组合成新字。由基本字素派生出来或组合而成的新字又可以作为字素参与其他字的构造，这样的字素就是复合字素。复合字素是由基本字素生成的。因此可以说，整个文字系统是由基本字素生成的。掌握了基本字素和字素生成新字的方法，就可以描写整个文字系统的构成。文字系统的发展演变即表现为基本字素和成字法的发展变化。

字素在组合构字时都有一定的结构功能，起表形作用的是形素，象形字就是由形素直接构成的；起表义作用的字素是义素；起标音作用的字素是声素[①]，标音同时提示语源的字素是字根，字根是一类特殊的声素。

二、汉字的结构类型

分析汉字的结构，有三种类型，即单素字、派生字、合成字。

单素字是由基本字素中的成字字素单独成字。

派生字是由字素通过加标记（包括字素附加点画、字素部分省减、字素部分变形等方式）的方法派生出来的字。如：

    由义素派生：木→本、末；子→孑、孓
    由声素派生：刀→刁；兵→乒、乓
    由字根派生：大→太；可→叵；有→冇（方言字）

---

① 称声素是为了与语音学中的音素相区别。

合成字是由两个或两个以上的字素合成的字。如：

　　由形素和义素合成：果、栗、粟
　　由义素和义素合成：明、孬、森、寇
　　由义素和声素合成：江、河、松、柏
　　由声素和声素合成：翌、䍃
　　由字根和义素合成：筍、鉤、拘（"句"为字根）
　　由字根和字根合成（合音字）：甭、瞣（方言字）

三、字素与部件、笔画的关系

在王宁先生的汉字构形学理论中，把汉字的构形单位叫作"构件"，也称"部件"。分析构件的结构功能时，把构件分为四类：表形构件、表义构件、示音构件、标示构件。此外，还有一类没有构意功能的构件称为记号构件，与前面四种具有不同功能的构件形成总体的对立。[①]

王宁先生所说的构件实际相当于李圃先生所说的字素。但是"构件"或"部件"的名称容易让人理解成纯粹的形体单位。计算机的字形编码，就是把所有汉字的形体进行分析，得到组构汉字字形的最小的形体单位，作为计算机编码的基本部件。形体单位越小，则基本部件越少，越有利于编码。字形编码只考虑字形，完全不管字义、字音。能用最少的基本部件组合成所有的汉字，就是好的编码方案。王宁先生所说的汉字"构件"显然不同于计算机编码用的部件，但是二者使用了相同或相近的名称。我们采用"字素"的名称，把"部件"这个概念留出来，专指汉字形体结构中离析出来的形体单位。因为是纯粹的形体单位，我们可以制定拆分的规则，据此得到汉字最小的形体单位——基本部件，由这些基本部件，按照组合规则，组合成所有的汉字。显然组合规则与拆分规则是相应的。

在古文字阶段，汉字的构意单位和构形单位基本是一致的，也就是说字素和部件是重合的；但是隶变、楷化和汉字简化，使得一些形体单

[①] 王宁《汉字构形学讲座》，上海教育出版社，2002年。

位发生了变形、分解、粘连等变化,形成了部件的重组,使得字素和部件不能完全重合,则有区分两个概念的必要。部件主要是今文字中的概念,但是也可以用于古文字中构意不清的字形单位。

王宁先生把没有构意功能的构件称为"记号",比如楷书"春""秦""泰""舂"等字的上半部,就是没有构意功能的部件。"记号"的名称出自裘锡圭先生。裘先生把构成汉字的符号按功能分成三类:意符、音符和记号。"跟文字所代表的词在意义上有联系的字符是意符,在语音上有联系的是音符,在语音和意义上都没有联系的是记号。"①

记号是约定的符号,就是符号的能指和所指没有必然的联系,纯粹靠约定而成的符号,比如表示加、减、乘、除的数学符号。但是,记号一经约定,则形成能指和所指的固定联系,这个符号无论出现在什么时候,都表示这种固定的意义,个人无法更改这种联系。比如现代汉字的独体字大都为记号字。裘先生说:"由于汉字字形的演变,独体表意字的字形大都丧失了原来的表意作用。"比如"'日'已经由表意字变成了记号字"。②象形字、指事字本来是靠字形来显示意义的,由于字形的变化,形体本身已经不能显示意义,但是,字形和音义的联系是固定的,是社会长期沿用下来的,因此演变为记号字。

只有形体,没有意义的构件,不具备记号所必需的能指,比如"春""秦""泰""舂"等字,上半部有共同的部件"𡗗",但是这个部件并没有固定的音和义,只是这几个字形体的一部分,具有相同部件的几个字没有任何音义上的联系,因此,这个所谓的"记号"没有任何标记的作用,叫作记号并不合适。因此,我们区分字素和部件这两个概念,有音义的形体单位叫字素,没有音义的形体单位叫部件,那么"𡗗"就只是一个部件,不是字素。

笔画是隶书以后才有的概念,是汉字书写的基本单位。古文字是由不规则的线条连成的图形体,书写时没有固定的起迄,也没有固定的先

---

① 裘锡圭《文字学概要》(修订本)10—11页,商务印书馆,2013年。
② 裘锡圭《文字学概要》(修订本)13页,商务印书馆,2013年。

后顺序，因此谈不到笔画。今文字是由数量一定的基本笔形写成，书写时运笔的方向和书写的先后顺序基本固定，因而笔画是今文字一次运笔留下的笔迹，是汉字书写的基本单位。

这样，在汉字今文字中，字素、部件和笔画就是不同的三级单位。笔画是书写汉字的最小形体单位，部件是笔画的结合体，是汉字结构中相对独立的形体单位，字素是形与音或形与义相结合的构字单位。部件由笔画构成，部件可以包含笔画，也就是说，有的部件是由单笔画构成的；字素是形义或形音的统一体，字素的形体可以包容部件，也就是说，有的字素形体由单个部件甚至单笔画构成。在汉字的形体演变过程中，有些字素形与义或形与音的联系已经失去，不再具有表音或表义的作用，则退化为纯粹的形体单位——部件。比如小篆的"青"由"生"和"丹"两个字素构成，而楷书"青"字的上下两部分只是构形的部件，没有任何标示意义或提示读音的作用，因此，"青"成为与义和音相联系的最小单位，成为楷书的基本字素。

第二节 汉字系统的共时描写

汉字系统是不断发展演变的，因此，不同时代的汉字有其自身的系统，对各个历史时期的汉字系统的分析描写是掌握这个历史层面的汉字体系的根本前提。文字学研究应该包括两个方面的研究，即共时的描写研究和历时的比较研究，历时的比较建立在共时描写的基础之上。如果没有共时文字系统的分析描写，历时的比较只能是对文字个体的历史演变的研究，无法揭示文字系统的历时发展规律。

东汉许慎的《说文解字》是对秦汉小篆汉字系统的共时描写，对小篆系统的9353个字进行了穷尽性的结构分析描写，有些字下面也列出了古文、籀文，但是许慎清楚地把它们与小篆系统剥离开来。这说明许慎是严格遵循系统描写的方法的。虽然许慎生活的时代通用的文字已经不是小篆，而许慎之后的两千年里小篆也只用于特殊的用途，但是许慎对小篆所作的系统分析仍然影响了中国的文字应用、文字教学、文字研究将近两千年，这是由于汉字的系统具有历史继承性。但是，汉字系统也是在发展的。汉字是如何从甲骨文系统发展到今天的现行汉字系统的，即汉字史的研究，必须建立在不同历史平面汉字系统的共时描写的基础之上。

汉字系统共时描写的步骤和方法：

第一，收集某一历史时期所用的汉字资料，从中找出不重复的字种。

我们说的共时平面实际是个相对的时间段，任何共时的材料都不会是绝对地处于同一个时间点上。出土于殷墟的甲骨文材料是从盘庚到帝乙时期的，时间跨度有273年。即便根据甲骨文的特点和内容进行分期，不同的时期仍然是个时间段，只不过是更短的时间段而已。因此，历史时期时间段的长短根据我们研究的目的和文字材料的特点而定。如果是研究书法的变化，可能很短的时间就有很明显的变化，但是如果研究汉字的结构系统，可能就是逐渐发展变化的过程。当然，政府的文字改革会造成文字结构的突变。

由于历史上社会用字是不规范的，研究一个时期的汉字系统，首先要对社会用字进行整理，把那些虽有异写，但结构无异，功能相同的字形列在同一字头下，称为一个字种，找出这个阶段社会用字的所有字种，即结构、功能不同的字头，这就是这一历史时期汉字系统的个体字数。

第二，分析每个字种的结构，离析出这个汉字系统的基本字素。

第三，统计每个基本字素的构字功能，包括单独构成的字，作为义素派生、合成的字，作为声素派生、合成的字，由基本字素派生、合成的字作为复合字素再派生、合成的字列在其后，形成字素成字的谱系树。

基本字素越少，谱系树越繁茂，则汉字的系统性越强。

第四，字素系统的分析，包括基本字素构字功能的分析、义素系统的分析和声素系统的分析。

基本字素是文字系统的基础，基本字素的功能可以决定文字系统的性质。字素的功能主要是表义和表音两个方面，汉字的义素系统和声素系统都很复杂，这两个系统的分析可以反映整个文字系统的特点。

第五，文字系统的分析，包括：

1. 文字系统的性质

文字系统的性质取决于基本字素的性质，基本字素的表义功能来自文字前的表义的图形和符号，是与生俱来的，而基本字素的表音功能是基本字素成字后，从它所代表的词那里继承来的，因此，声素都应该是可以成字的。如果基本字素的表音功能即充当声素的功能，取代了它的表义功能即充当义素的功能，成为主要功能，那么，文字系统则由表义性质变为表音性质。现代表音文字的字素是字母，字母只有表音的功能，没有表义功能，虽然极个别字母可以单独作为一个词的词形如英文的a，但不会改变其字素即字母的表音功能，因此，也不会改变其表音文字的性质。

2. 文字的结构类型

对一个文字系统而言，字素可以有很多个层级。但是，成字时只有最高层的字素起作用。因此，对一个成字来讲，构成它的字素只有一个层级，即直接构成该字的最上层的字素，文字的结构类型即上层字素结构成字的方式。文字的结构类型主要有直接成字、派生成字、合成成字三种方式，合成成字又有义素和义素合成、义素和声素合成、声素和声素合成、字根和义素合成、字根和字根合成等不同类型。统计不同时期文字系统各种成字方式的比例，可以看到文字系统的发展方向。

3. 文字的平面结构形式

文字的平面结构形式也是逐渐发展的，构字字素的固定和字素位置的固定是文字定形的前提。不同功能的字素、不同形式的字素在构字时位置的固定，也是体现文字系统性的重要方面，因此需要统计形声结构中每个义素和声素在平面方块汉字中的位置。

第三节　小篆汉字系统的描写与分析

东汉许慎的《说文解字》保存了小篆最完整的文字资料，并且对小篆进行了系统的整理和分析。但是，由于时代和材料的局限，有的地方做得还不彻底，有的字分析有误。本节，我们以许慎的工作为基础，以《说文解字》所收的小篆为对象，按照上一节所讲的步骤和方法，对小篆汉字系统进行详细的描写和分析。

一、小篆的基本字素

我们在《说文解字》对每个字分析的基础上，参考近年来各家的研究成果，对《说文解字》所收的每个小篆的结构进行分析，从而离析出小篆的基本字素。统计每个基本字素的构字功能，制成下表。

表1　《说文》小篆基本字素

序号	基本字素	形素构字	义素构字		声素构字	字根构字
			表义	标类		
1	尺（人，象形，在下部作儿）	6 介兀元兂兒兒	70	233	1 仁	
2	𠤎（匕₁，人之变形，示倾斜义）		7	1		
3	𠂎（匕₂，倒人形，表示变化，"化"本字）		1 𡿪	1		1 化
4	大（大，或作𠔉，象正面之人形，表示大义）	9 亦夾夾無因夫天立奊	16	17	8	
5	夨（矢，象人头倾侧之形）		1	2		
6	夭（夭，象人头部倾曲之形）	2 走奔	2		2	
7	尣（尢，象人腿跛之形）		1	10		
8	交（交，象人腿相交）			1	20	
9	文（文，象交文之形）		1	3	9	1 彣

（续表）

序号	基本字素	形素构字	义素构字 表义	义素构字 标类	声素构字	字根构字
10	⺈（亢，人颈，象形）			1	15	1 颃
11	己（己，象人跽坐之形，假借为自己之己）			2	12	
12	卩（卪，象人跪坐之形，表示膝关节，又借为符节、节制之义）		12	10	2	
13	勹（勹，象人曲形，示包裹义）		6	11		
14	尸（尸₁，象人蹲卧之形）		7	13	3	
15	（尸₂，象屋形）		5	2		
16	（尸₃，象鞋形）		1	2		
17	子（子，象小儿之形）		16	11	6	1 字
18	（𠫓，或作㐬，倒子，为生子之象）		3 育徹疏			
19	𠦑（𠃬，人头朝下之形，表示逆）		1		5	1 逆
20	女（女，象女人之形）		15	224	2	
21	首（首，象头形）		2	1	2 道馗	
22	（𦣻，象头面形）		4	1		
23	𦣞（臣，颐本字，象形）				6	1 颐
24	彡（彡，毛发之形）		10	7	2	

（续表）

序号	基本字素	形素构字	义素构字		声素构字	字根构字
			表义	标类		
25	而（而，胡须，象形，假借为虚词）		1 耐	2	10	
26	𠂔（冄，毛髯之形）				9	1 髯
27	囟（囟，头脑，象形）	2	1	3		
28	目（目，象形）		21	123		
29	臣（臣，象竖目，表示顺服）	1	5	7		
30	自（自，或作𦣹，象鼻之形，假借为自己之自）		12	3	7	
31	口（口，象形）		40	166	4	
	（△，口之异体）		6			
32	牙（牙，象形）		1	2	8	
33	𠚕（象牙齿之形，齒本字）		1			
34	耳（耳，象形）		8	25	7	
35	手（手，象形）		5	263	1 投	
36	又（又，手形，在左边作𠂇）		47	10	2	1 右
37	爪（爪，覆手形）		18			
38	止（止，象足形，有𣥂、𣥂、屮等异体）		32	17	5	
39	行（行，象道路之形，又为行走之义）		4	10	4	
40	（亢，夂，彳之变形）		3	1		

（续表）

序号	基本字素	形素构字	义素构字		声素构字	字根构字
			表义	标类		
41	𦥔（身，人身之形）		1	1	1	
42	冎（冎，骨之象形）		1	1	1	
43	歺（歺，残骨之形）		4	30	1	
44	吕（吕₁，脊骨之形，膂之本字）		1 躳		3	
45	（吕₂，宫室之形）	1		1 營		
46	肉（肉，一块肉的象形）		20	128	5	
47	心（心，心脏之形）		12	257	1	
48	牛（牛，牛头之形）		9	41		
49	馬（馬，象形）		6	105	4	
50	羊（羊，羊头之形，上有角）		9	20	11	
51	莧（莧，细角山羊，象形）				2	
52	豕（豕，象形）		8	17	1	
53	希（希，动物形，与豕形近）		1	3	1	
54	犬（犬，象形）		16	75	2	
55	豸（豸，兽长脊形）			19		
56	虎（虎，象形）		7	11	2	
	虍（虍，虎之省，同虎）		1	5	8	
57	鹿（鹿，象形）		3	25	4	

(续表)

序号	基本字素	形素构字	义素构字 表义	义素构字 标类	声素构字	字根构字
58	🐻（能，熊类动物之形，假借为贤能之能）		1 罷		1 熊	
59	🐘（象，大象之形）			1	5	
60	🐴（馬，动物象形，单独成字）					
61	🦌（鹿，动物象形）		2	1		
62	🐰（兔，象形）		5			
63	🐇（兔，动物形，似兔）		1	2	1	
64	🐭（鼠，象形）		1 鼠	19		
65	🦁（嘼，动物之形）					1 獸
66	👹（鬼，大头鬼之形）		1	15	14	
67	（⺍，动物足形）	7 禽离萬禹禹龌离				
68	🧴（毛，象形）		4	5	7	
69	革（革，字源不明）			58	2	
70	皮（皮，字源不明）		1	2	22	
71	鬻（鬻，字源不明）			1 鬻		
72	釆（釆，动物足印形，辨本字）		4	1	1	
73	魚（魚，象形）		3	102	2	1 漁
74	龍（龍，象形）		1	3	19	

（续表）

序号	基本字素	形素构字	义素构字 表义	义素构字 标类	声素构字	字根构字
75	᪥（龜，象形）		1	2	1 圖	
76	᪨（黽，象形）		2	10	5	
77	᪩（卵，象形，古作丱）			1	1 𢀖	
78	᪪（它，蛇之本字，象形，假借为代词）				9	1 蛇
79	᪫（虫，象形）		8	149		
80	᪬（易，蜥蜴之形，假借为容易之易）				15	
81	᪭（隹，象形）		14	32	22	
82	᪮（鳥，象形）		3	114	5	
83	᪯（舄，鹊鸟之形）				2	
84	᪰（焉，鸟形）				5	
85	᪱（燕，象形）				4	
86	乚（鸟形，又从鸟作鳦）		2 孔乳			1 鳦
87	（⊗，鸟巢之形）		1 西			
88	乙（鳦鸟之形，又从鳥作鳬）		1		1	1 鳬
89	᪲（羽，象形）		5	30	4	
90	᪳（飛，鸟飞之象）；᪴（非，鸟飞之象，飛之异体，借作相违之非）			4		
91	᪵（卂，鸟飞迅疾之象）			1 𤇾	5	

（续表）

序号	基本字素	形素构字	义素构字 表义	义素构字 标类	声素构字	字根构字
92	木（木，象形）		35	407	1	
93	（朩，木上弯曲，表示止）		1	2		
94	（朿，枲皮剥开之象，枲字从之）		1 麻	1		
95	竹（竹，竹叶下垂之形）		8	139	4	
96	艸（艸，草之本字，象形）		12	435		
	（屮）		6	3		
97	來（來，麦子，象形，假借为来去之来）				11	
98	禾（禾，禾穗下垂之形）		11	84	4	
99	米（米，象形）		6	35	8	
100	尗（尗，菽豆植物，象形，菽本字）			1	6	
101	齊（齊，禾麦吐穗上齐之状）				19	1 齏
102	韭（韭，韭菜生地上之形）			5		
103	瓜（瓜，象形）		1	6	11	
104	才（才，草木才生之象）				9	
105	生（生，草木生之象）		2	3	10	
106	丰（丰，草盛貌）				5	
107	毛（毛，草叶，象形）				8	

（续表）

序号	基本字素	形素构字	义素构字		声素构字	字根构字
			表义	标类		
108	᪽（草木花叶下垂之形）			2	4	
109	朩（市，草木盛貌）		3	2	12	
110	朵（树木华实下垂之象）		1	1 甴	3 甬氾犯	1 朿
111	日（日，象形）		27	59	5	
112	月（月，象形）		4	8	4	
113	山（山，象形）		6	52	4	
114	丘（丘，土山之形）			2	1	
115	厂（厂，山厓之形）		6	24	2 彦雁	
116	阝（阜，山坡之形）		4	70		
117	𠂤（𠂤，小阜）		3		3	
118	石（石，象形）		3	47	11	
119	谷（谷，山谷之形）		3	6	7	
120	水（水，流水之形）		22	463	1	
121	𣶒（𣶒，回水之形，淵本字）				3	1 淵
122	回（回，回水之形，古文作㕣）		1 㕣			1 洄
123	（氵，水波之形）		1 㴁			
124	川（川，水流之形）		6	4	6	
125	𠂢（𠂢，水脉之形）		1		2	2 派脈
126	泉（泉，泉水流出之形）		2	1		

(续表)

序号	基本字素	形素构字	义素构字 表义	义素构字 标类	声素构字	字根构字
127	仌（仌，冰之本字，象形）		2	14	1	
128	雨（雨，雨落下之形）		5	44	2	
129	云（云，象形，假借为说话之云）				7	1 雲
130	申（申，电之本字，假借为申诉之申）		2	1	9	1 電
131	火（火，象形）		15	107	1	
132	气（气，象形）			1	19	
133	乃（乃，气出之形）			2 卥卣	6	
134	丂（丂，象形）			6	4	
135	土（土，象形）		15	129	3	
136	田（田，象形）		11	27		2 畋佃
137	卤（卤，盐碱地）		1	4		
138	干（干，盾牌，象形）		2		28	
139	盾（盾，象形）			2	6	
140	甲（甲，甲胄之形）		3 戎卑早		6	
141	戈（戈，兵器之形）		13	17		
142	戌（戌，兵器之形）			1 咸	7	1 鉞
143	戊（戊，兵器之形，假借为干支之戊）			1 成	1 茂	
144	戌（戌，兵器之形，假借为干支之戌）		1 咸		2 崴威	

（续表）

序号	基本字素	形素构字	义素构字 表义	义素构字 标类	声素构字	字根构字
145	弐（我，兵器之形，假借为代词）				11	
146	斤（斤，斧子之形）		7	11	18	
147	矛（矛，象形）			6	7	
148	弓（弓₁，象形）		4	26	1	
149	（弓₂，桡曲柔弱之形）		1 弱			
150	矢（矢，象形）		6	6	5	
151	舟（舟，象形）		4	8	6	
152	方（方，方舟，并船，象形）			1 斻	19	
153	車（車，象形）		8	93		
154	㫃（㫃，旌旗貌）		4	18		
155	辰（辰，蚌壳之形，可作为翻土的农具，假借为时辰之辰）		2		15	1 蜃
156	角（角，兽角之形）		2	36	3	
157	刀（刀，象形）		16	54	4	
158	丰（丰，刻画竹木为标记）				2	1 㓞
159	网（网，象形）		36		2	
160	襾（襾，覆盖之形）			3	1	
161	率（率，捕鸟网之形，假借为率）				3	
162	橐（袋子之形）			5 橐囊橐櫜橐		

（续表）

序号	基本字素	形素构字	义素构字 表义	义素构字 标类	声素构字	字根构字
163	央（草器之形，蕢之本字）				1	
164	（甘，簸箕之形，或作箕）		3	1		
165	举（举，工具之形）		5	1	1	
166	穴（穴，洞穴之形）		6	45	5	
167	井（井，井栏之形）		1	2	5	
168	（冖，宀，房屋之形）		21	56		
169	（西，睡席之形）		3 宿佰茜			
170	（厂，房屋之形）		4	45		
171	舍（舍，房舍之形）				5	
172	疒（疒，人躺在床上，示疾病义）		1 疢	101		
173	几（几，踞几，象形）		4 凭处 凥屍		5	
174	丌（丌，荐物之几）		4	1	2	
175	囧（囧，窗形，示明义）		1 朙		1 茵	
176	囱（囱，窗形）				1	1 窗
176	（囱，囱之异体）		3 曾會黑			
177	户（户，单扇门之形）		6	5	5	
178	門（门，象形）		9	49	7	
179	囗（囗，包围之象）		11	16		

（续表）

序号	基本字素	形素构字	义素构字 表义	义素构字 标类	声素构字	字根构字
180	臺（髙，城郭之形，郭之本字）			1	2	1 郭
181	高（高，亭台之形，示高义）			3	17	
182	京（京，仓廪之形）				12	
183	亩（亩，仓廪之形，廪之本字）		4		1	
184	巾（巾，象形）		5	59	1	
185	市（市，象形，又作韍）		1			
186	衣（衣，上衣之形）		5	112	6	
187	冃（冃，帽子之形）		3	2		1 冒
187	（冂，冃之异体，示覆盖义）		4			
187	冖（冖，冃之异体）		2	2	2	
188	皿（皿，器皿之形）		11	22	2	
189	（匚，匚，盛器之形）		1	17		
190	（匸，匚，藏物之器，表示藏）		3	3		
191	去（去，器物之形，假借为来去之去）		3		8	1 筶
192	曲（曲，器物之形，器形弯曲，示弯曲义）		2			
193	缶（缶，陶器之形）		1	20	4	

(续表)

序号	基本字素	形素构字	义素构字 表义	义素构字 标类	声素构字	字根构字
194	(瓦，象形)			25		
195	(甾，瓦器之形)			4	1	
196	(皀，食器之形，表示食物)		4			
197	(鬯，下为食器，上装米，示香义)		2	2		
198	(午，捣米之杵，象形，杵本字，假借为午)	2 (春) (秦)			4	1 杵
199	(臼，捣米之臼，象形)		5	1	4	
200	(亯，食器之形)		3	1		
201	(鼎，象形)			3		
202	(壶，象形)		1	1		
203	(酒器之形，与壶下部形近)				2	1 鐣
204	(斗，长柄舀酒器，象形)		4	13	1	
205	(勺，象形)		1		20	
206	(匕₃，取饭用具，象形)			1 匙	3	
207	(酉，酒器，象形)		3	65		1 酋
208	(豆，食肉器，象形)		5	3	9	1 桓
209	(鬲，三足鬲之形)			12	8	
210	(主，火柱之形)				9	

（续表）

序号	基本字素	形素构字	义素构字 表义	义素构字 标类	声素构字	字根构字
211	工（工，规矩之形）		8	2	19	
212	巨（巨，规矩之形，或作榘）				9	
213	叀（叀，纺锭之形）		3			
214	予（予，杼之本字，象形）		1 幻（幻）		10	1 杼
215	（糸，糸，丝线之形）		12	245		
216	幺（幺，细丝之形，示小义）		5			
217	玄（玄，丝线之形，弓弦之弦本字，假借为玄色之玄）		1 兹		5	1 弦
218	壴（壴，立鼓之形，鼓本字）		7		1	1 鼓
219	珡（琴，象形）			1 瑟		
220	冊（册，编竹之形）	2 龠栅	4	1	2	
221	王（王，大斧之形，表示王）		2		2	
222	貝（贝，象形）		9	55	4	
223	玉（玉，串玉之形）		3	126	2	
224	尔（尔，玺印之形，玺本字）				1	
225	示（示，祭坛之形）		4	58	5	
226	卜（卜，卜纹之形）		4	4	5	

(续表)

序号	基本字素	形素构字	义素构字 表义	义素构字 标类	声素构字	字根构字
227	川（兆，兆文之形）				23	1 卦
228	爻（爻，相交之形）		2 棥燅		4	
229	燊（燚，示义符号，表示明丽）		2 爾爽			
230	辛（辛，刑刀之形，表示有罪）		3 辛童妾			
231	幸（幸，枷锁之形，表示罪）		6			
232	弓（丩，纠结之形）				7	4 句鬮糾虯
233	厶（厶，自营为厶，符号示义）		3		2	
234	刃（力）		7	36	5	
235	弋（弋，木橛之形）		1		8	
236	氏（氏，树根之形，与氐氒为一字之分化，假借为氏族之氏）		2			
237	𠆢（人）		5			
238	毌（毌，穿物持之之象）			1 虜		1 貫
239	凵（凵，地坎之形）		2			
240	冂（冂，旷远之地，又从口作冋，或从土作坰）		4			1 冋
241	土（士）		1	3	1	1 仕

(续表)

序号	基本字素	形素构字	义素构字 表义	义素构字 标类	声素构字	字根构字
242	巛（小）		5		1	1 少
243	民（民）			1 氓	7	
244	勿（勿，旗展开之貌，或从队作旐）		1		6	
245	乂（乂，示芟草之义）				4	1 刈
246	上（上）					
247	下（下）				1 芐	
248	中（中）		1 啇		7	
249	弟（弟）		1		10	
250	由（由，《说文解字》无此字）		1 粤		20	
251	网（网）		1			1 兩
252	一（一画表示一，又从弋作壹）					
253	二（两画表示二，又从弋作贰）			2 仁竺		
254	三（三画表示三，又从弋作叁）					
255	四（四）				4	1 驷
256	五（五，交午之形）				1	1 伍

（续表）

序号	基本字素	形素构字	义素构字		声素构字	字根构字
			表义	标类		
257	ㄓ（六）		1 冥		1	
258	丅（七）		1 齔		2 叱切	
259	八（八，分别之象，假借为数字）		7	2	3	
260	九（九）		1 馗			
261	十（十）		6 丈計章廿 卅卋	5	1 汁	1 什
262	ㄣ（乙）				2 軋厾	
263	丙（丙）				7	
264	个（丁，钉头之形，假借为干支之丁）				11	1 釘
265	庚（庚，打谷器之形，假借为干支之庚）		1 康	1 庸	1 唐	
266	壬（壬）				5	
267	癸（癸，兵器交叉之形，假借为干支之癸）					
268	寅（寅）				6	
269	卯（卯）				6	
270	未（未）		1 制		7	
271	亥（亥）				19	

第五章　汉字系统的描写与分析

（续表）

序号	基本字素	形素构字	义素构字		声素构字	字根构字
			表义	标类		
272	且（且，俎豆，象形，假借为虚词）				31	1 俎
273	巠（巠，织布的经线形，經之本字）				22	1 經
274	丽（丽，相耦之形，麗之本字）					1 麗
275	㇇（久）				6	
276	克（克）				1 勊	
277	彔（彔）				10	
278	丏（丏）				6	
279	不（不）				7	2 丕否
280	弗（弗）				17	
281	凡（凡）				4	
282	亡（亡）				16	
283	乍（乍）				12	
284	开（开）				14	
285	巴（巴）				7	
286	吕（吕）				6	
287	單（單）				28	
288	䕚（䕚）				2 襄（襄）囊（囊）	
289	屯（屯）				13	
290	叚（叚）				16	
291	弔（弔）				3	
292	兑（兑）				15	

（续表）

序号	基本字素	形素构字	义素构字		声素构字	字根构字
			表义	标类		
293	𠦡（求）				13	
294	畐（畐）				13	

上表所列小篆的基本字素有294个。基本字素的字形来源大部分都是来自象形符号或表意符号，另有一些字形来源不明。这是由于汉字经过历史的变化，到小篆有些字素已经不能分析，只能当成基本字素来处理。

基本字素中，有25个不能单独成字（表中用括号括起来），因为不单独成字，这些字素有形有义而没有读音，有些字素有习惯的读法，那是人们为了方便给它们的称呼，而非记录语词的读音，所以它们只能作为义素参与其他字的构造，从来不作为声素。

能够单独成字的字素有269个。其中，有些字素只能单独成字，不参与其他字的构造。这些字素是：嚣、上、一、三、癸等。其余的字素既能单独成字，也能参与构造新字，但是，字素的构字功能非常不同。

有些字素只作义素，不作声素，或主要作义素，很少作声素。这些字素是：人、女、勹、目、手、又、爪、心、牛、豸、兔、鼠、鱼、木、艸、韭、阜、水、夂、泉、土、火、卤、戈、車、队、弓、巾、皿、瓦、亩、鼎、壶、玉、幸、入、凵等。

有些字素只作声素，不作义素，或主要作声素，很少作义素。这些字素是：它、易、乌、焉、燕、來、齊、才、丰、毛、肙、辰、云、我、率、舍、京、主、巨、尔、兆、丩、至、四、五、乙、丙、丁、壬、寅、卯、亥、久、克、彔、丏、不、弗、凡、乍、开、且、巴、㠯、單、殹、屯、叚、弔、兑、求、畐、网、勿、亡、由、巳、未、中、弟、弋、民、予、玄、勺、方、戌、戚、气、永、朮、丮、屮、交、亢等。

这些情况说明，小篆的义素系统和声素系统是有选择和分工的。详情见第二小节和第三小节。

二、小篆的义素系统

字形整体表义,不能再分析的义素是一级义素。字形内含有一级义素的是二级义素,字形内含有二级义素的是三级义素,字形内含有三级义素的是四级义素。义素系统是逐层生成的,一级义素生成二级义素,二级义素生成三级义素,三级义素生成四级义素。

我们统计了每个义素的构字功能,制成下表。义素构字有派生成字,有与义素合成,有与形素合成,也有与声素合成即构成形声字,为了更清楚地了解小篆的形声系统,我们把形声字中义素的功能单列出来,表中称为"标示义类"。

表2 《说文解字》小篆的义素系统

字 素					构字功能	
一级义素	二级义素	三级义素	四级义素	五级义素	表义	标示义类
					70	233
人(人形,有 儿、几、亻等变体)	元(从人,上为头)				2 寇冠	
	儿(从人,上象人面形)					
	禿(从人从禾,构意不明)					1
	从(二人相从)				2	
	比(二人相邻)				2	1
					1	
	北(二人相背,背的本字)	北(假借为南北之北)				1 冀
	乑(从三人)					2
	欠(旡,从人,上象气出)				6	61
		次(从欠从水)			2	

(续表)

字　素					构字功能	
一级义素	二级义素	三级义素	四级义素	五级义素	表义	标示义类
		旡（𣞦，从反欠）				2
		壬（𡈼，人在土上）			2	
		老（𦒻，从人，上长发，下拄杖，或省作耂）			1	7
		長（𨱗，与老构意同）			1	3
匕₁（𠂉，人之变形，表示倾斜义）					7	1
匕₂（𠂆，倒人形，表示变化义）					1 化	1
					16	17
大（𠅤、𠀉，象正面之人形，表示大义）		夫（大上插簪，表示成年）			2	
			夫夫（从二夫）		1	
		立（大下一横示地，人立于地）			1	17
			竝（从二立）		2	
		夲（从大从十）			3	2
		齐（从大而八分也）			2	
矢（𠦒，象人头倾侧之形）					1	2

（续表）

字　素					构字功能	
一级义素	二级义素	三级义素	四级义素	五级义素	表义	标示义类
夨（𠘧，象人头部倾曲之形）					2	
尢（𠘧，象人腿跛之形）					1	10
交（𠬝，象人腿相交）						1
文（𠘧，象交文之形）					1	3
	彣					1 彦
亢（𠘧，人颈，象形）						1
己（𠃎，象人踞坐之形，假借为自己之己）						2
卩（𠂊，象人跪坐之形，表示膝关节，又假借为符节、节制之义）					12	10
	辟（从辛口卩）				1	
	色（𠂊，从人卩）					2
勹（𠂊，象人曲形，示包裹义）					6	11
尸₁（𠂆，象人蹲卧之形）					7	13
	尾（从尸毛）				2	2
（尸₂，象屋形）					5	2
（尸₃，象鞋形）					1	2
	履（从尸从彳从夂从舟）					5

(续表)

字　素					构字功能	
一级义素	二级义素	三级义素	四级义素	五级义素	表义	标示义类
子（❦，象小儿之形）					16	11
	弄				1	
巳（❦，子之异体）					1 包	
（❦，或作❦，倒子，为生子之象）					3 育徹疏	
𠘧（❦，倒人之形，表示逆）					1	
女（❦，象女人之形）					15	224
	母（从女加两点示义）	毋（从母声分化）			1	
首（❦，象头形）					2	1
（百，象头面形）					4	1
	面（象面形，从百）				1	2
	頁（从人从百）				10	89
		頒（从頁分声）			1 寡	
		頻（从頁从涉）				1 顰
		頣（从二頁）			1	
		須（从頁彡）				4
彡（毛发之形）					10	7
	髟（从長彡）				1	36

（续表）

字　素					构字功能	
一级义素	二级义素	三级义素	四级义素	五级义素	表义	标示义类
而（帀，胡须，象形，假借为虚词）					1 耏	2
	耑（耑，上为发，下为须，表示端头）				1 瑞	
囟（⊠，头脑象形）						1
	思（从心囟）					1 慮
目（目，象形）					21	123
	䀠（从二目）				1	
		瞿			1	
	首（从目）				1 瞢	
	叟（从目支）				2	1
	見（从人目）				6	42
		覞			1	1
臣（臣，象竖目，表示顺服）					5	
	臥（从人臣）				1	
自（自，象鼻之形，假借为自己之自）					12	3
	鼻（从自畀声）					4
口（吅，象形）					40	166
	吅（从二口）				1	3
		哭			1	
	品（从三口）				3	
	朤（从四口）				2	3
	甘（甘，从口含一）				6	1
		旨（从甘匕声）				1 嘗

(续表)

字素					构字功能	
一级义素	二级义素	三级义素	四级义素	五级义素	表义	标示义类
	曰(𠙑，口中有气出)				6	3
	舌(𠯑，从口，象舌形)				1	2
		言(𠱞，从舌)			16	239
			音(从言加一)		4	3
				章(从音十)	1	
	古(从口十)					1 煆
	只(从口)					1 馼
	可(从口丂声)					1 哥
(亼，大口之形)					6	
	合(从亼从口)				1 弇	
	會(从曰从囧从亼)					2
牙(象形)					1	2
(𠚕，象牙齿之形)					1	
	齒(象齿形，止声)					42
耳(象形)					8	25
手(象形)					5	263
	丮(𠦏，象人形，突出手部，表示持事)				5	3
	鬥(𩰫，两人以手相斗)				2	7

(续表)

字　素					构字功能	
一级义素	二级义素	三级义素	四级义素	五级义素	表义	标示义类
又（ヨ，右手之形）					47	10
	叉（从又夹物）				2	
	尹（从又丿）				1 君	
	㞋（𠬝，从又从卩）				1 報	
	取（从又从耳）				1 最	
	帚（𠦒，从又持帚形）				3 埽婦侵	
	寸（ヨ，又下一点示寸口）				12	5
	殳（从又几声）				9	18
		殺（从殳，乂示义，朮声）				1 弑（从殺省）
	支（从又卜声，击打义）				9	69
		㪰（从支丙声）				1 便
		放（从支方声）				2 敖敫
		敕（从支从束）				1 整
		（𢻲，从支户，开启义）			1	
	支（𢎨，从又持个。个，半竹）					2

（续表）

字　素					构字功能	
一级义素	二级义素	三级义素	四级义素	五级义素	表义	标示义类
	聿（隶，从又持笔）				2	1
		聿（从聿加一）			6	1
	隶（从又持尾）				1	2
	臤（从又臣声）					1 竖
	（𠂇，左手之形，表示左）				1	
		左			1	1 差
	（𠬞，两只手捧物）				17	9
		弄（从廾玉）			1 箅	
		具（从廾从鼎省）			1 算	
		共（从廾持物）				1 龏
	臼（两手相合形）				7	
		舁（从臼从廾）			3	
		晨（从臼从辰）				1
		（𦥑，两手持器之形）			3	

(续表)

字　素					构字功能	
一级义素	二级义素	三级义素	四级义素	五级义素	表义	标示义类
爪（覆手形）					18	
	（受,从爪又,上下两手）				2	
		受（上下两手授物）			1 辟	
		乿（上下两手理丝）			1 辭	
	孚（从爪子）				1 乳	
止（象足形，有𣥂、𤴇、屮等异体）					32	17
	癶（从二止相背）				3	
	步（从二止，表示走路）				2	1
		涉（从步从水）			1 瀕	
	走（𧺆,从止,上象人张开双臂）					82
	正（从止,一,指事）				2	
		是（从正从日）			1	1 韪
	足（从止,象形）					83
	疋（足之变体）				1 旋	

（续表）

字素					构字功能	
一级义素	二级义素	三级义素	四级义素	五级义素	表义	标示义类
	之（㞢，从止，一标示起点）				5	1
		帀（从反之）			1 師	
		先（[illegible]，从人从之）			1 兟	
			兟		1 赞	
	出（[illegible]，从止，下为地方）				4	2
		敖（从出从放）			1 贅	
	此（从止从匕）					1 紫
	韋（从二止从口，假借为皮韦字）				1	15
	桀（从二止在木上）					1
	夃（[illegible]，从止，ㄋ示义）				1 盈	
	各（从止，口表示地方）				1	
	夅（从二止朝下）				1 韸	
行（[illegible]，象道路之形，又为行走之义）					4	10

(续表)

字　素					构字功能	
一级义素	二级义素	三级义素	四级义素	五级义素	表义	标示义类
（彳,行之半,表示行走）					5	34
	（辵,从彳从止）				5	112
		逃（从辵兆声）			1 頫（从逃省）	
		道（从辵首声）			1 馗（从道省）	
	微(从彳散声)				1 徵	
（攵,彳之变形）					3	1
	延（从攵从止）					1
身（人身之形）					1	1
冎（骨之象形）					1	1
	骨（从冎从肉）					24
歺（残骨之形）					4	30
	死（从人从歺）				2	3
	奴（从歺从又）				1 叡	
		叡（从谷从奴）			2	1
吕₁（ㅁ,脊骨之形,膂之本字）					1 躳	
（吕₂,宫室之形）						1 营

(续表)

字　素					构字功能	
一级义素	二级义素	三级义素	四级义素	五级义素	表义	标示义类
					20	128
肉（⊖，一块肉的象形）	肰（从肉从犬）				1	1 肰（从肰甘）
	筋（从肉从力从竹）				1	1
心（♡，心脏之形）					12	257
鬼（𩴌，大头鬼之形）					1	15
牛（半，牛头之形）					9	41
	告（从牛从口）					1 嚳
馬（象，象形）					6	105
	馽（从马，绊其足）				1	
羊（羊，羊头之形，上有角）					9	20
	羔（从羊，照省声）					1
豕（豕，象形）					8	17
希（动物形，与豕形近）					1	3
犬（犬，象形）					16	75
	狀（从二犬）				1	1
豸（兽长脊形）						19
虎（象形）					7	11
	（虍，虎之省，同虎）				1	5
	虤（从二虎）				2	

（续表）

字　素					构字功能	
一级义素	二级义素	三级义素	四级义素	五级义素	表义	标示义类
鹿（象形）					3	25
	麤（从三鹿）				1	
能（熊类动物之形，假借为贤能之能）					1 罷	
	熊					1
象（大象之形）						1
鳶（动物象形）					2	1
兔（象形）					5	
㲋（动物形，似兔）					1	2
鼠（象形）					1 竄	19
毛（象形）					4	5
	氂(从毛㔿声)				1 㸪（从氂省从牛）	1 犛（从氂省来声）
革（字源不明）						58
皮（𠬝，字源不明）					1	2
甍（字源不明）						1 斃
釆（米，动物足印形，辨本字）					4	1
	宷（从釆从宀，又从田作審）				1 粤	
魚（象形）					3	102
龍（象形）					1	3
龜（象形）					1	2

(续表)

字　素					构字功能	
一级义素	二级义素	三级义素	四级义素	五级义素	表义	标示义类
黽（象形）					2	10
卵（象形，古作㲋）						1
虫（象形）					8	149
	蚰					24
	蟲				1	3
	風(从虫凡声)				1	12
	蜀(从虫象形)					1 蠲
隹（象形）					14	32
	雔（从二隹）				2 靃雙	
	雥（从三隹）				1	1
	萑（从隹，有毛角）				3 雚舊蒦	
	奞（从隹，大象鸟飞）				2 奪雀	
鳥（象形）					3	114
乚（鸟形，又从鸟作乞）					2 孔乳	
西（𠧧、𠧪，鸟形；⊠，鸟巢之形。象鸟栖巢中，假借为东西之西）					1 罨	
乁（鳬鸟之形，又从鳥作鳬）					1	
	㐱（从乁从彡）				1	

(续表)

字　素					构字功能	
一级义素	二级义素	三级义素	四级义素	五级义素	表义	标示义类
羽（象形）					5	30
	习（从羽）					1 翫
非（鸟飞之象，飛之异体，借作相违之非）						4
卂（鸟飞迅疾）						1 煢
木（象形）					35	407
	林（从二木）				1	6
	片（木之半）					6
	桼（木中有水滴下）					2
	朿（木有芒刺之形）				2 棗棘	
	耒（从木，象耒形）					6
（禾，木上曲，表示止）					1	2
	（秝，从禾从尤）					2
（朮，枲皮剥开之象，枲字从之）					1	1
	林				3	
		麻（从广从林）			1	3
竹（象形）					8	139
	箕（从竹其声）					1 簸

(续表)

字　　素					构字功能	
一级义素	二级义素	三级义素	四级义素	五级义素	表义	标示义类
屮（屮，小草初生之形）					6	3
	尣（从屮六声）				1 夋	
艸（草之本字，象形）					12	435
	萆（从艸单声）					1 蕲
	茻（从二艸）				4	
來（麦子，象形，假借为来去之来）	麥				1	12
禾（禾，禾穗下垂之形）					11	84
	秝（从二禾）				1	
	黍（从禾雨声）					7
		香（从黍从甘）				1 馨
米（米，象形）					6	35
	臬（从米从臼）				1 毇	
朩（朩，菽豆植物象形，菽本字）						1
齊（齊，禾麦吐穗上齐之状）						1
韭（韭菜生地上之形）						5
瓜（瓜，象形）					1	6
	瓠（从瓜夸声）					2 瓢匏（从瓠省）

（续表）

字　　素					构字功能	
一级义素	二级义素	三级义素	四级义素	五级义素	表义	标示义类
生（㞢，草木生之象）					2	3
𠬝（草木花叶下垂之形）						2
	琴（从𠬝于声）				1 瞕	
		蕁（从琴加艸）			1 蕁	
朿（芇，草木盛貌）					3	2
𣎵（树木华实下垂之象，又从木作棄）					1	1 㫃
	棄					1
日（象形）					27	59
	景（从日京声）				1 顥	
	早（从日从甲）				1 卓	
	旦（从日见一上）					1
	晶（从三日）				1	3
	朝（从日，日始出之象）					1
	冥（从日从六从冖）					1
	白（从日加笔）				4	9
月（月亮之形）					4	8
	朙（从月从囧）					1
	有（从月又声）					2

（续表）

字　素					构字功能	
一级义素	二级义素	三级义素	四级义素	五级义素	表义	标示义类
夕（月亮之形，表示夜晚）					6	5
	多（从二夕）					2
山（象形）					6	52
	屾（从二山）				1	
	嵬（从山鬼声）					1 巍
丘（土山之形）						2
厂（山厓之形）					6	24
	仄（从人从厂）	丸（从反仄）			1 丸	2
	厃（从人从厂）		危			1
	屵（从山从厂）					5
阜（阝）					4	70
	䢔（从二阜）				1	
𨸏（小阜）					3	
石（象形）					3	47
谷（山谷之形）					3	6
水					22	463
囘（回水之形，古文作 @）					1	
（巜，水波之形）					1 㯊	
川（水流之形）					6	4
永（水脉之形，表示长）						1 羕
泉（象形）					2	1

第五章 汉字系统的描写与分析

（续表）

字　素					构字功能	
一级义素	二级义素	三级义素	四级义素	五级义素	表义	标示义类
仌（冰，象形）					2	14
雨（雨落下之形）					5	44
云（云的象形）	雲（从云加雨）					1 黔
申（电的本字，假借为申）					2	1
火（象形）					15	107
					4	4
	炎（从重火）	黑（𤏲，从炎，囱为窗之象形）			1	
					2	
	焱（从三火）	熒（从焱从冖）			1 勞	
	赤（从大火）				2	6
	炙（从火肉）					2
气（象形）						1 氖
乃（ㄋ，气出之形）						2 卥卥
亏（气出之形）					6	
	兮（从亏从八）				1	2
	亐（于，从亏加笔分化）				1	2

（续表）

字　素					构字功能	
一级义素	二级义素	三级义素	四级义素	五级义素	表义	标示义类
土（土块之形）					15	129
	金（金，从土，两点指事，今声）				2	196
	垚（从土允声）				1 埶	
田（田地之形）					11	27
	里（从田土）				1	2 野釐
	男（从田力）					2
	黄（从田光声）				1	5
		墓（从土从黄省）				1 艱
卤（象盐碱地）					1	4
	鹽（从卤監声）					1 盬（从鹽省古声）
干（盾牌，象形）					2	
盾（象形）						2
甲（甲胄之形）					3 戎卑早	
戈（兵器之形）					13	17
	戍（从人从戈）				1 幾	
戉（兵器之形）						1 戚
戊（兵器之形，假借为干支之戊）						1 戌

（续表）

字　素					构字功能	
一级义素	二级义素	三级义素	四级义素	五级义素	表义	标示义类
戌（兵器之形，假借为干支之戌）					1 咸	
斤（斧子之形）					7	11
	斮（从斤ㄓ声）					1 鬬
矛（象形）						6
弓（象形）					4	26
矢（象形）					6	6
	癸（籀文癸，从癶从矢）				1 闋	
	至（𢌬，从矢至地）				3	2
舟（象形）					4	8
方（方舟，并船，象形）						1 斻
車（象形）					8	93
	䡇（从車，象形）				2	
㫃（旌旗貌）					4	18
					2	
辰（蚌壳之形，可作为翻土的农具，假借为时辰之辰）	辱（从寸从辰）	蓐（从艸辱声）				1 薅（从蓐，好省声）
	晨（从臼从辰）					1
角（兽角之形）					2	36
刀（象形）					16	54
	刃（从刀，一点指事）					1

（续表）

字　素					构字功能	
一级义素	二级义素	三级义素	四级义素	五级义素	表义	标示义类
丰（刻画竹木为标记）	韧（从丰从刀）				1	1
网（象形）					36	
襾（覆盖之形）						3
𣑲（袋子之形）					1	5 槖囊 橐櫜櫜
束（袋子之形，表示束缚）					3	1
（𠙵，簸箕，象形，或作𦥑）					3 畢糞棄	1 其（从𠙵丌声）
丮（工具之形）	羮（从廾持举）				5 1	1
穴（洞穴之形）	窺（从穴規声）				6 1 窺（从窺省）	45
井（井栏之形）	丹（月，象采丹井，从井）				1 2	2 1
（宀，房屋之形）					21	56
（囙，睡席之形）					3	
（广，屋形）					4	45

(续表)

字　素					构字功能	
一级义素	二级义素	三级义素	四级义素	五级义素	表义	标示义类
(疒，人躺在床上，示疾病义)					1疾	101
	疒(从宀从疒，表示睡觉)				1	10
几(踞几，象形)					4 凭处尻屍	
丌(荐物之几)					4	1
(囧，窗形，示明义)					1 朙	
(⊞，窗形)					3 曾會黑	
户(单扇门之形)					6	5
門(象形)					9	49
					11	16
囗(包围之象)	囚(从囗人)				1	
	邑(从囗从卩)				2	182
𩫖(城郭之形，郭本字)						1
高(亭台之形，示高义)						3
㐭(仓廪之形，廪本字)					4	
	嗇(从㐭从來)					1 牆
	啚(从㐭从口)				1 圖	
巾(象形)					5	59

(续表)

字　素					构字功能	
一级义素	二级义素	三级义素	四级义素	五级义素	表义	标示义类
巾（象形）	帛（从巾白声）				1 縠	1 錦
	㡀（从巾破败之形）				1	
		㡇（从㡀从丵省）				5
市（蔽膝，象形）					1	
衣（上衣之形）					5	112
	裘（从衣求声）					1
冃（帽子之形）					3	2
（冃，冃之异体，示覆盖义）					4	
	同（从冃从口）				1	
（冖，冃之异体）					2	2
皿（器皿之形）					11	22
	血（皿中一点示血）				1	12
（匚，盛器之形）					1	17
（匚，乚，藏物之器，表示藏）					3	3
去（厺，器物之形，假借为来去之去）					3	
曲（𠚣，器形弯曲，示弯曲义）					2	

第五章　汉字系统的描写与分析

（续表）

字　素					构字功能	
一级义素	二级义素	三级义素	四级义素	五级义素	表义	标示义类
缶(陶器之形)					1	20
瓦(象形)						25
甾(⿃,瓦器之形)						4
皀(食器之形,表示食物)	食（从皀,上有盖）				4 2	59
卣(下为食器,上装米,示香义)					2	2
午(✝,捣米之杵,象形,杵本字)					2 春(𣆪) 秦(𥠼)	
臼(捣米之臼,象形)	臬(从米从臼)	毇（从臬从殳）			5 1 1	1
亯(𠅖,食器之形)	𦎧(从亯从羊)				3 1 孰(𦏧)	1
𦎧(反亯,表示厚味)					1	
鼎(象形)					3	
壶(𡔞,象形)	壹(𡔟,从壶吉声)				1 1 懿	1
斗(⺇,长柄舀酒器,象形)					4	13
勺(象形)					1	

(续表)

字　素					构字功能	
一级义素	二级义素	三级义素	四级义素	五级义素	表义	标示义类
匕₃（取饭用具，象形）						1 匙
酉（酒器，象形）					3	65
	酋（从酉分化）				2 奠尊	
豆（食肉器，象形）					5	3
	豊（从豆，上放行礼之物）					1
	豐（从豆，上放满东西）					1
	虚（从豆虍声）					2
鬲（鬲，三足鬲之形）						12
	鬻（从鬲，外象烹饪之气）					12
工（规矩之形）					8	2
	巫（从工从二人）				2	
叀（纺锭之形）					3	
予（𠄔，杼之本字，象形）					1 幻	
（糸，丝线之形）					11	245
	絕（从糸从刀从卩）				1	
	系（从糸，丿指事）				3	1
	素（𣎴，从糸从𠂊）				3	

(续表)

字素					构字功能	
一级义素	二级义素	三级义素	四级义素	五级义素	表义	标示义类
(糸,丝线之形)	絲(双丝之形)				3	
		兹(从艸,絲省声)			1 畜(从田从兹省)	
幺(细丝之形,示小义)					5	
	丝(从二幺)				3	
		(**丝刀**,古絕字,从刀从丝)			2	
			斷(从斤从**丝刀**)		1	
玄(丝线之形,弓弦之弦本字,假借为玄色之玄)					1 兹(从二玄)	
(壴,立鼓之形)					7	
	鼓(从又持物敲壴)					7
	喜(从壴从口)				2	
珡(琴,象形)						1 瑟
册(编竹之形)					6	1
	龠(编竹乐器之形)					4
王(大斧之形,表示首领)					2	
貝(象形)					9	55
貝(象形)	員(从貝口声,口,圆圈之变)					1 贠

(续表)

字素					构字功能	
一级义素	二级义素	三级义素	四级义素	五级义素	表义	标示义类
玉(象串玉之形)					3	126
	珏(从二玉)				2	
示(祭坛之形)					4	58
卜(卜纹之形)					4	4
	用(𤰇,从卜从中)				4	1
爻(相交之形)					2 棥燊	
	㸚(从二爻)				2 爾爽	
(辛,刑刀之形,表示有罪)					3 辛童妾	
	辛(从辛加笔)				8	2
幸(枷锁之形,表示罪)					6	
厶(𠙴,自营为厶,符号示义)					3	
力(𠨮,用力)					7	36
弋(𢍺,木橛之形)					1	
氏(𠂩,树根之形,与氐乑为一字之分化,假借为氏族之氏)	氐(氏加笔而成)					3

（续表）

字素					构字功能	
一级义素	二级义素	三级义素	四级义素	五级义素	表义	标示义类
入（∩）					5	
	内（从冂从入）				1 商	
毌（穿物持之之象）						1
	貫				1 實	
凵（地坎之形）					2	
	凶（从凵，✕示义）				1	
冂（旷远之地之象）					5	
士					1	3
民						1 氓
小					5	
中					1 啇	
弟					1	
网					1	
勿（𣃦，旗展开之貌，或从㫃作𣃩）					1	
亡（𠃑）					1	
由					1 粵	
二（两画表示二，又从弋作弎）						2 仁竺

（续表）

字　素					构字功能	
一级义素	二级义素	三级义素	四级义素	五级义素	表义	标示义类
六					1 冥	
七					1 龀	
八（分别之象，假借为数字）					7	2
九					1 馗	
十					6	5
	卅（从三十）				1	
庚（🜔，打谷器之形，假借为干支之庚）					1 康	1 庸
未					1 制	

上表中一级义素240个，一级义素生成二级义素203个，二级义素生成三级义素51个，三级义素生成四级义素3个，四级义素生成五级义素1个。

三级、四级、五级义素的构字能力都较低，构字数量一般都在10个以下，大部分只有一两个，只有"言"构字数量很多。一级义素、二级义素中，义素的构字能力非常不同。构字量在100个以上的义素有26个，其中一级义素22个，二级义素3个，三级义素1个；构字量50~99个的义素有23个，其中一级义素17个，二级义素6个；构字量10~49个的义素有69个，其中一级义素51个，二级义素18个。分别列表如下：

第五章 汉字系统的描写与分析

表3 构字量100个以上的义素

字素	层级	构字量
水	一	485
艸	一	447
木	一	442
人	一	303
心	一	269
手	一	268
糸	一	256
言	三	255
女	一	239
口	一	206
金	二	198
邑	二	184
虫	一	157
肉	一	148
竹	一	147
目	一	144
土	一	144
玉	一	129
火	一	122
衣	一	117
鳥	一	117
辵	二	117
馬	一	111
魚	一	105
疒		102
車	一	101
总计26		5313

表4 构字量50～99个的义素

字素	层级	构字量
頁	二	99
禾	一	95
犬	一	91
日	一	86
足	二	83
走	二	82
攴	二	78
宀	一	77
阜	一	74
刀	一	70
酉	一	68
欠	二	67
巾	一	64
貝	一	64
示	一	62
食	二	61
山	一	58
革	一	58
門	一	58
又	一	57
穴	一	51
石	一	50
牛	一	50
总计 23		1603

表5 构字量10~49个的义素

字素	层级	构字量
止	一	49
雨	一	49
广	一	49
見	二	48
隹	一	46
齒	二	43
力	一	43
米	一	41
彳	一	39
田	一	38
角	一	38
彡	二	37
网	一	36
羽	一	35
卢	一	34
耳	一	33
皿	一	33
大	一	33
厂	一	30
戈	一	30
弓	一	30
羊	一	29
鹿	一	28
子	一	27
口	一	27
殳	二	27
廾	二	26
豕	一	25

(续表)

字素	层级	构字量
瓦	一	25
骨	二	24
蚰	二	24
冂	一	22
巩	一	22
缶	一	21
尸	一	20
鼠	一	20
豸	一	19
爪	一	18
虎	一	18
斤	一	18
匚	一	18
立	二	18
勹	一	17
斗	一	17
彡	一	17
寸	二	17
夂	一	16
鬼	一	16
韋	二	16
自	一	15
行	一	14
白	二	13
血	二	13
風	二	13
麥	二	13
月	一	12

（续表）

字素	层级	构字量
矢	一	12
鬲	一	12
彌	二	12
舟	一	12
黾	一	12
九	一	11
夕	一	11
户	一	11
十	一	11
疒	二	11
川	一	10
工	一	10
辛	二	10
总计 69		1644

以上数字表明，小篆的义素系统选择性是非常强的。构字量在100个以上的26个义素，构字累计达到5313个。构字量在50个以上的49个义素，构字累计达到6916个。构字量在10个以上的118个义素，构字累计达到8560个。

在构字能力最强的118个义素中，有一级义素90个，二级义素27个，三级义素1个。一级义素都是来自象形或表意符号的基本字素，其字形表示的意义非常清楚，成为承担表义功能的首选对象；二级义素虽然是由基本字素复合或派生而成的，但构字能力比较强的二级义素中，很多字形包含不单独成字的字素或标志符号，如："言""辵""金""邑""走""足""食""立""骨""齿""寸""殳""見""白""血""疒""鬻""辛"等，它们的字形在小篆中已经凝固成不可分析的整体，其性质实际上相当于基本字素。因此，小篆的义素系统是以基本字素为主的。

三、小篆的声素系统

朱骏声的《说文通训定声》是一部按声素系统排列《说文解字》所收小篆的著作，我们以此为基础，统计每个声素的构字功能。有的声素在构成合体字的时候为了字形的匀称、美观，省略字形的一部分，即《说文解字》所说的"省声"，如"珊"从"玉""删"声，但是构字时声素"删"省掉右侧的"刀"写成"册"。由于起标音作用的是不省的字形，所以，省声字都列入原声素的谐声系列。兼表音义的字素其功能以表音为主，在标音的同时提示语源，也就是前面所说的字根。字根是一类特殊的声素，我们按声素构字统计进来。

字形中不含标音成分的声素是一级声素，小篆中共有一级声素883个，一级声素生成二级声素，二级声素生成三级声素，三级声素生成四级声素，四级声素生成五级声素。小篆声素最高为五级，各级声素加在一起共1464个，构字总量8000个左右。

这些数字说明汉字的声素系统不像义素系统那么集中，声素的数量相当庞大。这首先是因为汉字的声素代表音节，而上古汉语不同的音节数量比现代汉语多得多，即使每个不同的音节采用一个声素来代表，其基数也是很大的。再加上有些声素是同音的，也就是说其标音功能相同，有些音节采用不同的声素来标音，所以声素的数量并不等于音节的数量。

声素的构字功能也有很大的不同。构字量超过10个的声素有250个，构字总量3785个，几乎占全部声素构字总量的一半，平均构字量15.14个。其中构字量超过20的有50个声素，构字量超过30的只有2个。我们把这250个声素按构字数量的多少排列如下：

表6　构字量10个以上的声素

声素	声素层级	构字量
且	一	32
圭	一	31
句（丩声）	二	29
卑	一	29

（续表）

声素	声素层级	构字量
干	一	28
單	一	28
非	一	27
兼	一	26
俞	一	25
曷（匃声）	二	25
分	一	25
兆	一	24
尧	一	24
甫（父声）	二	24
合	一	24
翏	一	24
古	一	23
今	一	23
巠	一	23
隹	一	22
軍	一	22
皮	一	22
占	一	22
婁	一	22
者	一	22
是	一	22
亏	一	22
氐	一	22
必	一	21
堇	一	21
覞（票）	一	21
召（刀声）	二	21

（续表）

声素	声素层级	构字量
夬	一	21
支	一	21
易	一	21
辟	一	21
莫	一	21
台（目声）	二	21
由	一	20
齊	一	20
出	一	20
犮	一	20
眞	一	20
夾	一	20
交	一	20
熒	一	20
奇（可声）	二	20
余	一	20
卒	一	20
勺	一	20
工	一	19
區	一	19
多	一	19
尞	一	19
气	一	19
方	一	19
周	一	19
失	一	19
番	一	19
龍	一	19

(续表)

声素	声素层级	构字量
昏	一	19
亥	一	19
肖（小声）	二	18
韋	一	18
扁	一	18
吉	一	18
至	一	18
斤	一	18
襄（𧮫声）	二	18
尤	一	17
弗	一	17
寶（缶声）	二	17
敄（矛声）	二	17
貴（臾声）	二	17
青（生声）	二	17
昔	一	17
蓳	一	17
艮	一	17
包（勹声）	二	17
耑	一	17
會	一	17
僉	一	17
令	一	17
肙（○声）	二	17
覃	一	17
其（丌声）	二	17
高	一	17
辰	一	16

（续表）

声素	声素层级	构字量
豈	一	16
咸（戌声）	二	16
無	一	16
介	一	16
并	一	16
亢	一	16
兒	一	16
可（丂声）	二	16
戔	一	16
告	一	16
叚	一	16
兌	一	15
麗（丽声）	二	15
蜀	一	15
寺（之声）	二	15
易	一	15
禺	一	15
虒	一	15
尃（甫声；甫，父声）	三	15
及	一	15
差（𠂇声）	二	15
亶（旦声）	二	15
音（否声；否，不声）	三	15
殳	一	15
亡	一	15
良（亡声）	二	15
开	一	14
央	一	14

(续表)

声素	声素层级	构字量
垂（㔇声）	二	14
敫	一	14
攸	一	14
盧（虍声）	二	14
鬼	一	14
付	一	14
甚	一	14
朱	一	14
同	一	14
員（○声）	二	14
幾	一	14
罜	一	14
矞（冏声；冏，内声）	三	14
吾（五声）	二	14
辜	一	13
曾	一	13
果	一	13
童（重省声；重，東声）	三	13
屯	一	13
求	一	13
畐	一	13
金（今声）	二	13
取	一	13
彀	一	13
參（㐱声）	二	13
皆	一	13
旦	一	13
炎	一	13

（续表）

声素	声素层级	构字量
卓	一	13
委	一	13
每（母声）	二	13
喬（高省声）	二	13
丁	一	12
朕（关声）	二	12
市	一	12
或	一	12
乍	一	12
杲	一	12
旨	一	12
需（雨声）	二	12
奄	一	12
己	一	12
次	一	12
元	一	12
奚	一	12
臤（臣声）	二	12
列（歹声；歹，占声）	三	12
番（釆声）	二	12
夒	一	12
喬	一	12
樂	一	12
参	一	12
尚（向声）	二	12
旁（方声）	二	12
閒	一	12
京	一	12

（续表）

声素	声素层级	构字量
臼	一	12
專	一	12
予	一	11
與（与声）	二	11
甬（用声）	二	11
丩	一	11
斬	一	11
畢	一	11
希	一	11
焦	一	11
重（東声）	二	11
賁（卉声）	二	11
來	一	11
瓜	一	11
戋（才声）	二	11
矣（㠯声）	二	11
羊	一	11
咎（各声）	二	11
侵	一	11
奴	一	11
曹	一	11
丑	一	11
俞	一	11
音	一	11
敖	一	11
爰	一	11
爭	一	11
爲	一	11

（续表）

声素	声素层级	构字量
弗	一	11
孰	一	11
白	一	11
危	一	11
石	一	11
亘	一	11
扁	一	11
粦	一	11
钱	一	11
我	一	11
品	一	10
雷	一	10
申	一	10
它	一	10
巠	一	10
孚	一	10
乏	一	10
胥（疋声）	二	10
隶	一	10
共	一	10
反	一	10
只	一	10
替（兓声；兓，先声）	三	10
趴（从声）	二	10
立	一	10
旬	一	10
安	一	10
丹	一	10

（续表）

声素	声素层级	构字量
見	一	10
詹	一	10
林	一	10
咼（冎声）	二	10
翟	一	10
生	一	10
般	一	10
恩（囪声）	二	10
敝	一	10
安	一	10
盈	一	10
酉（西声）	二	10
尊	一	10
豆	一	10
皇	一	10
贊（兟声；兟，先声）	三	10
爾（尔声）	二	10
執	一	10
半	一	10
弟	一	10
彔	一	10
雀	一	10
总计 250		3785

而构字量在10个以下的声素还有一千多个。这种分布不均首先是由于语词在不同音节的分布是不均衡的，有的音节同音词较少，有的音节同音词很多。其次是字素本身的原因。构字量较多的声素大多功能比较单一，不大作为义素参与构字。我们查检了构字量10个以上的250个声

素，与构字量在10个以上的119个义素重合的只有"隹""见""金""立""韦""羊""鬼""白""石""斤""工"等。就是说只有极少数的字素作为义素和声素都很活跃，大部分功能活跃的义素很少或不作声素，而功能活跃的声素很少或不作义素。

比如"艹"作为义素构字达447个，但是从来不作声素构字；"木"作义素构字442个，作声素构字只有1个；"水"作义素构字485个，作声素构字只有1个（"烑"，"水"在字中表音兼表义）；"人"作义素构字303个，作声素构字只有1个（"仁"，"人"在字中表音兼表义）；"手"作义素构字268个，作声素构造字只有1个（"投"，在这个字中，"手"显然也有表义作用）；"心"作义素构字269个，作声素构字只有1个；"糸"作义素构字256个，不作声素；"女"作义素构字239个，作声素构字2个；"言"作义素构字255个，作声素构字2个；"口"作义素构字206个，作声素构字4个。在表1中，基本字素作义素和声素的构字量对比鲜明的字素非常多。

在这250个构字能力非常强的声素中，属于基本字素的只有42个，在这42个基本字素中，又有23个字素是只作声素，基本不作义素的。

这种情况反映了汉字字素在功能上分工的趋势：构字能力强的义素集中于基本字素，构字能力强的声素集中于复合字素；基本字素以表义功能为主，而一些已经失去了形义联系的基本字素以标音功能为主。义素和声素的分工发展使得汉字的形声系统更加严密完善。

四、小篆形声字形符声符位置的分布规律

每个形声字的字形结构不是一开始就确定的，实际上在甲金文时期，形符可以处于声符的上下左右任何一个位置，从而形成很多种异体写法，直到小篆，每个形声字的字形才固定下来，形符声符的位置分布才呈现出明显的规律性。在以后的历史发展中，有些形声字形符和声符的分布位置进行了调整，但是小篆确定下来的分布规律并没有大的改变。

（一）《说文解字》小篆形声字形符的位置

我们对《说文解字》所收录的形声字进行了穷尽性研究，把每个形符在所构形声字中的位置分布进行了统计，制成下表。形符有独体的和合体的，我们把独体形符称作"一级形符"，字形中含有一级形符的称作"二级形符"，字形中含有二级形符的称作"三级形符"。这样的区分可以方便看到不同级别的形符构字的情况。这里所说的字形指的是小篆字形，但是为了排版的方便，我们写出的是小篆对应的楷书，有些楷书无字或楷书的结构与小篆不同的则给出小篆字形。

表7　《说文解字》小篆形声字形符位置分布统计表

一级形符	二级形符	三级形符	所构形声字总数	形符居左字数	形符居右字数	形符居上字数	形符居下字数	形符居他位字数
人			229	229				
	秃		1	1				
	比		1			1		
	北		1			1		
	乑		2				2	
	欠		61		61			
	旡		2	2				
	老		9				1	8
	長		3	3				
匕			2	1	1			
大			18			13	4	1
	奢		1	1				
	立		15	13				2
	夲		2				1	1
	夰		1				1	
矢			2				2	
允			10	10				
交			1					1

（续表）

一级形符	二级形符	三级形符	所构形声字总数	形符居左字数	形符居右字数	形符居上字数	形符居下字数	形符居他位字数
文			3				2	1
	彣		1					1
己			2			1	1	
丹			9		7		2	
	色		2		2			
勺			11					11
尸			18					18
	尾		2					2
	履		5					5
子			11	3	1	1	6	
女			224	179	7		31	7
首			1		1			
百			1				1	
	面		2	2				
	页		86	3	82	1		
		频	1			1		
		须	4					4
彡			7		6			1
	髟		37					37
囟			1	1				
	思		1				1	
目			106	84			15	7
	旻		1					1
	見		42	1	38		3	
		見見	1		1			
自			3			1	2	
	鼻		4	4				

第五章 汉字系统的描写与分析

（续表）

一级形符	二级形符	三级形符	所构形声字总数	形符居左字数	形符居右字数	形符居上字数	形符居下字数	形符居他位字数
口			166	139	1	1	16	9
	叩		3			3		
	品		3					3
	甘		1				1	
		旨	1				1	
	曰		3			1	2	
	舌		2	1	1			
	言		239	209	1		22	7
		音	3	1	1		1	
	古		1	1				
	只		1	1				
	可		1				1	
	會		2	1			1	
牙（齒）			2	2				
	齒		42	37			5	
耳			25	19			3	3
手			260	228	1		27	4
	廾		3		3			
	鬥		7					7
又			10		4		6	
	寸		5				4	1
	殳		17		17			
		殺	1	1				
	攴		67		65		2	
		敕	1				1	
	支		1		1			

(续表)

一级形符	二级形符	三级形符	所构形声字总数	形符居左字数	形符居右字数	形符居上字数	形符居下字数	形符居他位字数
又	聿		1		1			
		聿	1			1		
	隶		2		2			
	左		1				1	
廾			9				8	1
	共		1				1	
甘	晨		1					1
止			8	4			3	1
	步		1					1
	走		82	81			1	
	是		1	1				
	足		82	77			4	1
	之		1	1				
	出		2		1			1
	此		1			1		
(屮、𤴓、止，止之变体)			9		1	2	6	
	舛		1			1		
	韋		15	12			1	2
	桀		1		1			
行			10					10
彳			34	34				
	辵		112	112				
夂			2	2				
身			1	1				
冎			1	1				
	骨		24	24				

(续表)

一级形符	二级形符	三级形符	所构形声字总数	形符居左字数	形符居右字数	形符居上字数	形符居下字数	形符居他位字数
歹			30	29			1	
	死		3	1			2	
		叡	1					1
呂			1				1	
肉			130	106	1		19	4
	筋		1					1
心			252	153	1		88	10
牛			41	34			6	1
	告		1				1	
馬			110	95	3		9	3
羊			21	13		2	5	1
	羔		1					1
豕			17	15			2	
	豚		1				1	
希			3				2	1
犬			75	64	4		2	5
	犾		1					1
豸			19	19				
虎			11	2	9			
虍			5					5
鹿			24	2		20	2	
熊			1				1	
象			1		1			
鹰			1		1			
龟			2			2		
鼠			19	17	1		1	
毛			5	3	1			1
	毳		1				1	

（续表）

一级形符	二级形符	三级形符	所构形声字总数	形符居左字数	形符居右字数	形符居上字数	形符居下字数	形符居他位字数
毛	氂		1					1
革			58	53			3	2
皮			2	2				
毳			1	1				
采			1	1				
魚			101	97			3	1
龍			3				3	
龜			2		2			
黽			10		2		8	
卵			1	1				
虫			150	116	1		23	10
	虵		24				24	
	蟲		3				3	
	風		12	8	4			
	蜀		1		1			
隹			32		24		4	4
	雧		1			1		
鳥			112	30	59		19	4
卥（西）			1				1	
羽			31	2	10	10	7	2
	習		1	1				
非			4			1	2	1
丌			1				1	
木			407	357	1	3	33	13
	禾		2	2				
		（秝）	2					2
	林		6				4	2

(续表)

一级形符	二级形符	三级形符	所构形声字总数	形符居左字数	形符居右字数	形符居上字数	形符居下字数	形符居他位字数
木	片		6	6				
	枽		2	1			1	
	耒		6	6				
朩			1				1	
	林麻		3			1	2	
竹			139			139		
	箕		1					1
屮			2			2		
	艸		435			435		
來	麥		12	11			1	
禾			83	74		2	5	2
	黍		6	5			1	
		香	1				1	
米			35	23		1	8	3
韭			5	1			1	3
瓜			7	2	2		1	2
	瓠		1					1
生			3					3
丰			1			1		
	芳		1		1			
市			2			2		
᠀			1				1	
日			59	35	2	13	6	3
	旦		1				1	
	晶		3			3		
	㐁		1					1
	冥		1	1				
	白		8	6		1	1	

（续表）

一级形符	二级形符	三级形符	所构形声字总数	形符居左字数	形符居右字数	形符居上字数	形符居下字数	形符居他位字数
月			8	3	3			2
	朋		1				1	
	有		2	2				
	夕		5	1		1	2	1
		多	2	2				
山			51	18		21	7	5
	嵬		1		1			
	屾		1				1	
丘			2	1			1	
厂			24					24
	危		1	1				
	庐		5					5
	厌	丸	2	2				
阜			88	88				
石			47	35			10	2
谷			6	3	3			
水			466	450			4	12
川			3				3	
巛			1		1			
永			1				1	
泉			1				1	
氽			14	12			1	1
雨			42			42		
	雲		1					1
申			1		1			
火			102	68			27	7
	炎		4	2	1	1		

（续表）

一级形符	二级形符	三级形符	所构形声字总数	形符居左字数	形符居右字数	形符居上字数	形符居下字数	形符居他位字数
火	赤		6	4				2
	炙		2	2				
气			1			1		
乃			2					2
丂	兮		2				1	1
	亏		1		1			
土			122	88	1	1	25	7
	金		196	181			13	2
田			27	22			3	2
	里		2	1				1
	男		2		2			
	黄		5	5				
	堇		1	1				
卤			4	2				2
	鹽		1					1
盾			2	2				
戈			18		16			2
戌			1					1
戊			1					1
斤			10		9	1		
矛			6	5		1		
弓			26	21			3	2
矢			6	5			1	
	至		2	2				
舟			8	8				
方			1	1				
车			92	78			10	4

（续表）

一级形符	二级形符	三级形符	所构形声字总数	形符居左字数	形符居右字数	形符居上字数	形符居下字数	形符居他位字数
夂			18					18
（辰）	（辱）	蓐	1					1
角			36	27	1		6	2
刀			54		48		3	3
	刃		1		1			
	韧		1			1		
网			30			4		26
而			3			3		
橐			5					5
束			1				1	
挚			1			1		
穴			45					45
井			1				1	
丹			1	1				
	青		1	1				
宀			56					56
广			45					45
厂			101					101
	瘝		9					9
户			5					5
門			49					49
囗			16					16
	邑		182		173		6	3
亯			1	1				
高			3				3	
冋	啬		1		1			
巾			58	38			15	5
	帛		1		1			

（续表）

一级形符	二级形符	三级形符	所构形声字总数	形符居左字数	形符居右字数	形符居上字数	形符居下字数	形符居他位字数
尚	芮		5	5				
衣			111	75			14	22
	裘		1		1			
冃			2				1	1
冖			2					2
皿			22				19	3
	血		11	4			7	
匸			17					17
匚			3					3
曲			2					2
缶			20	11			7	2
瓦			24	1	17		6	
甾（𠙴）			4	2			2	
食			59	51			7	1
皀			2	1			1	
白			1				1	
	㬉	毇	1					1
𠙴			1				1	
鼎			3				3	
壺			1					1
斗			13		12		1	
匕			1		1			
酉			62	52			4	6
豆			3				3	
	豊		1	1				
	豐		1	1				
	虚		2	1	1			

(续表)

一级形符	二级形符	三级形符	所构形声字总数	形符居左字数	形符居右字数	形符居上字数	形符居下字数	形符居他位字数
鬲			12	6			6	
	鬻		12					12
工			2	2				
糸			245	219			17	9
	系		1		1			
	素		3	3				
壴			2	1		1		
	鼓		7				5	2
琴			1			1		
册			1					1
	龠		4	3			1	
贝			54	19			21	14
	員		1	1				
玉			124	113			8	3
示			58	51			7	
卜			3		3			
	用		1				1	
厶			2				1	1
辛			2		1		1	
力			36		26		7	3
氏			3	2			1	
冊			1					1
士			3	2	1			
民			1		1			
二			1				1	
十			4	2	2			
总计			7677	4522	754	756	805	840
百分比				58.90%	9.82%	9.85%	10.48%	10.95%

从上表的统计可以看到，形符和声符的位置搭配以左形右声为常，此种结构的形声字占形声字总数将近60%。而且也可以看到，左右并列结构是形声字的主体结构，占68.72%（58.90%+9.82%）；上下叠置结构次之，占20.33%（9.85%+10.48%）；其他结构只占10.95%。分别统计左右结构和上下结构，则形符位置分布情况如下：

表8 左右结构形声字形符位置分布统计表

形符位置	居左	居右	合计
形声字数	4522	754	5276
百分比	85.7%	14.3%	100%

表9 上下结构形声字形符位置分布统计表

形符位置	居上	居下	合计
形声字数	756	805	1561
百分比	48.4%	51.6%	100%

以上是对形声字形符的位置分布从总字数上的统计。下面换一个角度，从形符的角度进行统计，我们会发现，每个形符的位置有它的倾向性。我们统计了构字量在5个及以上的形符的位置分布（构字量太少的形符位置的倾向性不明显，不容易统计），结果如下。

倾向居左的形符有69个，列举如下（"／"前一数字为形符居某一位置的形声字的字数，后一数字为所构形声字的总字数）：

人229/229	立13/15	尢10/10	女179/224	目84/106
口139/166	言209/239	齿37/42	耳19/25	手228/260
止4/8	走81/82	足77/82	韋12/15	彳34/34
辵112/112	骨24/24	歺29/30	肉106/130	心153/252
牛34/41	馬95/110	羊13/20	豕15/17	犬64/75
豸19/19	鼠17/19	毛3/5	革53/58	魚97/101
虫116/150	風8/12	木357/407	片6/6	耒6/6
麥11/12	禾74/83	黍5/6	米23/35	日35/59

白6/8	山18/51	阜（𨸏）88/88	石35/47	水450/466
攵12/14	火68/102	赤4/6	土88/122	金181/196
田22/27	黄5/5	矛5/6	弓21/26	矢5/6
舟8/8	車78/92	角27/36	巾38/58	黹5/5
衣75/111	缶11/20	食51/59	酉52/62	鬲6/12
糸219/245	貝19/54	玉113/124	示51/58	

从这些形符居左位的字数与所构形声字总数的对比，我们可以看到，这些形符分布位置的倾向性非常明显，通常情况下，它们是居左位的。因为左右结构是形声字的常规结构，而左位又是形符的常规位置，因此，这些形符是分布位置最无标记的形符。其中"女""心""鬲""贝"又常见于上下结构的下位，"山"又常见于上位。此时，它们是有标记的。参见后面的分析。

倾向居右的形符有19个，它们是：

欠61/61	卩7/9	頁82/86	彡6/7	見38/42
又4/10	殳17/17	攴65/67	虍9/11	隹24/32
鳥59/112	羽10/32	戈16/18	斤9/10	刀48/54
邑173/182	瓦17/24	斗12/13	力26/36	

这些形符倾向性也非常明显，一般情况下都是居右位的。"羽"还常见于上下结构的上位，参见下面的分析。因为形符居左是无标记的常规位置，因此，这些形符都是有标记的。这些形符具有以下特点：

（1）为手形或含有手形字符，如"又""殳""攴"，或为人们常用的拿在手里的工具，如"戈""斤""刀""瓦""斗"等。因为一般人都以使用右手为常，因此表示手、手的动作以及拿在手里的工具的字符放在右位，实际是现实生活的写照。

（2）含有表示人形的字符，如"欠""卩""頁""見"等，字形中都有人形。人形在古文字中本有朝左和朝右的异体，但小篆已经固定为朝左的，因为人是朝向左面的，含有人形的形符放在右侧则使得形符与声符两部分结合得更加紧密。

（3）一些字形比较复杂的来自动物形体的形符，如"虎""隹""鳥""羽"等，这些形符字形复杂，笔画繁多，占据的空间较大，如果放在左边，与形声字一般左侧稍轻，右侧稍重的特点不相符合，所以通常把它们放在右侧，这是为了字形的匀称美观而安排的位置。

倾向居上的形符有9个，它们是：

大13/18　　鹿20/24　　林4/6　　竹139/139　　艹435/435
山21/51　　雨42/42　　羽10/32　　鼓5/7

这些形符具有如下特点：

（1）字形本身已是两部分构成的左右结构，如"林""竹""艹""鼓""羽"等，如果再以左右结构与声符搭配则字形显得过宽，采用上下结构是为了字形整体的匀称，而居于上位则是为了字形可以压扁，下部留下足够的空间安排声符。

（2）字形含有向下伸展的笔形，如"大""鹿""雨"，这些形符放在上位，声符居下位，形符对下面的字符有一种包容的感觉，字形显得更紧凑。

（3）"山"居上位与意义有关，因为山是在高处的，"山"居上位是客观现实在字形上的反映。

倾向居下的形符有11个，它们是：

又6/10　　寸4/5　　廾8/9　　夊6/9　　黽8/10　　虫24/24
皿19/22　　血7/11　　心88/252　　鬲6/12　　貝24/54

这些形符的特点是：

（1）表示容器类或含有容器类的形符，如"皿""血""鬲"等，器物是可容受的，东西置于其上，因此这些形符居下位是客观现实的反映。"貝"居下位与"鼎"一样，"貝"与"鼎"两个形符常常相混。

（2）表示手和脚的动作的形符，如"寸""廾""夊"等，"廾"是双手捧物之形，所以放在下位，"夊"表示行走迟曳，字形正是拖在后面的脚,所以放在下位,"寸"作形符与"又"通,"又"为右手之形,所以作形符通常放在右位,但是由于"又"的字形比较简单,与形声字一般左轻右重的特点不符,所以又常见于下位。

(3)表示昆虫类的形符,如"黾""蚰"等,与它们意义类似的"虫"倾向于居左位,但是"黾""蚰"(包括因字数少于5个而没有统计在内的"蟲")因为结构复杂,不宜放在左位,而虫类是生活在地下的,也不能放在上位,所以居下,即便是左右结构的"蚰",也不像"林""竹""艸""鼓""羽"等放在上位,可见形符位置的分布与意义不无关系。

位置特殊的形符有23个,它们又有不同的结构位置。

形符包围声符:

全包围:囗16/16　禀5/5

三面包围:門49/49　鬥7/7　网26/30　穴45/45　宀56/56　匚16/17　勹11/11

两面包围:尸18/18　尸(履省)5/5　户5/5　厂24/24　户5/5　广45/45　疒101/101　疒(或作疒,瘮省)9/9　耂(老省)8/9　虍(虎省)5/5

形符夹声符:行10/10　鬲12/12

形符一部分上移,留下空位搁置声符:癶17/18　髟37/37

这些居于特殊位置的形符都是高标记性的形符。采取包围结构是由于形符本身有很大的空当,正好声符可以插入其间;形符夹声符是因为形符本身含有两个相同的符号,声符夹在中间可以避免同体的重复;而"癶""髟"都是左右结构,把形体相对简单的右边部分上移,声符安插在留下的空当,是为了字形的匀称、紧凑、美观、协调。所以居特殊位置的形符都是因为字形的特征,为了结构布局的匀称、美观所进行的调整。

另外有几个形符的位置倾向性不明显,它们是:

瓜,构成形声字7个,其中1个受声符影响形符居下位,2个居特殊位置也是由声符所致,另外4个左右结构的,2个形符居左,2个居右。

月,构成形声字8个,其中2个形符居特殊位置为声符所致,另外6

个左右结构的,3个形符居左,3个居右。

谷,构成形声字6个,都是左右结构,3个形符居左,3个居右。

韭,构成形声字5个,其中3个形符居特殊位置由声符所致,另外2个1个形符居左,1个居下。

夕,构成形声字5个,其中1个形符居特殊位置,2个居下,都由声符所致,另外2个1个形符居左,1个居上。

因为它们的倾向性不明显,所以前面统计百分比时排除掉这5个形符。

(二)《说文解字》小篆形声字声符的位置

我们同样对构字量5个及以上的声符的位置分布进行了分析统计,结果如下。

形声字声符居右是常式,是最无标记的。在构字量5个及以上的509个声符中,倾向居右的声符427个,占83.69%,此略。

倾向居左的声符如下:

臣4/7　畣3/5　臬3/5　㐬4/5　朮3/6　号4/5　爿12/12

从声符居左的字数和所构形声字总数的对比来看,这些声符居左位的比例比较高,但是,这些声符构成的形声字数量有限,具体分析它们所构的形声字,发现很多时候声符居左是因为与之对待的形符是有标记的要求居右的形符。这里把它们所构的声符居左的形声字悉数列出:

臣:臨邸頤臤

畣:歈韜雗

臬:劓甈魮

㐬:鵗刜䣔䣛

朮:鴆欨叔

号:號鴞鄂虢

这6个声符位置居左时,形符大都是有标记的倾向居右的,如"邑""欠""又""頁""鳥""隹""刀",因此居左并不是声符自身的选择，而是由形符决定的，这样的声符并不是真正的倾向居左的声符。

爿：壯牂戕牆牄牀狀牁牂牃牉牧

只有"爿"作声符居左对形符没有选择，可以是任意形符，其中"士""羊""木""犬""角""女"等都是倾向居左的形符，它们在这些字中居右不是形符的选择，而是由声符"爿"决定的。因此，声符当中只有一个"爿"是真正倾向居左的有标记的声符。这个特例可能是因为"爿"字形太过简单，放在右侧不协调，也可能是因为"爿"字右侧有一长而直的竖笔，这一长的竖笔位于字的中间，可以使字形显得更紧凑。

倾向居上的声符如下：

次6/12　　鄉3/5　　辟15/21　　如4/6　　敖7/11　　奴8/11
臤10/12　　厭6/6　　埶7/9　　縠9/13　　殷7/7　　攸11/14
戍5/5　　丞5/5　　之3/5　　此15/27　　肉3/5　　虎8/8
弄12/12　　非13/27　　麻7/8　　竹5/5　　算5/8　　折7/9
夗6/9　　辥4/6　　朕12/12　　戚3/5　　秋13/17　　殳6/7
般8/10　　斬7/11　　刃6/9　　尚10/12　　敝8/10　　執7/10
加3/7　　亡9/15

居右位、上位都很常见的声符（第一个数字为居右位的字数，第二个数字为居上位的字数，第三个数字为所构形声字的总数）：

剌2/2/6　　安3/3/10　　其8/5/17　　立4/2/7　　文3/3/9　　产2/2/9
君3/2/9　　今9/7/23　　路2/1/5　　羊4/5/12　　林3/2/10　　莫10/9/21
畾4/3/10　　雚2/2/6　　需3/3/10　　烁3/3/8　　難2/1/5　　辰5/5/16
高6/4/17　　與3/4/11　　兹2/2/5　　樊1/2/5　　民2/2/7　　巳2/3/6

以上两类声符居上时对形符没有选择，可以是任意形符，因此，居上是声符自身的选择，是由声符自身的字形特征决定的。这些声符的字形特征有：

（1）声符是左右结构的合体字符，比如上面列出的声符大部分是左右合体结构。

（2）带有"宀""冂"等有向下包容笔形字符的声符，如"安""高""今""尚"等。

（3）含有"八""人""大""廾"等有外展笔形字符的声符，如"丞""算""其""立""文""莫""與""樊"等。

（4）含有两个或三个相同字符的声符，如"麻""竹""晶""雷""兹"等。

这些特征与倾向居上位的形符的字形特征相同，因此，居上位是由字形特征所决定的，与作形符还是声符无关。

在我们的统计中没有发现倾向居下位的声符，声符居下位时形符都是有标记的要求居上位的形符。上一节中倾向居下位的形符都与意义有关，而声符是不表义的，没有倾向居下位的声符，说明下位对字形没有要求。

特殊位置的声符：

微 3/5（省去下面中间的"几"，形符插在"几"留下的空位）

顷 3/5（左边的"匕"上移，形符置于"匕"下的空位）

赢 5/5（形符插在下部的"肉"和"丮"之间）

匋 4/6（形符置于"勹"内）

弋 10/11（形符置于左下空位）

軌 10/10（形符置于右下空位）

燊 20/20（省去下面的"火"，把形符置于那个空位）

黎 3/6（下面的"㐱"左移，形符置于右边"刀"下的空位）

寒 5/6（省去下面的"冫"，形符置于"冫"留下的空位）

户 3/5（形符置于右下的空位）

殼 14/15（形符置于左下的空位）

辡 6/7（形符插在两个"辛"中间）

桼 7/7（形符置于右下的空位）

这些居于特殊位置的声符与居于特殊位置的形符有相同的字形特征，说明特殊位置的分布是由字形决定的，与作声符还是形符无关。

（三）《说文解字》小篆形声字形符声符位置分布的规律

通过前面两小节的分析，我们可以总结出《说文解字》形声字形符声符位置分布的规律。

《说文解字》形声字以左右结构为常，在左右结构中，以左形右声为常，这是无标记的结构方式，其他结构都是有标记的。

倾向于居左位的形符是无标记的形符，倾向于居右位的声符是无标记的声符，其他位置分布都是有标记的。形符有标记的位置分布或由形符的字形特征决定，或与意义有关，因为形符是有意义的，形符的位置有时是客观现实的反映；声符有标记的位置分布完全由声符的字形特征决定。

形声字的左声右形结构是有标记的结构方式，大都是由形符决定的，有十几个形符要求居右位，对声符没有选择；只有一个声符要求居左位，对形符没有选择。由此可见，在左右结构中，有标记的形符远多于有标记的声符。因为声符的标记性只与声符的字形特征有关，而形符的标记性除了与形符的字形特征有关，还与形符的意义有关。

上下结构是有标记的结构，倾向居上位的形符和声符有共同的形体特征，主要表现为：（1）字形本身已是两部分构成的左右结构，所构形声字取上下结构是为了字形整体的匀称、美观，这样的字符放在上位，下部可以留下足够的空间安排另一部分。（2）字形含有向下、向外伸展的笔形，放在上位，对下面的字符有一种包容的感觉，字形显得更紧凑。这都说明居上位是由字符的形体特征所决定的。

有的形符是独体结构，在左右结构中倾向居左，但在上下结构中总是居上位，不受声符的限制，如"日""山"等。这是因为太阳、山都是在高处的，"日""山"居上位与意义有关，是客观现实的反映。倾向居下位的形符一般也与形符的意义有关，如表示器物的"皿""鬲"等，器物是可容受的，东西要置于其上，因此这些形符居下位也是客观现实的反映。

形符和声符不对称的特殊结构是标记性最强的。特殊结构是由形符或者声符的字形特征决定的。比如"厂""户""广"和"疒"都要求另一半置于右下的空位,前者是形符,后者是声符;"敩""尉"都要求另一半置于右下部,前者是形符,后者是声符;"衍""辡"都要求另一半插入中间,前者是形符,后者是声符。"髟""頃"都把自身的一部分上移,留下空当给别的字符,前者是形符,后者是声符。有些字符无论作形符还是作声符都居同样的位置,如"户"要求另一半置于右下的空当,"門"要求另一半置于其内部的空当。由此说明,特殊结构只跟字符的形状特征有关,跟作形符还是声符无关。

综上所述,特殊结构是标记性最强的,由字符的形体特征决定,跟作形符还是声符无关。上下结构是有标记性的结构,由形符或声符的字形决定,声符居上位只与字形有关,而形符居上位还是下位不仅与字形有关,还与意义有关。左右结构中左形右声是无标记的,左声右形是有标记的。要求居右的形符是有标记的,多数与意义有关,少数与字形有关。要求居左的声符只有一个"爿",是有标记的,"爿"要求居左与字形有关。

(四)左形右声成为形声字常规模式的内在原因

无标记的是常规的,也是最自然的。为什么汉字形声字左形右声成为无标记的结构模式,而其他形式都是有标记的组合?

我们知道,在甲骨文和金文中,形声字形旁的位置并不固定,在左、在右、在上、在下,经常可以形成不同的异体结构。甲骨文、金文是象形性较强的文字,字符的位置、大小都能起到示义的作用,比如"替"字就是由两个"大"(象人形)组成,而两个"大"一大一小,形成两个人形一前一后的透视效果,表示前后兴替。如果两个"大"字大小相同,则是二人并排而立的效果,组成另一个字"並"。形声字由形旁和声旁构成,但是从形声字的产生过程来看,大多数形声字是由假借字后加别义的形旁而成的,因此,在形声字中,形旁和声旁的地位并不对等,声旁是第一位的,形旁是第二位的,去掉形旁,声旁仍然可以独立记录这个词,但是,去掉声旁,形旁则是另一个字,记录的是别一个词。后加的部分往往写得小一些,可以加在原字周围任何一个位置上。

在形声字逐渐成熟的过程中，形旁慢慢固定在左侧，这与人的认知和生活习惯有关。因为一般人都是右手比左手力量大一些，左轻右重符合一般人的生活习惯，视觉上左轻右重也符合一般人的审美习惯。一般情况下，形符字形比较简单，声符字形比较复杂，左形右声符合左轻右重的审美习惯，所以左形右声就成为无标记的形声字结构模式。而字形比较复杂的形符往往倾向于放在右边，如"鸟""隹""虎"等，声符"爿"居左也与其字形比较简单有关。

五、小篆文字系统的分析

小篆的基本字素300个左右，大部分来自象形和表意符号，其功能以表义为主，字形来源不明或功能以表音为主的基本字素大概有60个左右，占基本字素总数的20%，说明小篆文字系统的基础仍是象形表意字。因此，小篆仍属于表意文字体系。

《说文解字》共收入小篆9353个字，但是其中有些并不成字，因为作部首的原因，所以列为字头，如：丶、丨、丿、乀、亅、乚等；有些是异体字，被当作两个字，如"𨛜"是"邑"的反体，"𨞓"是"阝"的反体，"爪"为"爪"的反体，"儿"是"人"的异体，"大"是"大"的异体，"瓺"是"盎"的异体，"娿"是"婉"的异体，"宖"与"宏"为异体，"嚞"与"啫"为异体，"灛"与"灡"为异体，"䴡"与"顚"为异体，"陮"与"崔"为异体，等等。去掉这些非字，异体重出的字合并处理，《说文解字》小篆实际字数9300个左右。

在这9300个左右的字当中，含有表音成分即声素的字有8000个左右，占总字数的85%左右。这就是说，小篆的文字结构以义素和声素合成为主。因此，小篆的文字系统主要是形声系统。

虽然从理论上讲，每一个成字都有可能作为义素和声素再去构造新字，但是，小篆的义素系统和声素系统只有小部分重合，义素和声素有明显的分工趋势。这是汉字形声系统成熟的标志。

小篆中，义素和声素合成构字时，义素和声素的位置已经固定下来。义声合成的字也就是一般所说的形声字，字素的平面位置最常见的是左右并列和上下叠置，绝大部分的义素位于左或上的位置，声素位于右或下的位置。这是由于一般来说，义素的形体相对简单，而声素的形体相对复杂，左轻右重、上轻下重符合一般的审美心理。

但是，也有一些字素无论作义素还是声素，其位置都固定在一边。如"隹"和"鸟"总是位于左右结构的右边，与这两个字字形比较复杂有关系。"页""欠""见""又"等总位于左右结构的右边，与这几个字形的构造有关。"页""欠""见"下边都是人的变体，小篆中位于左右结构的左边和上下结构的上边的"人"是正体，位于左右结构的右边和上下结构的下边的"人"是变体。"页""欠""见"本就是由"人"在下边位置的变体构成，所以总是居于右边和下边。"又"是手形，人以使用右手为多，所以以右手之形为常体，左手之形位于左边，右手之形位于右边。包括由"又"构成的字素"殳"和"支"也总是位于右边。

有些特殊结构跟字素本身的形体特点有关。如"門""囗"总是把别的字素包围在里边，是因为字形本身有一个框；"行""珏""辡"把别的字素夹在中间是为了避免相同符号在一起。

总之，小篆的基本字素只有300个左右，而成字达到9300个左右，说明小篆的系统性相当强。小篆极强的系统性又表现为义素系统和声素系统的层级性，达到了五级。这样严密的层级系统，使得小篆不必增加基本字素就可以任意创造新字。小篆字素位置的固定，说明小篆已经达到定形化和规范化。一个文字系统的先进性和成熟度就取决于它用少量基本字素生成新字的能力以及文字的定形化、规范化。以此来衡量，小篆汉字系统已经发展到成熟、完善的阶段。

第六章　汉字字与词的对应关系

汉字是表词文字，原则上一个字对应一个词，一个词应该只有一种固定写法。但是汉字历史悠久，通行的地域辽阔，使用的人口众多，在汉字的历史上，字和词并不总是一一对应的，存在一个字记录多个词或一个词有多种写法的复杂现象。

第一节　一字多词

一字多词就是一个字表示多个词，一个字记录的多个词有同音词，也有的不是同音词。

一、造字之初的一字多词

在汉字的早期如甲骨文时期存在着一个字代表多个意义相关的词的现象，如：

"隻"，甲骨文作 ，象一只手抓着一只鸟，既表示禽类的量词{zhī}，又表示抓获的{huò}。这两个词的意思都能从字形反映出来。后来抓获的{huò}写作"獲"，分化成二字。

"帚"，甲骨文作 ，象扫帚之形，应是"帚"字，但甲骨文多用来表示妇女的{fù}，因为妇女居家，扫帚是她们的日常用具，因此，扫帚又代表妇女。后来妇女的{fù}加"女"写作"婦"，与"帚"分化成二字。

"月"，甲骨文写作 或 ，象半月之形，这个字同时也表示夜晚意思的{xī}，因为夜晚以天上有月亮为特征，看到月亮就知道是晚上，所以可以用月亮之形代表{xī}这个词。后来用两个异体写法进行分工， 为月亮之"月"，而 为夜晚之"夕"，"月""夕"分化为二字。

一个字代表多个意义是文字早期的常见现象。因为早期文字都是象形表意字，形体表示的意义往往不是唯一的，可以表示多个相关的意义，所以一个字形表示多个意义是很自然的。这时候的文字还依赖于形体表意，读音可能也不固定。当文字进入表词的阶段，字形和语言中的词形成固定联系，形体本身的显义性不再重要。此时，一个字形表示读音不同的两个词就和文字的表词性质相矛盾，也会给书面交际带来困难，造成混乱。因此，利用各种方法进行分化，使得文字保持一字一词的对应，就成为文字发展的必然趋势。汉字中的这种情况即便是甲骨文中也不多见，说明甲骨文已经是比较成熟的表词文字。

二、同源分化词共用一个字形成一字多词

词汇发展的一个重要方式是同源分化。语言产生之初，概念的命名是随意的约定俗成，即《荀子》所说的"名无固宜，约定俗成谓之宜"。但是，语言的基本词汇系统形成之后，在发展的过程中，新的概念的命名就会受到已有词汇系统的影响，以已有的词为源头，采取同音或音转的方式来给新的概念命名。词是音义的结合体，如果用同样的语音形式来命名相关的概念，一般视为一个词的词义的引申发展，构成多义词。汉语中大部分词都是多义词。如果用相近的语音形式来命名相关的概念，一般视为有相同来源的两个词。词的同源分化以音转为标志。如年长的"长zhǎng"和长久的"长cháng"，因为语音形式的不同被视为两个词。"长zhǎng"和"长cháng"古音只有声调不同，意义显然是有关系的，年长也就是活的时间长久，因此是同源分化的两个词。而县长的"长zhǎng"与年长的"长zhǎng"则被看成是一个词的两个义项，当然这两个义项之间有引申关系，因为过去长官一般由年长的人来担任，所以也叫"长zhǎng"。由此看来，语音形式是决定词分化的显性标志。文字是记录语词的，晚于词的发展，很多时候词汇已经分化成两个形式，但是文字上仍然共用一个书写形式，这就形成一字多词现象。

这样的一字多词有的一直沿用到今天，比如上面说的"长zhǎng"

和"长cháng"。

有的后来从文字上再行分化，比如"解"原来代表分解的{jiě}和松懈的{xiè}，是音义同源的两个词，后来松懈的{xiè}增加"心"旁写作"懈"，从而与"解jiě"分化为二字。

还有的部分词义分化造字，部分词义仍使用同一个字。比如"朝"甲骨文作 ，是太阳已从草木林中露出，月亮还挂在天上的清晨景象，表示早晨的{zhāo}。早晨海水从大海涌向岸边叫作"潮"，与之相反傍晚的潮水叫作"汐"，"潮"从"朝"加"水"分化，"汐"从"夕"加"水"分化。而引申义朝向的{cháo}、朝拜的{cháo}，没有分化造字，与早晨的{zhāo}共用一个"朝"字。

三、同音假借造成的一字多词

（一）本无其字的假借

假借是早期文字普遍采用的据音用字的记录语言的方法。语言中都存在没有实际意义的虚词或表达语法意义的音缀，这些语言成分只有音，没有义，用象形表意的方法无法表现，要想记录这些语言成分，必须借助已有的字形。因此，自源的文字系统在早期都曾经采用过假借记词的方法。

有的文字因为同音假借，原来的象形表意字变成了标音符号，因而改变了文字的性质，成了表音文字。但是汉字的假借不是随意的同音借用，一个词借用哪个同音字，是固定的。如果某个词总是假借某一个字来记写，渐渐地约定俗成，固定下来，那么字和词之间就建立起固定的联系，假借义和本义一起成为这个字的固定意义，这就造成一字多词。但是文字系统仍然是表词文字。

汉字假借造成的一字多词后来的发展有三种结果。一是假借义成为字的专用义，本义另造新字，仍然维持一字一词。如"莫"是"暮"的本字，假借为否定词"莫"，本义加形符"日"作"暮"，与"莫"分为二字。二是本义已失，假借义成为专用义，仍然维持一字一词。如"我"，甲骨文作 ，本是一种兵器，但甲骨文中都用为第一人称代词，本义所代表的词早已不在语言中使用。三是假借义与本义并存，构成一字多词，但是一字代表的多个词一般不会是共时平面的常用词，如"豆"甲骨文作豆，象高足盘之形，今假借为植物名，食肉器"豆"只在古汉语使用，今天已不见使用。

（二）本有其字的通假

汉语中还有一种"本有其字"的假借，比如，早晚的"早"典籍中写作"蚤"，屈伸的"伸"典籍中写作"信"，为了与"本无其字"的假借相区别，称为"通假"。

通假和假借本来并没有实质上的不同，其本质都是同音借用。一个字在记写本词的同时，还借用来记录别的词，而且，这种借用不是个人的随意所为，而是得到社会认可的，是固定下来的，成为这个字的一个稳定的用法，因此这个字就具有了同时记写两个词的功能，其结果就会造成一字多词。所以，在字典中，通假义也列为一个字的固定义项。比如"蚤"既表示跳蚤的"蚤"，又通作早晚的"早"，如《论衡·问孔》："颜渊蚤死。"还通作手爪的"爪"，如《荀子·大略》："争利如蚤甲而丧其掌。"

通假字多出现在秦汉以前的文献中，反映了汉字系统在发展过程中的用字混乱现象。秦始皇"书同文字"之后，尤其是东汉《说文解字》一书出来之后，每个字的形音义的关系固定下来，汉字的使用有了规范，通假现象就越来越少了。即使后世的书籍中有人仍然使用通假字，那也是因为崇古、复古，沿用先秦古籍中的通假字。因此，通假只是文献用字的问题，现在的社会用字并不允许使用通假字。只是有些成语中保留通假字的写法（如"流言蜚语"的"蜚"），那是由于成语本就是文献中早已定型的东西，惯性使然。

（三）汉字简化的同音替代

汉字简化的方法之一就是用形体简单的字替代形体复杂的同音字，结果造成一字表示两个或多个同音词。如"后"既是前后的"后"，又是君后的"后"，而前后的"后"繁体作"後"，与君后的"后"本不同字，简化使得二字混同，一字二词。

"干"本是兵器的象形,即干戈的"干",假借表示干支的"干"。树干的"干"繁体作"榦",又作"幹";干湿的"干"繁体作"乾",简化都用"干"来替代,造成一个"干"字表示多个不同的词。

这样的例子还有很多,诸如"谷"本是山谷之"谷",又用来代替五谷之"穀";"里"是乡里之"里",又用来替代里外之"裏",等等。这样的简化使原来几个字的功能合并,由一字一词变成了一字多词。

第二节 一词多字

一词多字就是一个词有多种书写形式,包括以下几种情况。

一、异体字

异体字是形体不同而记词功能相同的字,是为同一个词造的不同形体的字,因此,异体字是音义完全相同,只是形体不同,书面中可以随意换用的字。如:遍—徧,睹—覩。

形成异体字的根本原因在于汉字成非一时,造非一人。不同的造字者采用不同的方法、构件为同一个词造字,如果各自造的不同形体的字都在社会上流行,就会形成异体。《说文解字》中就收录了一些异体字。如:

《说文解字·言部》:"诉,告也。从言,庐声。……謫,诉或从言朔。愬,诉或从朔心。"

《说文解字·辵部》:"迹,步处也。从辵,亦声。蹟,或从足责。速,籀文迹从朿。"

由于文字的使用是一种社会现象,虽然历代政府也做过一些文字规范工作,但是在汉字历史上,民间使用的汉字始终存在着异体,或曰俗体、别体。

异体字的形体差异,分结构上的差异和书写上的差异两类,前者称为异构,后者称为异写。

异构主要表现为构字成分的不同和构字方法不同,这是造字的异体,从形体来看就是两个字,如果不了解其间的关系,容易当成不同的字来理解。

（1）构字成分的不同，主要是形声字的形符不同、声符不同或形符声符都不同

  盘—槃—盤 唇—脣 猨—蝯 哲—悊 驱—敺

  歌—謌 歎—嘆 裸—躶 炮—砲 迹—跡

  俯—俛 訛—譌 啼—嗁 韵—韻 猿—猨

  村—邨 腿—骽 视—眎 猿—蝯 迹—蹟

（2）构字方法不同

  灶—竈 泪—淚 野—埜 岳—嶽 膻—羴

异写是书写的原因或字形演变造成的形体差异，异体之间的形体关系比较明显。包括：

（1）相同构字成分位置变化造成的异写

  惭—慙 胁—脅 群—羣 秋—秌

（2）形体简化造成的异写

  螆—蚊 靁—雷

（3）隶变定形不同造成的异写

  年—秊 春—萅

（4）讹变造成的异写

  净—凈 厦—廈

（5）为书写方便改变笔形或改造字形而成的异写

  吴—吳 冰—氷 弔—吊

有的异体字是两种类型的结合形式。如："溪"和"谿"，"裙"和"帬"，既有构字成分的不同，又有位置的不同。

二、古今字

段玉裁在《说文解字》"谊"字下注曰:"凡读经传者,不可不知古今字。古今无定时,周为古则汉为今,汉为古则晋宋为今,随时异用者谓之古今字。"又在"义"字下注:"古者威仪字作'义',今仁义字用之。仪者,度也,今威仪字用之。谊者,人所宜也,今情谊字用之。郑司农注《周礼·肆师》:古者书'仪'但为'义',今时所谓义为'谊',是谓'义'为古文威仪字,'谊'为古文仁义字。"段玉裁所谓的古今字指用字的历时替换,比如正义、仁义的{yí}原来用"谊"字,后来用"义"字;而威仪、仪度的{yí}原来用"义"字,后来用"仪"字。

用字的历时差异更多的体现在古今分化字。由于词义的引申、同源分化,以及文字的同音假借,在汉字的历史上有很多一字多词的现象,为了维持汉字的一字一词,区别词义,后来给其中的一个词另造一个字,进行分化,对于这个词来说,它先后有过两种不同的写法,原先的写法为古字或本字,后来的写法为今字。比如:

"益",从"皿"从"水",表示水从器皿中溢出,是"溢"的本字,引申有增益、更加等词义,为了区别,给本义增加"水"旁,写作"溢"。这样,对于溢出这个词义来讲,先后有过两种写法"益—溢",前者是古字或本字,后者是今字。

"藏",动词义为收藏,读平声cáng,名词义为藏东西的地方,音转为去声zàng。人体内的心、肝、脾、肺、肾,被认为是储藏精气的地方,称为"五藏(zàng)"。《素问》中的《六节藏象论篇》《五藏生成篇》《五藏别论篇》《藏气法时论篇》都写作"藏",后加"肉"旁作"臟"。对于五脏这个概念,"藏"是古字,"臟"是后起分化字。

"其",甲骨文象簸箕之形,是"箕"的本字,假借表示代词"其",为了区别,本义加形符"竹",写作"箕"。对于簸箕的{jī}来讲,前后有过两种写法"其—箕",前者是古字或本字,后者是今字。

今字是为区分一字多词或一字多义从古字分化出来的,今字产生的

方式一般有三种:

(1) 在古字基础上增加形符，这是最常见的方式

受—授	臭—嗅	买—卖	丞—拯	责—债	景—影
解—懈	奉—捧	亨—烹	贾—價	竟—境	莫—暮
縣—懸	见—现	内—纳	反—返	藏—臟	府—腑
齐—剂	差—瘥	其—箕	酉—酒	午—杵	求—裘
衰—蓑	它—蛇	卒—猝	栗—慄	难—儺	俞—腧
鬲—膈

(2) 改变古字的形符成为今字

说—悦　赴—讣　张—胀　没—殁　振—赈

(3) 增减笔画或改变笔画

句—勾　陳—陣

此外，也有的今字是在古字基础上增加声符，如"食—饲，自—鼻"；或造新的形声字，如"亦—腋"。

今字有的是为本义造的，如"债""暮"；有的是为引申义造的，如"境""胀"；也有的是为假借义造的字，如"猝""慄"。对于后一种情况，通常把为假借义造的新字叫作后起本字，原来的假借字并不叫古字，而叫通假字。在这个问题上，古今字和通假字发生了交叉。问题的关键是对两个概念的理解。如果我们把古今字定义为：一个词古今有两种不同的写法，后出字与原字有形体上的联系，是从原字分化出来的，这样的记录同一个词义的古今两种写法是古今字的关系，那么"卒—猝""栗—慄""难—儺""俞—腧""鬲—膈"之类，当然是古今字关系。如果定义为：形体上能反映字义的字才是本字，那么，后出的本字就是唯一的本字，原来的假借字只是临时借用，也就是通假字。

三、通假字

通假就是"本有其字"的假借，为了与"本无其字"的假借相区别，称为"通假"。

通假的原理与假借一样，是同音（或音近）借用。本无其字而借用同音字，可以理解，在已有本字的情况之下借用同音字，是为什么呢？

1. 为了书写方便，借用笔画简单的别字，如：

《诗经·鄘风·柏舟》："之死矢靡它。"矢，通"誓"。

2. 出于避讳和委婉，特意避开某些字眼，选用别的同音字，如：

《史记·廉颇蔺相如列传》："廉将军虽老，尚善饭，然与臣坐，顷之，三遗矢矣。"矢，通"屎"。

3. 仓促之间不知本字而写别字，如：

《左传·昭公二十五年》："戮力一心。"戮，通"勠"。

以上三点说的都是"本有其字"而不用的主观原因，客观上，有些所谓的本字是后来才固定下来的，比如"早"字，《说文解字》："晨也。从日在甲上。"但甲骨金文中不见"早"字，出土文献中"早"见于战国秦简和汉代简帛，先秦典籍中"早"都假借"蚤"字，如《诗经·豳风·七月》："四之日其蚤。"《仪礼·士相见礼》郑云注："古文伸作信，早作蚤。"这样的假借原来也是本无其字的，不过后来为它又造了专字。

"伸"字，《说文解字》："屈伸。从人，申声。"经传中写作"信"或"申"。"申"甲骨文作🙂，象闪电之形，是"电"的本字，表示干支的"申"、屈伸的"申"都是假借，同时也假借"信"表示屈伸的"伸"。"伸"是假借字"申"加"人"旁分化而成的后起本字。

更多的通假字是同声符的字之间的通假。汉字的形声字经历了很长时间的发展过程，假借字增加形符来别义或源字增加形符区别同源分化的词，是形声字产生的两个重要因素。春秋战国到秦汉正是形声字迅速发展、逐步成熟的时期。汉字的形声系统是到小篆才完善成熟的，很多形声字的形符也是到小篆才固定下来的，在此之前形符不定，可用可不用，表现在文字使用上，就是我们看到的同声符的字之间的通假。比如："卒"通"猝"、"栗"通"慄"、"难"通"攤"、"俞"通"腧"、"鬲"通"膈"等，所谓本字都是后来在假借字的基础上增加形符固定下来的；而"张"通"胀"或"帐"、"判"通"畔"、"齐"通"剂"、"差"通"瘥"等，所谓本字都是后起的同源分化字。在这里,通假字和古今字发生了交叉。通假是以后人的眼光对不同于现时用字习惯的现象做出的解释,古今字是从文字发展的角度对文字关系做出的分析,观察和分析问题的角度不同,对同一种文字现象就会做出不同的理解。

通假用字主要发生于秦汉以前,是汉字系统在发展阶段必然会出现的现象,与本无其字的假借没有本质的不同,都是由文字的本质属性所决定的。文字是记录语言的工具,语言的物质形式是语音,因此文字记录语言是以语音为媒介的。同音字记的是同一个语音形式,在日常书写时写同音别字的现象比比皆是,我们从地下出土的睡虎地秦简中的实际用字可以看出这种现象。

睡虎地秦简中的同音通假字(括号外是实际用字,括号内是应该写的本字):

路(露)者(诸)离(籬)兹(慈)胃(謂)
皆(偕)奇(倚)旨、者(嗜)星(腥)
柏(白)精(青)减(咸)视(示)駕(加)
攻(功)臂(壁)削(宵)耦(遇)籥(鑰)
俭(险)阳(扬)酢(詐)考(巧)浴(俗)
爽(霜)则(戾)米(寐)鼠(予)麋(眉)

如上所见,简帛文献中存在着任意通用的现象,这是文字处于发展时期,社会规范化程度不够的表现。以上这些同音别字大都没有沿用下来,与我们今天日常写的别字一样,是自发的,五花八门,不具有社会通用度。而先秦经典文献中的通假字具有社会通用度,这跟权威的示范作用有密切关系。比如"早""伸"这样的所谓本字是后出的,这样的写法固定下来需要一定的时间,在此之前,普遍借用"蚤""信"字,由于这样的写法是写在经传里的,被后来的人当作神圣不可更改的,所以当"早""伸"已经成为固定写法的时候,"蚤""信"的写法仍然被社会所认可。也有一些古人写的别字,因为经典的权威作用被流传下来。比如"蜚",据《说文解字》是一种虫,古代常常借"蜚"为"飞",如《韩非子·外储说左上》:"墨子为木鸢,三年而成,蜚一日而败。"在汉代的文字材料里，借"蜚"为"飞"的情况极为普遍。今天，虽然通假字已不再使用，但是在一些成语、熟语如"流言蜚语""蜚声海内"里，仍然沿用"蜚"字。这种习惯力量是很强的，以至于有人总想找出用这个字的正当理由，有人认为"蜚"是小虫子，可能这种虫子会飞，所以可以用来表示"飞"。

医学经典著作《难经》讲到人体的消化道有七个门户，称作"七冲门"，其中嘴唇叫作"飞门"，肛门叫作"魄门"，这两个概念一直沿用下来，前人对此做了很多解释。比如有的解释说嘴唇上下开合，就像飞一样，所以叫"飞门"；肛门是魂魄的最后门户，所以叫"魄门"。这样的解释实际是在为古人写别字做辩解。凡是门户，都可开合，为什么单单嘴唇叫"飞门"？其实，这个"飞"应该是"扉"字，嘴唇是最外边的门户，叫"扉门"，牙齿是第二道门户，叫"户门"，二者相对，一外一内；而"魄门"则是"粕门"，即排泄糟粕的门户。古人写的别字沿用下来就是通假字。

王引之《经义述闻叙》说："经传往往假借。"并非只有经传才用通假字，而是经传中的通假字因为经传的权威地位被社会所认可，甚至模仿，因而得以流传。经过秦汉的统一文字和正字运动，尤其是《说文解字》的出现，文字的使用渐趋规范，通假字的使用渐渐减少了。陈澧《东塾读书记》："《说文》既出，而用通借字者少矣。"魏晋以后，一些人由于好古，仍然使用通假字，但都是沿用先秦两汉已有的通假字。个人临时借用的同音字，得不到社会的承认，因而不能在社会上流行，所以不能叫作通假字。

第三节　同形字

同形字的概念是仿同音词而来的。词的形式是读音，内容是意义。同音词指形式相同而内容不同，也就是读音相同而意义无关的两个词。字的形式是字形，内容是它所代表的词。同形字指形式相同而内容不同，也就是字形相同而所代表的词没有关系的两个字。同音词不是一个词，只是读音相同；同形字也不是一个字，只是字形相同。因此同形字与第一节所讲的一字多词不是一回事。一字多词相当于语言中的多义词，同形字相当于语言中的同音词。一字多词和同形字的关系相当于多义词和同音词的关系。多义词的各个义项之间有引申关系，一字多词所代表的各个词之间有同音假借或同源分化的关系；同音词词义之间没有引申关系，同形字所代表的词之间没有音义关系。因此，从字词对应的角度来看，同形字其实是两个字，只是两个字的写法相同而已，所以叫"同形字"。

同形字分造字的同形和字形演变造成同形两类。

一、不同时期造字偶合形成同形字

"份"，《说文解字》："文质备也。从人，分声。《论语》曰：文质份份。""份"音bīn，也作"彬"。后世"分（fēn）"加"人"旁造出的分化字"份（fèn）"恰巧与"文质份份"的"份（bīn）"同形。

"听"，《说文解字》："笑貌。从口，斤声。"读yǐn。《史记·司马相如列传》："无是公听然而笑。"今为"聽"新造的简体字"听"正好与其同形。

"体"，《广韵》："粗貌，又劣也。蒲本切。"今音bèn，粗笨的意思。《通鉴·唐纪懿宗咸通十二年》："赐酒百壶，饼馐四十橐驼，以饲体夫。""体（bèn）夫"，指抬灵柩的人。今为身体的"體"造的简体字"体"正好与其同形。

这些字的同形是不同时期造字的偶合，因为是不同时代的用字，所以不会造成书面交际的混乱。比如"文质bīnbīn"今天写作"文质彬彬"，已不写"份"，所以"分"的分化字"份"不会跟它相混；表示笑模样的"听（yǐn）"今天已经不再使用，所以不会跟"听（tīng）"相混；粗笨意思的bèn今天也不再写成"体"，而是写作"笨"，所以不会跟身体的"体（tǐ）"相混。但是，今人读古代的书籍时仍然需要注意，不能用今天的字去读古代的词。

二、字形演变造成的同形

（一）隶变偏旁混同造成同形字

胄裔的"胄"小篆作𦝴，从"肉""由"声；甲胄的"胄"小篆作𩇨，从"冃""由"声。小篆这是两个完全不同的字，隶变后偏旁"肉""冃"与"月"混同，两个字都写作"胄"。再加上二字恰好同音，今天很少有人知道它们原本是两个字了。

狭隘的{xiá}小篆作陜，《说文解字》："陜，隘也。从阜，夾声。"陕西的{shǎn}小篆作陝，《说文解字》："陝，弘农陝也。古虢国王季之子所封也。从阜夾声。"二字所从的声符在小篆中是不同的两个字，一读jiā，一读shǎn。隶变后这两个偏旁混同，使得两个字也变得同形。为区别，狭隘的{xiá}后来借用同音字"狭"。

（二）汉字简化造成同形字

"医"和"醫"在《说文解字》中是两个不同的字，《匚部》："医，盛弓弩矢器也。从匚，从矢。《国语》曰：'兵不解医。'"《酉部》："醫，治病工也。""醫"简化作"医"，与盛弓弩矢的器物"医"同形了。

"么"是"幺"的异体，小的意思；"麼"简化作"么"，与读yāo的"么"同形。

"仅"是"付"的异体；"僅"简化作"仅"，与"付"的异体字"仅"同形。

同形字分历时同形和共时同形两类。历时同形，即不同时期使用的两个字同形；共时同形，即同一时期使用的两个字同形。大部分同形字都是历时同形，因为历时同形字不会造成共时书面交际的混乱。而共时同形字因为容易造成误解和书面交际的混乱，所以自然会尽力避免，比如表示窄义的"陝xiá"因为跟陕西的"陝shǎn"同形而改写作"狭"；"醫"简化作"医"是因为盛弓弩矢的器物"医"今天已经不用了；"麼"简化作"么"，当小讲的"幺"一般就不再写作异体"么"；"僅"简化作"仅"，交付的"付"就不再写作"仅"了。

第四节 字词关系的历时变化

我们今天使用的汉字大部分是历史传承下来的,不但字形、结构有变化,字形和音义的对应关系也在不断变化。研究每一个字的历史,不但要厘清字形演变的线索,还要厘清字词的对应关系。下面通过一些字例分析汉字在历史上字词关系和字际关系的调整。

1. 羴羶膻襢但袒組绽

《说文解字》收录了"羴""羶""膻""但""袒""組"六字,"羴"与"羶"为同一字头的异体,而"膻""但""袒""組"则分列为不同的字头。

《说文解字·羴部》:"羴,羊臭也。从三羊。凡羴之属皆从羴。羶,羴或从亶。"式连切,读shān。

《说文解字·肉部》"膻,肉膻也。从肉,亶声。《诗》曰:膻裼暴虎。"段注:"今《诗》作襢,作袒。"《说文解字》的"膻"是身体裸露的意思,徒旱切,读tǎn,此音义后多作"袒"字。又《人部》:"但,裼也。从人旦声。"《衣部》:"裼,袒也。"字头作"但",释义用"袒",说明后来通用的"袒"字在《说文解字》作"但"字。《说文解字》"膻""但"同音,都是徒旱切,意义相同,实为同一个词,即今之"袒"。因此,《说文解字》的"膻""但"实为异体关系。

《说文解字·衣部》:"袒,衣缝解也。从衣,旦声。"丈苋切,读zhàn。此音义通用字作"绽"。《礼记·内则》:"衣裳绽裂。"注:"绽,犹解也。"又《说文解字·糸部》:"組,补缝也。从糸,旦声。"丈苋切,读zhàn。此音义也写作"绽","绽"是"組"改换声旁的异体字。段玉裁《说文解字注》:"《古艳歌行》曰:故衣谁当补,新衣谁当绽,赖得贤主人,览取为我組。谓故衣谁则补之,新衣谁则缝之,赖有贤主妇见而为补缝之也。绽字古亦作組,浅人改之。"《说文解字》"袒""組"同音,"衣缝解"与"补缝"是有逻辑引申关系的两个义项,如同缝隙的"缝"(fèng)和缝补的"缝"(féng)之关系,"衣缝解"与"补缝"可以看成"zhàn"这个词的两个义项，则"袒""組"实为记录同一词位的异体字。

衣服绽裂的{zhàn}与袒露身体的{tǎn}，音义并非无关，衣服裂开则身体裸露出来，衣服绽裂是无意的，袒衣露肉是有意的，人为的。{tǎn}写作"膻"，从"肉"，着眼于裸露肉体；写作"但"，从"人"，着眼于人的行为；又写作"袒"，从"衣"，着眼于不穿衣服，"袒"可以认为是"但"的换旁异体字。"袒"还有一个改换声旁的异体"襢"，《说文解字》引《诗》"襢裼暴虎"，段注"今《诗》作襢，作袒"，从"衣"。因此，袒露意义的{tǎn}实际存在"膻""但""袒""襢"四个异体。相比于从"人"的"但"，从"衣"的"袒""襢"和从"肉"的"膻"表义更明确；相比于表义同样明确的"膻"和"襢"，"袒"写法更简单，因此在"但""膻""袒""襢"四个异体的竞争中，"袒"更容易取得优势，成为袒露意义的通用字。

衣裳裂缝的{zhàn}本写作"袒"或"組"，或从"衣"或从"糸"，因为从衣的"袒"通用为袒露的{tǎn}，为避免共时同形字，裂缝的{zhàn}则写作从"糸"的"绽"，"绽"为"組"改换声旁形成的异体字，后成为绽裂的通用字。

羊身上的气味{shān}写作"羴"或"羶"，凸显其属于羊的特点；又作"膻"，从"肉"，是因为通常这种气味在吃羊肉时感觉明显，"膻"（shān）与"羴""羶"构成异体关系，表示同一个词位。羊肉味的"膻"（shān）与肉体裸露的"膻"（tǎn）是同形字关系，分属不同的词位。共时同形字是应该尽力避免的，羊身上的气味{shān}可以写作"膻"，说明当时肉体裸露的{tǎn}已不写作"膻"了，而是写作"袒"。

以上字词关系和字际关系的调整肇始于"但"义的引申和虚化，"但"由不穿衣服引申出"徒、只"义，音转为dàn，这个意义比较抽象，由偏旁表义笼统的"但"字承担。"徒、只"义的"但"是常用词，为避免"但"字负担过重，但裼的{tǎn}写作从"衣"而表义更明确的"袒"。"但"字字词关系调整造成的缺位由"袒"字填补，而"袒"字字词关系调整造成的缺位则由"绽"字填补。袒露的{tǎn}通用"袒"字又解放了"膻"字,从"肉"的"膻"不再用于裸露义,羊肉味的"羴""羶"才会出现从"肉"的异体"膻"。此外,该字形还用于中医穴位名称"膻(tán)中"。以上变化是相互关联的,造成汉字系统内几个字的字词关系调整。见下表:

音义	shān 羊肉味	tǎn 裸露身体	zhàn 衣缝裂,补衣	dàn 徒、只	tán 膻中穴
《说文解字》本字	羴羶	膻但	袒组		
历史用字	羴羶膻	膻但袒襢	组绽	但	膻
今规范字	膻	袒	绽	但	膻

2. 鬻粥糜賣賣

《说文解字·䰜部》:"鬻,键也。从䰜,米声。"武悲切。段注本作"从䰜米",之六切。武悲切音mí,之六切音zhōu,是两个不同的词,但是用同一个字形书写。《米部》:"糜,糁也。从米,麻声。"段注:"以米和羹谓之糁,专用米粒为之谓之糁糜,亦谓之鬻,亦谓之饘。《食部》曰:饘,糜也。《释名》曰:糜,煮米使糜烂也,粥淖于糜,粥粥然也。引申为糜烂字。""鬲"是煮饭的器具,两个"弓"像煮饭时冒出的蒸汽,因此䰜部的字大都与饭食有关,如"鬻"即今之"煮"字。"鬻"从"䰜"从"米",读mí是形声字,"米"是声符;读zhōu是会意字,"米"是义符,表示锅里煮米成粥。因此《说文解字》"鬻"字记录了两个同义不同音的词,是同形字。读mí的"鬻"与"糜"是表示同一个词的异体字。读zhōu的"鬻"俗省作"粥",则"鬻""粥"是繁简字的关系。

《说文解字·贝部》:"賣,衒也。从贝,睿声。睿,古文睦,读若育。"余六切,音yù。"衒"为"䘕"之或体,《行部》:"䘕,行且卖也。"《出部》:"賣,出物货也,从出,从买。"《贝部》:"買,市也,从网贝。""買"本兼买卖二义,加"出"分化出"賣"字,"賣"上部的"士"是"出"的变形。"賣mài"与"賣yù"小篆本是两个不同的字形,隶变后混同,成为同形字。为了避免共时同形字,"yù"假借"鬻"来书写,如"卖儿鬻女"。文献中"yù"不再用"賣"字，但是在偏旁中，我们仍可见到它的影子，如"讀櫝瀆牘犢續"等字的读音都与賣音无关，实际都是以"賣yù"为声符的。

以上各字形之间的关系在不断变化，字际关系的调整源于隶书"賣"与"賣"字的混同。"鬻"与"粥"本是一对繁简字；"鬻"又读mí，与"糜"为异体关系；又读yù，是"賣"的通假字。为了区分这三个音义，原是繁简关系的"鬻—粥"分工，"鬻"读yù，承担原"賣"字的职能；"粥"读zhōu，专门记录稀饭的"粥"；而米糊的"mí"则由异体字"糜"来承担。以上字际关系的调整见下表：

音义	zhōu 稀饭	mí 米糊	yù 卖
《说文解字》本字	鬻	鬻糜	賣
历史用字	粥	糜	鬻
今规范字	粥	糜	鬻

3. 某 梅 楳

《说文解字·木部》："某，酸果也。从木，从甘。闕。楳，古文某从口。"段注："此是今梅子正字。"酸果即梅子，本作"某"，异体作"楳"。

《说文解字·木部》："梅，枏也。可食。从木，每声。楳，或从某。""枏，梅也。从木，冄声。"《康熙字典》："枏，或作柟，俗作楠。"可见"梅（楳）méi"与"枏（柟楠）nán"为一物之异名。

段玉裁《说文解字注》："凡酸果之字作梅，皆假借也。凡某人之字作某，亦皆假借也。假借行而本义废。""梅"本指楠木，或作"楳"，为换声旁异体字；梅子之{méi}本作"某"，或作"楳"。后"某"假借为"某人"之"某"，梅子之"某"则加"木"旁作"楳"，与楠木之"梅"的异体"楳"同形又同音，遂与"梅"混用为一字。则"梅"字一形对应两个词：一为楠木，一为梅子，这是同音不同义的两个词。梅子之{méi}能抢夺楠木之"梅"字，最主要的原因是楠木的别名"梅"不常见，而梅子之{méi}是个常用词。以上字词关系的分合和调整见下表：

音义	méi 梅子	méi 楠木	mǒu 代词
《说文解字》本字	槑槑	楳楳	
历史用字	楳槑梅	梅楳	某
今规范字	梅		某

第七章 《说文解字》和历代字书

第一节 许慎和《说文解字》

许慎(约58—147),字叔重,汝南郡召陵县万岁里(今河南省郾城县东)人。性情淳厚诚笃,年轻时即博学经籍,深受大学者马融推崇,时人称曰"五经无双许叔重"。曾作郡功曹,又举为孝廉,迁洨长之职。撰著《五经异义》《淮南子注》和《说文解字》。《说文解字》成为中国文字学的奠基之作,也是两千年来最具权威的文字学著作。

一、《说文解字》产生的背景

《说文解字》这部巨著,是在经学斗争中产生的。今文经学与古文经学之争是汉代学术思想领域中最重要的一场论争。秦以前的典籍都是用六国时文字写的,汉代称六国文字为"古文",用古文书写的经书称为古文经。秦始皇时,把这些用古文字写成的《诗》《书》等典籍付之一炬。西汉初年,一些老年儒生凭记忆把五经口授给弟子,弟子用隶书记下来。隶书是汉代通行的文字,称"今文",用今文书写的经书,称今文经。

后来,躲过秦火的古文经书陆续被发现,这样在汉代经学家中就分成了今文经学家和古文经学家两派。两派的区别不只是所依据的经学版本和文字不同,更主要的表现在怎样使经学为封建统治服务上。今文经学家喜欢对经书做牵强附会的解释和宣扬迷信的谶纬之学;古文经学家则强调读懂经典,真正理解儒学精髓,为此侧重名物训诂,重视语言事实,比较简明质朴。许慎属于古文经学派,他编著《说文解字》是要以语言文字为武器,扩大古文经学在政治上和学术上的影响。

二、《说文解字》的内容和体例

《说文解字》原有十四篇,叙目一篇。正文以小篆为主,收入9353字,还有古文、籀文等异体重文1163字,附在正字之末。9353个字分别归在540个部首之中。每字下面,先解释字义,再分析字形,有的字还说明字音。解说共133441字。《说文解字》在流传中改动较多。现在通行的版本由宋朝徐铉校定,称"大徐本"。大徐本每篇又分成了上下两卷,总共三十卷,收入9431字,增加的字附在每部的最后,注明"新附"。

三、《说文解字》的价值

《说文解字》一书的突出贡献可以概括为以下四点。

(一)建立部首

建立部首是许慎的重大创造之一。汉字是凭借形体来表示意义的,对汉字义符加以分析,把所有汉字都按所属义符加以归类,这项工作,由许慎最先完成了。《说文解字》一共分540部,基本上都符合造字意图。许慎在安排540部的次序上也煞费苦心,把形体相近或相似的排在一起,这等于把540部又分成若干大类。此外,每个部所属的字的排列也依据以类相从的原则。具体说来有三种情况:其一,词义相近的字排在一起;其二,词义属于积极的排在前边,属于消极的排在后边;其三,专有名词先于普通名词。

许慎创造的540部首和一部之中各个字的排列方法,都是从文字学角度出发的,这种排列方法更能体现部首与部首、字与字之间的意义联系,这与后世从检字法角度的分部和按笔画多少分类迥然不同。

(二)训释本义

许慎之前的经学家为经典作注,都是随文而释,所注释的字(词)义,基本上是这个字在一定语言环境中的具体意义和灵活意义。许慎在《说文解字》中紧紧抓住字的本义,并且只讲本义(由于历史的局限,个别字的本义讲得不对），这等于抓住了词义的核心问题，因为一切引申义、比喻义等都是以本义为出发点的，掌握了本义，就能够以简驭繁，可以推知引申义、比喻义，解决一系列有关词义的问题。

此外，许慎在训释本义时，常常增加描写和叙述的语言，使读者加深对本义的理解，扩大读者的知识面，丰富本义的内涵和外延。

（三）分析汉字形音义

许慎在每个字下，首先训释词义，然后对字形构造进行分析，如果是形声字，在分析字形时就指示了读音；如果是非形声字，则常常用读若、读与某同等方式指示读音。汉字是属于表意系统的文字，是由最初的图画文字演变而来的，这样通过字形分析来确定、证实字义完全符合汉字的特点。而语音是语言的物质外壳，文字不过是记录语言的符号，许慎深知"音义相依""义傅于音"的原则，所以在《说文解字》中非常重视音义关系，常常以声音线索来说明字义的由来，这为后世训诂学者提供了因声求义的原则。

（四）以六书分析汉字

在许慎之前，有仓颉依据六书造字的传说。现代文字学家认为，六书是对汉字造字规律的总结，而不是汉字产生之前的造字模式。在许慎之前，仅有六书的名称，没有具体阐述，更没有用来系统地分析汉字。许慎发展了六书理论，明确地为六书下定义，并把六书理论用于实践，逐一分析《说文解字》所收录的9353个汉字，这在汉字发展史和研究史上有着重要意义，确立了汉字研究的基调。

四、《说文解字》对后世字书的影响

《说文解字》问世以后，很快就引起当时学者的重视，在注释经典时常常引证《说文解字》。到了南北朝时代，学者们对《说文解字》已经有了比较完整、系统的认识。唐代科举考试规定要考《说文解字》。唐代以后，一切字书、韵书及注释书中的字义训诂都依据《说文解字》。

五、《说文解字》的版本

《说文解字》早期传本不得而知，有记载最早刊刻者是唐代李阳冰。他在代宗大历年间刊定《说文解字》，但其中掺杂李氏臆说颇多。五代宋初的徐铉、徐锴兄弟二人精研《说文解字》，徐锴的《说文解字系传》是第一种《说文解字》注本，成书于南唐末年，世称"小徐本"。徐锴对李阳冰谬说多有匡正。徐铉于宋太宗雍熙年间奉旨校定《说文解字》，世称"大徐本"。另外，今尚存有唐写本《说文解字》木部残卷一卷，仅188字。清人研治《说文解字》，多以大徐本为基础，同时参校小徐本。大小徐本今天均有中华书局影印本。

第二节 后世研究《说文解字》的著作

《说文解字》成书后，一直受到人们的重视。南北朝时颜之推在《颜氏家训·书证》中曾经提到，当时学术界把许慎和孔圣人并提，可见其重要地位。具体讲来，《说文解字》的影响主要体现在：第一，出现了一系列仿照《说文解字》部首体系的字书；第二，许多学者在他们的著作中大量引用《说文解字》，如李善、孔颖达等；第三，后人对《说文解字》进行了大量的研究工作，成果浩浩荡荡，蔚为壮观，遂成为专门之学——说文学。

一、唐宋时期对《说文解字》的刊定和研究

根据史籍记载，对《说文解字》的研究开始于南朝。当时，梁代的庾俨默著有《演说文》，《隋书·经籍志》列有《说文音隐》四卷，这些都是专门研究《说文解字》的，但是均亡佚了。唐代的李阳冰是今天知道的最早对《说文解字》进行全面整理和研究的学者。宋初的徐氏兄弟（兄徐铉，弟徐锴）对《说文解字》研究做出过重大贡献，我们现在通常可以见到的《说文解字》全本，就是二徐刊定的本子。

（一）李阳冰的《说文解字》研究

李阳冰，字少温，约生于唐开元年间，卒年不详。赵郡（今河北赵

县）人。李阳冰工篆书，自称是秦朝李斯以后书写篆字的第一人。因为六朝以后，楷书盛行，唐代人书写古文字，往往与实际相差甚远。由于李阳冰坚持书写秦篆，他所刊定的《说文解字》纠正了传写的谬误，保存了小篆的字体。

李阳冰在唐大历年间刊定《说文解字》为三十卷。在刊定《说文解字》的同时，还提出了一些和许慎不同的见解，这也使他长期遭到正统的说文学家的批判。宋代徐铉校订《说文解字》后，李阳冰的书就失传了。现在根据二徐的书，可以知道，李阳冰对《说文解字》的校订有三方面：补篆、改篆、改注[①]。

（二）二徐的《说文解字》研究

徐铉和徐锴是兄弟，扬州人。兄徐铉（916—991），字鼎臣，弟徐锴（920—974），字楚金，世称"二徐"。

宋太宗雍熙三年，徐铉和其他三个大臣奉宋太宗之命，完成了校订《说文解字》的工作，流传至今，被称为"大徐本"《说文解字》。

徐铉对《说文解字》的整理和研究主要有三个方面的贡献：

第一，《说文解字》传写已久，颇多讹误，所以首先进行的是校订的工作。

第二，进行了补充。在正文中补充了19个字，在后面附录了402个字。许慎注文中有而正文中没有的字，很明显是许慎的疏漏，应该补上；经典里常用的字应该补上；此外，根据皇帝的命令，把虽然不见于《说文解字》，但是当时的人常用的字也补充了进去。

第三，在每个字的下面根据孙愐的《唐韵》注明了反切。《唐韵》现在已经失传，其反切系统地保留在大徐本《说文解字》中。

大徐本《说文解字》影响了后来的《说文解字》研究，时至今日。

徐锴的著述很多。现在仅存《说文解字系传》四十卷和《说文解字韵谱》十卷。

《说文解字系传》卷一到卷三十是《通释》，这是对《说文解字》原书所作的解说。卷三十一、三十二是《部叙》，是叙述《说文解字》

---

① 沈兼士《文字形义学》，见《沈兼士学术论文集》，中华书局，1986年。

540部的排列次序的。卷三十三、三十四、三十五是《通论》，阐发了一些字的形体结构的意义。卷三十六《祛妄》，驳斥前人对《说文解字》的谬解。卷三十七是《类聚》，举出表示同类事物的字。卷三十八为《错综》，是根据人事来推断古人造字的旨意。这一部分可以补充《通释》的说解。卷三十九是《疑义》，论述了《说文解字》所缺的字以及字体与小篆不合的字。卷四十是《系述》，是说明本书各篇著述的宗旨。《说文解字韵谱》把《说文解字》的字按照唐本《切韵》来排列，使得篆体的检索变得方便。

二、清代的《说文解字》研究

南宋元明，没有研究《说文解字》的大作问世，清代则是《说文解字》研究的鼎盛时期。据丁福保《说文解字诂林》记载，从清初到清末章炳麟止，从事说文学研究的学者共有220人。王力《中国语言学史》依据《说文解字诂林·自叙》所述作了精当的概括。认为清代的研究工作可分为四类：其一，是校勘和考证工作，如严可均的《说文校议》、钱坫的《说文解字斠诠》等；其二，对《说文解字》进行匡正，如孔广居的《说文疑疑》、俞樾的《儿笘录》等；其三，对《说文解字》的全面研究，如段玉裁的《说文解字注》、桂馥的《说文解字义证》、朱骏声的《说文通训定声》、王筠的《说文句读》等；其四，订补前人或同时代学者关于《说文解字》研究的著作，如严章福的《说文校议议》、王绍兰的《说文段注订补》等。其中第三种最为重要。段玉裁、桂馥、朱骏声、王筠被称为"说文四大家"，其中以段、朱最为杰出。

段玉裁（1735—1815），字若膺，号茂堂，江苏金坛人。著有《说文解字注》，成就很高，对训诂学的理论和方法都有新的发展，被当时学术界认为是解释《说文解字》的权威性著作。其学术价值主要表现在以下几个方面：一、阐发了《说文解字》的体例；二、对《说文解字》的训释进行了形、音、义关系的综合考察；三、说明引申、假借和变迁等字义（词义）的发展规律；四、注意辨析同义词之间的细微差别；五、纠正了以往的讹误。《说文解字注》初名《说文解字读》，写作历时31年，是"说文四大家"作品中成就最高的。王念孙曾赞叹说：

"千七百年来无此作矣。"

桂馥(1736—1805),字冬卉,一名天香,号未谷,山东曲阜县人。著有《说文解字义证》,与段玉裁的《说文解字注》相得益彰。《说文解字义证》共五十卷。所谓"义证"就是广泛征引经史子集,对《说文解字》的说解加以疏证。换言之,此书的主旨在于推寻《说文解字》说解的根源,以证明许慎的说解。桂书对二徐本的讹误亦加以修正,是研究《说文解字》的重要参考书。桂书的缺点是拘泥于《说文解字》,所以有的解说有牵强附会之嫌。

王筠(1784—1854),字贯山,号菉友,山东安丘人。他是"说文四大家"中唯一一位专门研究《说文解字》体例的学者,著有《说文释例》二十卷,《说文解字句读》三十卷。《说文释例》专为解释许书的体例而作。《说文解字句读》是在段玉裁《说文解字注》、桂馥《说文解字义证》、严可均《说文校议》的基础上,博观约取整理而成。

朱骏声(1788—1858),字丰芑,号允倩,江苏吴县人。著有《说文通训定声》。该书打破了《说文解字》540部首的顺序,把书中的全部字分析出1137个声旁,以1137声旁统领《说文解字》9353字,按照古韵十八部排列。该书由三部分组成:说文、通训和定声。说文部分以解释形体和字的本义为主。通训是该书的重点,主要讲六书的转注和假借。他所说的"转注"就是我们一般理解的引申,"假借"就是通假。定声旨在阐明字和字之间语音上的联系,解释古韵相押的情况。朱书的假借研究成就极大,但是,由于对古音的认识不够准确,所以有的解说说服力不够。

三、现当代的《说文解字》研究

现当代研究《说文解字》的著作也非常多,这里选择比较重要的进行介绍。

(一)注疏类

丁福保《说文解字诂林》,全书共六十六册,分前、后、补、附四编。前编六十二册,主要是在《说文解字》的每篆之下分别类集众家注释。后编两册，收《说文解字》逸字及外编两千多字。补编和附编合为一册，补编收集编纂过程中发现的新的资料，这些材料编入已来不及，于是辑成一编。附编收段玉裁《六书音均表》和丁福保的学生李云菁的校后跋。最后一册是"通检"。书前列"引用书目表""引用诸书姓氏表"。该书出版于1928年，此后，又搜集近代有关《说文解字》的著述，编成《补遗》十六册。《说文解字诂林》采录著作180种，学者254家，其后《补遗》又增添了46家。由于资料比较完备，查一字而各家论说齐备其下，不必再检索群书，因此，《说文解字诂林》是研读《说文解字》的非常有用的工具书。

张舜徽《说文解字约注》，根据前人注疏许书的说法，择善从之，可看作丁福保《说文解字诂林》的缩略本，该书非常重视追溯语源，这是超出《说文解字诂林》的地方。

蒋人杰《说文解字集注》，从前人繁复的注文中进行了择优选择，又引述甲骨文、金文及其考释，用极少篇幅总括了百家的研究成果。

汤可敬《说文解字今释》，以《说文解字》为纲，对每个字头和释文进行注释。注释的内容，有对体例的解说，有对释文的再解释，有对《说文解字》引书的篇名与原文的订正，有音读音理的分析，有典章制度、习俗的介绍等。在该书订正部分则主要引证甲骨文、金文对形体演变进行分析辨正，并择要介绍前修时贤的文字学研究成果，作为比较参考。该书初学者使用极为便利。

苏宝荣《〈说文解字〉今注》，收入古今有变化的字2200个，以现代汉语释义。

马叙伦《说文解字六书疏证》，详细考证于甲骨金文，先进行校雠，接着进行疏证，依据六书分析许书文字，使各归其类。

还有对《说文解字》部首进行注释的著作，如康殷《说文部首诠释》、徐耀民《说文解字部首解读》、董莲池《说文部首形义通释》、邹晓丽《基础汉字形义释源———〈说文解字〉部首今读本义》等。此外，王梦华《说文解字释要》和王世贤《说文解字导论》均用较多篇幅对540部首逐个进行了分析论证。

（二）通论和导读类

陆宗达的《说文解字通论》深入浅出、通俗易懂地介绍了《说文解字》的内容和体例，怎样运用《说文解字》来解释古书，怎样运用《说文解字》来了解古代社会，以及《说文解字》的局限等。是学术界公认最有影响的通论著作之一。

姚孝遂的《许慎与〈说文解字〉》也是一部介绍《说文解字》的通俗著作。书中介绍了《说文解字》的作者及成书过程，《说文解字》的版本和体例，《说文解字》的书体，《说文解字》的基本理论——六书，《说文解字》部首，历代对《说文解字》的研究，并对《说文解字》的得失进行了评价。是学习研究《说文解字》的入门书。

蒋善国《说文解字讲稿》全面介绍和评价了《说文解字》的内容和过去研究的成绩，以及今后研究的方法和要求，每章后附有参考资料目录，以便寻检。

概论性的专著还有钟如雄的《〈说文解字〉论纲》、余国庆的《说文学导论》、王宁的《〈说文解字〉与汉字学》、周祖谟的《说文解字概论》、张其昀的《"说文学"源流考略》等。

导读性的著作有张舜徽《说文解字导读》。该书虽然只有6万多字，但提纲挈领地勾勒了汉字发展简史，介绍了四种造字方法，阐释了怎样以双声为线索研读《说文解字》。

苏宝荣《〈说文解字〉导读》。该书分四章：第一章概述《说文解字》的成书、体例、编排等；第二章是《说文解字》导读，主要从理论上和方法上指导人们阅读和领会《说文解字》的文字说解；第三章是常用字今注，从《说文解字》中选了1569字，用现代汉语做出简明、通俗的注释；第四章介绍研究《说文解字》的历史、历代有代表性的研究著作，并推荐了学习《说文解字》必备的参考书。

此类论著还有杨润陆的《怎样读〈说文解字〉》、魏达纯的《〈说文解字〉入门与研究》等。

（三）工具书类

工具书性质的专著有李国英等《"说文"学名词简释》；洪文涛等

《〈说文〉八种单字索引》;李行杰主编《说文今读暨五家通检》,运用该书查检《说文解字》中每个字在五家注(即大徐本《说文解字》、朱骏声《说文通训定声》、王筠《说文解字句读》、桂馥《说文解字义证》、段玉裁《说文解字注》)中的卷次页码位置,非常方便;陈祥民主编的《〈说文解字〉今读与通检》,用该书检索《说文解字》中的字头也很方便。

第三节 《说文解字》以后的字书

许慎首创了按照部首对汉字进行排列、归纳、分析的体例,影响了以后历代字书的编纂。从三国魏人张揖的《古今字诂》,西晋吕忱的《字林》,到南朝梁顾野王的《玉篇》,北宋司马光等的《类篇》,再到明朝梅膺祚的《字汇》、张自烈的《正字通》,直至清朝的《康熙字典》等,虽然有的字书部首的数目发生了变化,具体的字的归属也进行了调整,但是,这种部首编排法一直是我国字书的主要编排体例。

一、魏晋南北朝时期的字书

在我国文字学史上,魏晋南北朝时期是一个编纂字典非常盛行的时期,出现了以《字林》《玉篇》《字统》为代表的一大批字书。根据《隋书·经籍志》《旧唐书·经籍志》和《新唐书·艺文志》记录,这个时期的字书共有123部。

这个时期的字书,有的是模仿《说文解字》而作,对《说文解字》有所补充,如《字林》;另外一些则不用《说文解字》的小篆字体,改用当时通用的楷书,因此,这类著作与《说文解字》主要为探求文字的造字本源以及分析文字结构的目的不同,更加偏重于实用。这种情况是与当时文字发展的历史背景密不可分的。魏晋南北朝时期汉字的发展有两个重要的特点是:其一,萌芽于西汉,成熟于东汉末年的楷书此时逐渐盛行,取代隶书、篆书已经成了必然趋势,编纂楷书字典水到渠成;其二,由于政治上的割据,文字中的异体、俗体大行于世,汉字的数量大量增加,因此需要注释详细的字书。

（一）《字林》

西晋吕忱撰。吕忱，字伯雍，西晋任城（今山东济宁）人。

《字林》是一部上承《说文解字》，下启《玉篇》的书。全书七卷（宋代的书中多称此书五卷），是模仿《说文解字》而作的一部书。它的分部和《说文解字》一样，都是540部；兼收异体、俗体文字，比《说文解字》多了3471字，这是吕忱补充的；字体用隶书，但是不违背篆书的笔势。

南北朝时，《字林》受到人们的重视，北齐的颜之推把《字林》和《说文解字》并论。甚至到了唐代，《字林》同样享有很高的地位，唐代科举考试科目就有《字林》。据《新唐书·百官志》记载，当时国子监的国子学博士就以《说文解字》《字林》《三仓》《尔雅》作为教授科目。此外，陆德明的《经典释文》、李善的《文选注》等许多书籍都经常引用《字林》。

到南宋时，《字林》已经不全，明朝初年全佚。清朝乾隆年间有任大椿《字林考逸》八卷，收1500多字。光绪年间有陶方琦《字林考逸补本》一卷，收200字。我们只能从清代学者的辑本中了解其一鳞半爪。

（二）《玉篇》

南朝梁顾野王撰。顾野王（519—581），字希冯，吴郡吴（今江苏苏州）人，《陈书》《南史》都有传。《玉篇》三十卷，完成于梁武帝大同九年（543），当时作者年仅二十五岁。

《玉篇》在我国字典的发展史上非常重要，因为它是我国现存的第一部楷书字典，是为实用目的编写的。

《玉篇》的体例框架和《说文解字》类似，首先把众多的汉字按照部首归类，绝大多数部首和《说文解字》是一样的：《玉篇》分542部，和《说文解字》相同的529部，不同的13部。

此外，《玉篇》还有所创新：

第一，收字增加。《说文解字》收9353字，《玉篇》原本收16917字，今本收22561字。

第二，字目下用反切注音。

第三，《玉篇》释义比较全面而且附有例证，有些地方还引用其他典籍的注释作为例证。如："极，渠忆切，栋也。《书》曰：'建用皇极。''极，中也。'又至也，尽也，远也，高也。"从上面的例子可以看出来，《玉篇》的释义比《说文解字》和《字林》全面而实用。解释字义、举例的方法已经很接近现代字典的释义方法。

第四，全书使用通行的楷书作为正式字体，不用六书条例来分析文字的形体结构。

《说文解字》侧重解释字形，兼及形、音、义的关系；《玉篇》侧重字音、字义以及用例。此外，还重视辨析文字，在卷末附有一个分毫字样，罗列了形体相近的248字，把它们两两一组编排在一起，辨别其音义上的不同。如"刀刁：上都劳反，刀斧；下的聊反，人姓"。

《玉篇》是为了适应文字发展和使用的需要而作的，实用价值比《说文解字》要高。

《玉篇》成书后不到十年，萧恺等人就做过一些删改。唐朝上元元年，孙强做过一些增字的工作。到宋真宗大中祥符六年，又经过陈彭年、吴锐、丘雍等人做了很大改动，并改名《大广益会玉篇》，这样宋本《玉篇》和原本有了很多差异。宋本《玉篇》把原本《玉篇》的注释削减了一大半。

（三）《字统》

北朝阳承庆撰。阳承庆，北魏太学博士。其叔祖阳尼，硕学博时，为国子祭酒，著《字释》数十卷，未就而卒。阳承庆在此基础上撰《字统》二十卷，行于世。[①]

如果说《玉篇》是南朝字书的典范，那么《字统》则是北朝字书的代表。

西晋末年，北方处于"十六国"时期，政治混乱，文字异形。后来，北魏统一了北方，语言文字的统一工作也开始了。北魏太武帝、孝文帝先后施行禁用"北语"（鲜卑语），推行汉语的政策。在这样的背景下，阳承庆的《字统》应运而生。

---

① 见《魏书·阳尼传》。

《字统》二十卷已佚。清朝马国翰《玉函山房辑佚书》有辑本。如："规，丈夫识用，必合规矩，故规从夫也。"马国翰认为其书"诠释字义，新而不诡于理"[①]。

二、隋唐时期的字典

魏晋南北朝的三百多年间，俗体、异体大行其道，文字数量急剧增加，导致了文字使用上的混乱。出现这种现象的原因主要有两个：第一，由于政治上地方割据，国家四分五裂，因而造成了"言语异声，文字异形"的局面；第二，这个时期，正是汉字从篆体到隶书，由隶书到楷书的大演变时期。汉朝通行隶书，但是篆书不废；南北朝时期，草书、楷书、行书并行于世，其中，楷书逐渐取代汉代通行的隶书成为正式的字体。在这个转变的过程中，由于没有统一的标准，文字形体五花八门。此外，魏晋南北朝时期，还出现了一大批书法家，如钟繇、王羲之等。他们在其作品中改变字形、增减笔画，虽是为了艺术，但是这样的作品为人所学习，客观上也导致了文字字形的纷繁复杂。

秦朝国家统一，进行了"书同文"的改革，文字也是统一的。隋唐时期中国重新统一，为了适应统一的封建帝国的需要，就必须对文字形体作一些统一规范工作，这就产生了为了正字形而作的字样一类的书。

"字样"就是汉字楷体字的样本。隋代有曹宪《文字指归》四卷。到了唐代，先有颜师古的《字样》，后有杜延业的《群书新定字样》、颜元孙的《干禄字书》、欧阳融的《经典分毫正字》、唐玄宗的《开元文字音义》、张参《五经文字》、玄度的《新加九经字样》等。

（一）《字样》

唐朝颜师古编撰。颜师古（581—645），名籀，字师古，以字行世，京兆万年（今陕西西安）人，北齐颜之推之孙。

颜师古在唐太宗时拜中书侍郎。唐太宗以为《五经》问世已久，文字出现了讹误，需要考证，命令颜师古去执行这项工作。根据颜元孙《干禄字书序》记叙，"元孙伯祖，故秘书监。贞观中刊正经籍，因

---

① 马国翰《玉函山房辑佚书》序。

录字体数纸,以示雠校楷书。当代共传,号为颜氏《字样》"。从中可知,《字样》一书大约作于唐太宗时,共一卷。从此,有了整理异体、统一字体的字样类书籍的编纂。其中,以颜元孙《干禄字书》最为著名。

(二)《干禄字书》

唐颜元孙编撰。颜元孙,颜师古的四世从孙,京兆万年(今陕西西安)人。其侄为著名书法家颜真卿。颜真卿曾经在唐代宗大历九年(774)手书《干禄字书》,刻于石碑上。

唐代科举取士,进士考试时必须写正字。此书之所以命名为《干禄字书》,就是告诉人们,要想取得禄位,就必须写正字。

《干禄字书》,一卷,字按平上去入四声排列,又以206部排字的先后,每字下列俗、通、正三种字体(并不是每个字都必须有三种)。

颜元孙是从文字的使用范围和历史来区分这三种字体的,他最重视正字,其次是通用字,而俗体至多只是在日常生活中使用。这部书收录了许多当时的简化字和异体字,对文字的规范起到了很好的作用。

(三)《五经文字》和《新加九经字样》

唐代的正字法著作还有张参的《五经文字》。此书作于大历十一年(776),有三卷,分160部,收3235字,此外,还收录了不少经典中的异体字。这部书主要是为了考证五经中文字形体的变化和音义而作,是为了方便当时的士人读经以及备考科举的。

唐玄度的《新加九经字样》主要考证《五经文字》的形体变化和音义,是为了补充和纠正《五经文字》,所收的字基本上是《五经文字》没有的。编写体例和《五经文字》大体相同。只是分了76部,注音用直音,不用反切。当时是附在《五经文字》后发行的。

以上这些著作,尽管主要是为了适应科举、读经以及书写公文的需要,但是整理了魏晋南北朝以来纷繁的文字形体,使之规范化,从而适应了当时的交际和保存文化的需要。也正是因为正字法类字书的出现,楷书体成了汉字字体的正宗。

三、宋元时期的字书

宋元时期,隋唐正字法类字书的基本精神继续得到发扬。这类字书有宋代郭忠恕的《佩觿》、张有《复古编》、李从周《字统》,此外,辽代释行均《龙龛手镜》、元代李文仲《字鉴》等书,受其影响,都含有辨正笔画、纠正俗体讹字的内容。宋元时期,《说文解字》类字书也继续发展,代表作品有《类篇》。另外,考释隶变在宋代成了编纂字书的一个支流。隶变是汉字形体发展中的一个分水岭。隶变之前,汉字基本上属于以形表意的象形文字,隶变之后,汉字符号化了。作为记录语言的工具,文字越简单,越便于使用,这是隶变后汉字的优点。但是,隶变后,汉字的造字意图就不能比较直观地看出来了,这造成了异体字、俗体字的大量增加,而且,出现了随意假借的现象。因此,编纂字书对汉隶进行考释,说明汉字从篆体到隶体演变规律,进而解释汉字的假借,成为历史的需要。宋代开始,大量汉魏石刻被发现,从而为宋代考释隶变之学准备了必要的条件。这个方面重要的著作主要有南宋洪适《隶释》《隶续》,娄机《汉隶字源》。

(一)《隶释》和《隶续》

著者洪适,字景伯,晚年自号"盘州老人",南宋鄱阳(今江西鄱阳)人。与弟弟洪遵、洪迈并称"三洪"。

《隶释》二十七卷,成书于宋孝宗乾道二年(1166)。前十九卷著录了汉、魏时期石刻文字183种;后八卷包括《水经注》中的汉魏碑目一卷,欧阳修《集古录》二卷,欧阳斐《集古目录》一卷,赵明诚《金石录》三卷,无名氏《天下碑录》中的汉魏部分一卷。《四库全书总目提要》说:"是书为考据而作,故每篇皆依其文字写之。其以某字为某字,则具疏其下,兼核著其关切史事者,为之论证。"

《隶续》二十一卷,成书于宋孝宗乾道三年(1167),是《隶释》的续编,体例一致。

(二)《汉隶字源》

著者娄机(1133—1211),字彦发,南宋嘉兴人。

《汉隶字源》六卷，首卷有"分碑、分韵、辨字"3个条例，说明收录汉碑309种，魏晋石碑31种，其中每种都记录了时间、地点、书写人的姓名，并以次编列，把编次数目写在相应的碑字下面。正文五卷，把摹写的隶字按照《礼部韵略》的206韵编排，不能入韵的14字，附在卷末。每个字都用楷书标目，接着把隶书排在下面，形体的异同也都随字作注。此书是我们研究隶书以及汉字发展演变的重要参考。

（三）《佩觹》

著者郭忠恕（？—977），字恕先，又字国宝，宋初洛阳人。

"觹"是古代用来解结的用具，也可以用作佩物。《诗经·卫风·芄兰》："童子佩觹。"郭忠恕以"佩觹"作为书名，表示此书是童子应当学的。《佩觹》三卷，是正字法性质的字书。上卷论述形声讹变的由来，兼论编书意旨。中、下卷是全书的正文，按照四声分为十部，收录形体相似、读音相同相近的字，先几个字一组排列，然后分辨这组字音义的差别。

（四）《龙龛手镜》

著者释行均，辽代僧人，俗姓于，字广济。

《龙龛手镜》四卷，收录26430字，注文163170多字，共189610多字。大约成书于辽圣宗统和十五年（997），宋人重刻时为避宋太祖祖父赵敬之讳，更名《龙龛手鉴》。

此书的编排体例极有创造性，以偏旁分部，各部所属的字按照平、上、去、入四声编次，首创了字书的音序检字法。仿照颜元孙的《干禄字书》的体例，在每字之下详列正体、或体、俗体、今体、古体等各种字体，文字下面加了反切或者直音，在字义的解释上，保存了不少古书上的旧注。此书很注意收集当时的俗体字，而且以词为单位收集了一些双音词。

此书成于僧人之手，自然有许多引用佛经证明音义的地方，但是，它并不是专门为解释佛教经典而作的，书中补充了很多《说文解字》和《玉篇》没有收录的字，因此，可以把它当作一部普通字典来用。

（五）《类篇》

王洙等编，成书于宋英宗治平三年（1066）。这部书是为了配合《集韵》而编写的。

此书旧题司马光撰，根据书后的文字，可以知道是王洙等相继修成，最后由司马光缮写完毕，进献给皇帝的。

此书部首仍然是540部，体例和顺序完全依据《说文解字》。分十四篇，加上目录，共十五篇。每篇再分上、中、下，所以全书四十五篇。正文收31319字，另外收重音（一字多音）21846字，总共53165字。

《类篇》继承《说文解字》《玉篇》的传统，探讨字源，阐明了古今字形的变化，同时也吸收了许多新产生的文字。《类篇》先用反切注音，然后解释字义。如果字有异音异义，则分别举出，可以参证于《集韵》。

总起来说，《类篇》是一部收字很多而且质量较高的字典，有一定的实用价值。

此外，这个时期的字书还有金代韩孝彦著的《篇海》。《篇海》原名《四声篇海》，是推演《玉篇》形成的字书，十五卷。以三十六字母编次，再用四声排列，同声母的字又以笔画的多少分先后，参考《玉篇》《类篇》《龙龛手镜》等编成，是当时有一定影响的书。

四、明清时期的字书

《说文解字》开始的编纂字典的传统，从小篆字典，到楷书字典，经过了历代的发展，体例上在明清时期得到了较大的革新，此时的字典才真正成为了日常读书的一种实用的工具。这个时期重要的字典有明朝梅膺祚的《字汇》、张自烈的《正字通》、清朝张玉书等的《康熙字典》、都俞的《类纂古文字考》等。

（一）《字汇》

明代梅膺祚编撰。梅膺祚，字诞生，安徽宣城人。

《字汇》共十四卷，正文十二卷，以十二地支作标目，另外有卷首以及卷末的附录，总共十四卷。全书收字33179个。

此书的主要特点是重视实用，根据实用而作的改革为后世字典所继承。《字汇》的特点主要有：

其一，简化了部首。把《说文解字》的540部合并为214部。

其二，部首的排列和部首内部汉字的排列以笔画的多少为顺序。这个做法延续至今。

其三，每集开头有一个图，标明本集各个部首以及部首所在的页码，使用更加方便。

其四，所收的字都是一般的常用字，僻字、怪字一概不收。

其五，先注音，后释义。注音时，不但列出反切，还加上直音，有时还用四声比况的方法。

其六，释义简单明了，注意通俗性，并且列举例句为证。

缺点在于，引用书证不注明书名，使人不能核对原文；在解释字义上存在一些错误。

由于《字汇》检字方便，比较实用，因此在明末曾经流行一时，为它作补编或者沿用其书名的很多，如《字汇补》《会海字汇》《同文字汇》《悬金字汇》《玉堂字汇》《彩云字汇》《龙门字汇》《文成字汇》等。

（二）《正字通》

明代张自烈撰。清初廖文英在书前加满文字母十二个，刊行此书，掩为己有。张自烈，字尔公，江西宜春人。明亡后不仕，隐于庐山。

《正字通》十二卷，基本上是为了补充和修订《字汇》而作，所以体例和《字汇》一样。它对《字汇》的发展主要表现在以下方面：

第一，《字汇》把一个字的古体、籀体、篆体、隶体、讹体、俗体等分列于不同的地方，而《正字通》则将它们收集起来，列在本字之后，而注释仍要见于异体字等的具体位置。这样方便读者了解字的异体情况。

第二，因为异体字的排列问题，《字汇》的解释往往重复。而《正字通》改变了异体字的排列，语言也精练了。

第三，对于字的解说更精确。所列书证都经过仔细推敲，同时纠正了《字汇》引文的错误。

第四，对于复音词，《字汇》往往是前后两现，重复解释，《正字通》则只是在一处进行详细解释。

第五，在注音方面，《字汇》一字有时采用几个反切，使人不堪其繁，《正字通》只注一个反切，简单实用。

第六，《正字通》对于《字汇》其他方面的错误，如误收误说，做了改正，不足之处则加以补充。

缺点在于，虽然材料丰富，可惜作者在引用书证时往往也不注明出处，使人无法核查。

以上两部书，在字典的编纂方法上有了很大改进。它们都以实用为最大着眼点，很受欢迎。清朝的《康熙字典》便从它们这里得到了启发。

（三）《康熙字典》

《康熙字典》是清朝政府召集学者集体编纂的，由总纂官张玉书、陈廷敬主持，作于清康熙年间，因而得名。这本字典是在明代梅膺祚《字汇》、张自烈《正字通》两书基础上加以增广订正而成，收字47035个，比前述两部字典多出一万多字，几百年来都是我国最大的字典，直到1915年《中华大字典》出版。

《康熙字典》仿照《字汇》《正字通》的体例，部首也设为214个，然后按照笔画的多少，分属以十二地支命名的十二集。每集分上、中、下三卷。正文前有"总目""等韵""检字""辨似"，书末附"补遗""备考"。每字下先注音，后释义。注音以《唐韵》《集韵》《韵会》《正韵》《洪武正韵》的反切为主，这些韵书未收的字，采用其他书，并加注直音。释义主要引用古代的字书、韵书以及古注，除了僻字僻义之外，一般都引证古书用例，并举出篇名。这些用例几乎都是最早的例证。先列本音、本义，后列别音、别义。每一字的别体、俗体、讹字，附列在注释之后。

该书序文自称这部字典是完美无缺的，"一音一义之可采者，靡有遗逸",实际上虽然征引了不少的书证,但错误很多;反切和义项虽然很多,但未进行细致的区分,往往使读者无所适从;照搬古书释义,忽略了今义,对后世的通俗用法,多未加说明。

1958年中华书局影印同文书局本《康熙字典》,附《字典考证》。

明清时期,除了以上提及的延续《说文解字》体例编纂的字书以外,还有承袭隋唐正字法类字书传统编纂的字书,如明朝焦闳《俗书刊误》、叶秉敬《字孪》,清龙启瑞《字学举隅》等书,都属于辨正笔画、纠正俗体讹字的字书,都是《干禄字书》基本精神的延续。

另外,宋元时期开始的对隶书的研究,在明清时期也得以延续,代表之作是《隶辨》。《隶辨》共有八卷,清朝顾霭吉撰。顾霭吉,字南原。据谢启昆《小学考》记录,顾霭吉为了此书的编纂,准备了30年之久。《隶辨》以娄机《汉隶字源》和许慎《说文解字》为底本,辨正汉字的正、变、省、加。它不但补充了娄机之后的汉碑史料,而且所有资料都由作者亲手摹绘,为后世保存了珍贵的汉隶资料。

五、明清以后两部重要的字书

《康熙字典》以后,最重要的字书有两部:民国时期的《中华大字典》和当代的《汉语大字典》。

(一)《中华大字典》

陆费逵、欧阳溥存等编,1915年中华书局初版,后出缩印本。1958影印本删去旧本的篆字谱。1978年重新影印,删去了题词、叙和《切韵指掌图》。

这是一部大型字典,收48000多字,比《康熙字典》增加1000多字,并校正了《康熙字典》的2000多条错误。

这部字典按部首编排,分214部。部首沿用《康熙字典》,只是次序稍有变动。书前有笔画检字表。每字下注一个反切,以《集韵》为主,《集韵》未收的,再另外采用《广韵》等书。反切下注直音和《佩文韵府》106韵的韵目。

此书以《康熙字典》为基础,但在许多方面超过了《康熙字典》,

表现在：比《康熙字典》收字多；反切只选用《集韵》；解释字义大致先列本义，次及引申、假借，条理清晰；引证简明。

此书缺点也不少，如义项繁琐而未加归纳综合，以致有些条目界限不清，甚至重复；沿用错误旧说，未加校正；随意删节引文；解释往往不够详细；引用书名不一致，等等。

（二）《汉语大字典》

徐中舒主编，八卷，四川辞书出版社、湖北辞书出版社1986年出版第一卷，此后陆续出版，至1990年出齐。

《汉语大字典》是汉字楷书单字的汇编，收录楷书单字54678个，按新定的200部首排列，全书计2500多万字。各册卷首有《部首表》《新旧字形对照举例》以及《检字表》等。在字形方面，于楷书单字条目下收录了能够反映形体演变关系的有代表性的甲骨文、金文、小篆和隶书等形体，并且简要说明其结构的演变。在字音方面，于楷书单字下用汉语拼音字母标注现代读音，并且列出《广韵》（或《集韵》）的反切，注出中古所属声、韵、调，标注上古音的韵部。在字义方面，注意收录常用字的常用义，还考释常用字的生僻义和生僻字的义项，并且适当地收录了复音词中的词素义。此外，凡在古今著作中有书证，并可据以确立义项的，都一一分列。

字典以楷书单字为字头。收字以历代辞书为依据，并从古今著作中增收部分单字。释文和现代例证用简化字，其余用繁体字。单字条目的组成一般包括字头、解形、注音、释义、引证。对于多音多义字，以（一）（二）（三）……的形式分列。多义字一般按照本义、引申义、通假义的顺序排列。对于单字的词性，只注数词、量词、代词、副词以及其他虚词的词性。此外，有些名物字，附有插图。

1992年，湖北辞书出版社和四川辞书出版社出版了《汉语大字典》缩印本1册，在印制工艺许可的范围内，对个别字头的明显讹误做了必要的订正，并对原《笔画检字表》重新进行了编排。1995年，又出版了三卷本的《汉语大字典》。三卷本《汉语大字典》除对原八卷本的附录进行了适当的删节外，并对个别字头在形、音、义方面的讹误再次做了必要的订正。

  2010年，四川出版集团、湖北长江出版集团、四川辞书出版社、崇文书局出版了《汉语大字典》第二版，共9册。收字增加到60370个，全书总字数超过1500万。这次修订不仅对首版中注音、释义、文例等方面存在的讹误进行更正，还对缺漏意义、例句等进行必要的增补，解决了大量音义未详字缺音缺义的问题。与此同时，为适应现代阅读方式，新版大字典增加了《难检字表》和《音序检字表》，并重新编制了《笔画检字表》。

第八章　古文字的研究

古文字是与今文字相对的概念。隶书以后的文字叫今文字，隶书以前的文字叫古文字。古文字学主要研究地下出土的先秦古文字材料，包括甲骨文、金文、战国文字、简帛文字。

第一节　甲骨文的研究

一、甲骨文的资料

甲骨文最早发现于河南省安阳市西北郊的小屯村。甲骨文的发现是十分偶然的。本来，当地的村民在耕地挖土时偶尔得到甲骨片，由于这种东西可以当作中药换钱，于是有人从事挖掘，卖到药铺换钱。1899年，一个偶然的机会，在京做官的王懿荣发现这种叫作龙骨的中药上面有刀刻的文字，非常惊讶。王懿荣平素喜好金石学，精通铜器铭文，立即觉得此物非同一般，于是收购带字的龙骨，拿回家研究。从此，埋藏地下3000多年的甲骨文终于引起了世人的重视，成为19世纪末震惊世界的一大发现。

甲骨文的价值被发现以后，很多人高价收购，于是当地村民开始大肆挖掘甲骨。直到1928年秋中央研究院历史语言研究所成立，才开始有计划地科学发掘。自1899到1928年的30年间，经私人盗掘盗卖的甲骨约10万片。1928年以后到1937年，中央研究院历史语言研究所组织发掘了15次，新获甲骨总数近25万片。中华人民共和国成立后，中国社科院考古研究所在安阳殷墟建立了工作站，于1971年和1973年在小屯南地进行了两次发掘，新发现甲骨5000多片，整理成《小屯南地甲骨》出版（中华书局，1980—1983年）。1991年，在殷墟花园庄东地又发现了一个甲骨窖藏坑，发掘出土甲骨1500多片，后整理成《殷墟花园庄东地甲骨》一书出版（云南人民出版社，2003年）。

出土的殷墟甲骨文资料分别收藏在国外和国内各地的博物馆、图书馆、高等学校等文化单位。这些材料多数已经著录成书，据高明《中国古文字学通论》，国内外出版的著录甲骨文的书籍共有116种。

1978—1982年，郭沫若、胡厚宣主编《甲骨文合集》13册出版，著录较有研究价值的甲骨4万多片。1988年，姚孝遂主编《殷墟甲骨刻辞摹释总集》出版，将《甲骨文合集》《小屯南地甲骨》《英国所藏甲骨集》《东京大学东洋文化研究所藏甲骨文》《怀特氏等所藏甲骨文集》，全部摹释总合为一书，成为著录甲骨文资料最全的一部著作。

1967年，日本学者岛邦男把从《铁云藏龟》到《小屯·殷墟文字丙编》共63种书籍著录的卜辞资料，按照内容分别归类，编成《殷墟卜辞综类》，为检寻甲骨文资料提供了很大的方便。该书以甲骨文单字为字头，兼及部分复音词，每字下尽可能收录其辞例，检索一字或词，就可查阅全部辞例。2011年，姚孝遂主编、肖丁副主编的《殷墟甲骨刻辞类纂》出版，该书参照岛邦男《殷墟卜辞综类》的编写体例和方法，分字词收录甲骨辞例，对已发表的全部殷墟甲骨刻辞进行分析，剔除伪刻、习刻及重出和常见字的残辞，然后分149个部首，3600多个字头，以类相从，所采用的甲骨有5万片左右，排列各类辞条近20万条。

除殷商甲骨以外，西周早期的甲骨文也有发现。1977年和1979年，在陕西岐山县凤雏村发掘西周时期建筑基址时，先后发掘了两个窖穴，出土了大批西周时期的甲骨，其中有字甲骨292片。后来在扶风县齐家村发现了刻字大龟版1块，牛肩胛骨5片。2008年，又在周公庙遗址发现大批卜甲和卜骨，其中有字甲骨680余片。时间大都为武王灭商前后。西周甲骨的发现具有重大的学术价值，它与殷墟卜辞一样，都是研究古代历史和古代文字的珍贵资料。

西周甲骨文资料可参看《陕西岐山凤雏村西周建筑基址发掘简报》（《文物》1979年10期），陈全方《陕西岐山凤雏村西周甲骨文概论》（《古文字研究论集》，四川大学出版社，1982年），徐锡台《周原甲骨文综述》（三秦出版社，1987年），王宇信《西周甲骨探论》（中国社会科学出版社，1984年），陈全方等《西周甲文注》（学林出版社，2003年）等。

二、甲骨文的考释

甲骨文具有极大的科学价值，不仅为研究我国商代历史提供了珍贵的资料，同时也是研究人类社会古代历史的重要材料。不但国内学者重视甲骨文，国际学者也予以极大的关注。甲骨学已经成为世界性的学科。

甲骨文的研究，首先是文字的考释工作。第一个对甲骨文进行研究考释的是孙诒让。1904年，孙诒让根据刘鹗《铁云藏龟》的甲骨文资料，研究著成《契文举例》，成为研究甲骨文的第一部著作。他第一个确认甲骨文是商代书契，并做了初步的分类研究，考释出了部分甲骨文字，为甲骨文的研究和考释开创了方法，建立了体例。继孙诒让之后，罗振玉于1910年撰成《殷商贞卜文字考》，考定甲骨出土之处为殷墟遗址，指出甲骨文辞是殷王朝的遗物，为后来的殷墟发掘和甲骨分期断代研究开辟了道路。1914年，罗振玉又在前书基础上补充写成《殷墟书契考释》，总结出一套考释甲骨文字的原则和方法。两书考释甲骨文单字形音义都可识者485字，形义可识、音不可识者50多字，大都得到学术界的认可。之后，王襄、王国维、叶玉森、朱芳圃、郭沫若、唐兰、容庚、商承祚、于省吾等学者均在甲骨文的考释方面取得了很多成果。他们的成果有的出版了专著，如于省吾《甲骨文字释林》，收集了作者从20世纪40年代到70年代末撰写的关于甲骨文研究的论文190篇（包括附录2篇）；有的附在诸家甲骨文著录的考释中，如王国维《戬寿堂所藏殷墟文字》附《考释》；有的以单篇论文的形式在学术刊物上发表。[①]

到现在为止，整理出来的甲骨文的不同单字约4500多个，与后世文字有联系并能释读出来的有1600多字，剩下的三分之二，多数是人名、地名等专有名词，对通读甲骨文妨碍不大，因此可以说甲骨文资料已经得到解读。

---

① 参看宋镇豪主编《百年甲骨学论著目》，语文出版社，1999年。

第八章 古文字的研究

20世纪60年代，台湾学者李孝定收集各家对甲骨文的考释，编成《甲骨文字集释》，每字下面依次排列各家的考释成果，最后附上自己的意见。1996年，于省吾主编《甲骨文字诂林》出版，该书广泛收集自甲骨文发现以来直至1989年底九十年间有关甲骨文字考释的主要成果，对甲骨文研究的是非得失作了一次系统的科学总结。2017年，何景成《甲骨文字诂林补编》出版，集录自《诂林》收录材料截止年份1989年以来，在甲骨文字考释方面的主要研究成果，并对《诂林》漏收的重要成果进行补充，修订《诂林》中存在的一些错误，集录成果的截止时间为2013年。此外，李圃主编的《古文字诂林》于1999年后陆续出版，是汇录历代学者关于包括甲骨文、金文在内的各种古文字形音义考释成果的大型工具书。

最早为甲骨文编撰字书的是王襄。1920年，王襄编《簠室殷契类纂》，分正编十四卷，附编一卷，存疑一卷，待问一卷。1923年，商承祚编《殷墟文字类编》，正编十四卷，附待问编十三卷，1929年出版增订本。1933年，朱芳圃编《甲骨学文字编》，正编十四卷，附录二卷，补遗一卷。1934年，孙海波编《甲骨文编》，正编十四卷，合文一卷，附录一卷，检字一卷，备查一卷；1964年，社科院考古所对此书重新改订和增益，从中录定了1723字，附录2949字，共计4672字。2009年，刘钊、洪飏、张新俊编《新甲骨文编》，收字以商代甲骨文为主，兼及西周甲骨文，分正编、合文、附录几部分。

1980年，高明《古文字类编》将商代甲骨文、两周金文、战国文字和小篆，用表格的形式分列。同年，徐中舒主编《汉语古文字字形表》，与《古文字类编》体例相仿。

1988年，徐中舒主编《甲骨文字典》，是第一部有释义、有例句的甲骨文字典。每字先出字形，再释字，后释义，分列义项，各举出卜辞辞例。1988年，赵诚编《甲骨文简明词典——卜辞分类读本》，按义类分列词语，每个词都列出甲骨文字的写法，释词时根据义项一一列出有关刻辞，每条刻辞都先出甲骨文字写法，然后是楷书释文，必要时加以今译。2001年，崔恒昇编《简明甲骨文词典》，则按笔画排列词语。1994年，张玉金编《甲骨文虚词词典》，收录殷商时期的单音虚词60多个，还收入了一些复合虚词以及由虚词构成的固定格式，是第一部反映殷商后期语言中虚词面貌的著作。

三、甲骨卜辞的辞例

甲骨刻辞主要记录占卜的内容，所以又称卜辞。一篇完整的卜辞，字数多寡不同，字数多者近百字，少的只有三四字，一般在二三十字左右。卜辞的内容可以分为前辞（有的叫叙事）、命辞（有的叫贞辞、问辞）、占辞、验辞四个部分。前辞主要记录占卜的时间、贞人的名字；命辞是卜问的事情；占辞是卜兆显示出来的所问事情的成败和吉凶；验辞是记载应验与否的结果。例如：

壬申卜，彀贞：叀毕麋。丙子穽麋。允毕二百屮九。

"壬申卜，彀贞"为前辞，说明占卜的时间是在壬申这一天，贞人的名字叫彀；"叀毕麋"是命辞，贞问田猎怎样狩得麋；"丙子穽麋"是占辞，卜兆显示在丙子日用陷阱猎得麋；"允毕二百屮九"是验辞，说明结果真的获得209只麋。

像这样前辞、命辞、占辞、验辞四项俱全的卜辞并不多，很多卜辞没有验辞。

甲骨卜辞卜问的内容非常丰富，主要有以下几个方面：祭祀，对祖先与自然神的祭祀、求告；天时，占卜风雨阴晴水灾天变等；年成，农作物收成与农事等；征伐，殷商与方国之间的战争；王事，时王的田猎、游止、疾病、生子等；旬夕，对今夕来旬吉凶祸福的卜问。

甲骨卜辞的行款，基本上与后来的行款相同，皆为自上而下竖列书写，但是，由于甲骨刻辞是刻在兆纹附近，一个龟甲或胛骨上常常占卜多次，刻有多条卜辞，左右两侧的卜辞为了与卜兆兆纹的方向一致，右侧的多为从右向左移行，而左侧的卜辞有的从左向右移行。但总的来说，以左行的居多。

四、甲骨文的分期断代

殷墟甲骨文的时间，从盘庚到帝辛，前后273年，历经12个王。如果能根据甲骨文本身的特点找出时代差别，划分出早晚不同的阶段，不仅对甲骨文的研究非常必要，而且可通过各段内容，了解商代的历史发展变化。

1917年，王国维在《殷卜辞中所见先公先王考》及《续考》中首先利用卜辞中的称谓来考定甲骨文的年代。1933年，董作宾发表《甲骨文断代研究例》，把商代甲骨文分成五个时期，第一期：盘庚、小辛、小乙、武丁，第二期：祖庚、祖甲，第三期：廪辛、康丁，第四期：武乙、文丁，第五期：帝乙、帝辛。并提出断代的十项标准：一世系，二称谓，三贞人，四坑位，五方国，六人物，七事类，八文法，九字形，十书体。1953年，胡厚宣《战后南北所见甲骨录序例》将商代甲骨文分为四期，把董作宾的第三、四期并为第三期，董作宾的第五期则成为第四期。1956年，陈梦家在《殷墟卜辞综述》中又将甲骨文分为九期，自武丁至帝辛九王，每王为一期，在此基础上又分为早中晚三期，早期：武丁—廪辛，中期：康丁—文丁，晚期：帝乙—帝辛。

各家分期的疏密虽然不同，但断代的标准和方法是基本一致的，因此，大部分卜辞断定的时代和前后次序基本一致。

甲骨文处于汉字的早期阶段，在殷商的后二百多年间，甲骨文的发展是很快的。利用不同时期的甲骨文材料研究汉字的发展有重要价值。比如："鸡"字，武丁至祖甲时代是象形字，自帝乙时开始在原象形字旁增加声符"奚"，变成了形声字。"凤"字，武丁时写作一戴冠的禽鸟形，当是"凤"的象形字，卜辞中假借为"风"，自武乙时开始，在原象形字旁增加声符"凡"，变成了形声字。

第二节　商周金文研究

金文指青铜器上铸刻的铭文。《礼记·祭统》："夫鼎有铭，铭者自名也，自名以称扬其先祖之美，而明著之后世者也。"这段话说明了铜器上铭文的功用和性质。从出土的大量铜器来看，铭文主要是记录作器者或作器者的先祖因功受赏的事迹或某些值得夸耀的业绩和重要事件，以传于后世子孙。

一、金文资料的搜集和整理

商周时期的铜器和铭文,早在汉代就有发现。这些发现在当时非常少见,被视为神瑞,大多书于史册之中。直到北宋以后,高原古冢屡有铜器出土,从而不再以神奇祥瑞看待,成为权贵和士大夫们赏玩的对象。随着铜器铭文的日渐增多,开始有人从事铜器铭文的著录和研究。

宋代有关铜器铭文资料的书籍,据翟耆年《籀史》记载,仅至南宋初年就有34种,但是保存下来的并没有这么多;清代金石学复兴,收录铜器铭文资料的书籍也有很多种。这些资料相当分散。为了研究方便,王国维于1914年编《宋代金文著录表》和《国朝金文著录表》,后罗福颐编《三代秦汉金文著录表》,美国学者福开森于1938年编《历代著录吉金目》。近些年来,由于各地出土的资料逐渐增多,新编有关金文目录的书籍也相继而出,如周法高主编《三代吉金文存著录表》、中国社科院考古研究所编《新出金文分域简目》、孙稚雏编《金文著录简目》等。

现当代收录金文资料的书有:罗振玉编《三代吉金文存》(1937年),收4000余器;郭沫若编《两周金文辞大系图录》(1934年编,1958年修订重印);四川大学历史研究所编《殷周金文集录》(1984年),收50年代后新出土的青铜器铭文资料900余器;马承源主编《商周青铜器铭文选》(1986年),选收商、周、春秋、战国铜器铭文925器;中国社会科学院考古研究所编《殷周金文集成》(18册,1984—1994年),收录超过万器,是收录金文资料最完备的著作。张亚初编《殷周金文集成引得》(2001年),这是与《殷周金文集成》配套的工具书,包括《殷周金文集成》释文、《殷周金文集成》引得、《金文编》《引得》收字对照表、《引得》新收字一览表、《殷周金文集成》单字出现频度表等内容,为查阅金文资料提供了极大的方便。

新世纪以来,又有刘雨、卢岩编《近出殷周金文集录》(2004年),刘雨、严志斌编《近出殷周金文集录二编》(2010年),钟柏生、陈昭容、黄铭崇、袁国华编《新收殷周青铜器铭文暨器影汇编》(2006年)等集录新出金文的大型资料书籍出版。

二、金文的研究

对铜器铭文的研究肇始于宋，中衰于元明，盛兴于清。

宋人的工作主要在铭文的著录摹写、释文、考证诸方面，不仅保存了大量的金文资料，也初步建立了资料搜集和整理的方法。宋人金文考释的成果，王楚的《钟鼎篆韵》和薛尚功的《广钟鼎篆韵》均有总结，然二书均佚。从吕大临的《考古图释文》收录的800多字来看，常见的字宋人都能正确辨认，当然也有不少错误。

清代金文研究的成就主要表现在金文材料的著录整理和文字考释上。尤其是清末吴大澂和孙诒让的考释，使金文研究的水平大大跨进了一步。吴大澂除在《愙斋集古录》中对铜器铭文进行考释外，还著有《字说》一书，考证文字29条，其释"叔、文、夷、干吾"等都是精确不可易之论。孙诒让利用偏旁分析法考释古文字，从而把古文字研究引向科学的途径。他的《古籀拾遗》《古籀余论》《名原》等著作，为后来铜器铭文的研究，奠定了科学的基础。吴大澂、孙诒让之后，在金文研究方面做出贡献的有王国维、罗振玉、郭沫若、唐兰、杨树达、于省吾、容庚、商承祚等人。

1975年，周法高主编《金文诂林》十四卷，共收1894字，每字先录诸家之解说，然后是作者按语。每字之下，注出所出彝器，兼录文句，便于学者使用。1981年，周法高又撰《金文诂林补》，收字300余。这两部书汇集金文研究成果最详密，是研究金文重要的工具书。

1925年容庚编《金文编》，1985年中华书局补订重版。重版本正编收字2420号，重文19357字，附录收未识待考及族徽文字计1352字，重文1132字。列字次序如同《说文解字》，字头为小篆，并编号以备查检，下面摹写金文字体，并注明所据铜器名称、字形所出例句，《说文解字》所无的字附于每部之末。之后，严志斌《四版〈金文编〉校补》（吉林大学出版社，2001年），董莲池《新金文编》（作家出版社，2011年），陈斯鹏等《新见金文字编》（福建人民出版社，2012年）等，反映了1985年以来金文新见新释的成果。

戴家祥主编《金文大字典》（学林出版社，1995年）是第一部金文字典，后来又有陈初生编《金文常用字典》（陕西人民出版社，2004年），为我们利用金文研究成果提供了方便。

三、西周金文的断代

西周铜器铭文的分期断代，是研究西周铜器的重点课题之一。考订西周铜器年代的方法主要有两种：一是标准器分期法，一是以铭文中的历朔推断器物的年代。这两种方法都有一定的局限，所以最好是两种方法结合使用。就是说根据铭文内容可以按王定代的尽量按王定代，铭文本身不能明确反映属于某王的器物，应按照早中晚三期划分。根据铜器铭文和文献提供的资料分析，西周可以分成三个阶段：西周早期（武成康昭）、西周中期（穆共懿孝）、西周晚期（夷厉宣幽）。西周各期和诸王的标准器如下。

早期

武王时代标准器：

天亡簋　利簋　保卣

成王时代标准器：

量方鼎　禽簋　冈劫尊　大保簋　班簋　匽侯盂　甗侯簋　𠫑尊

康王时代标准器：

大盂鼎　庚嬴卣　作册大鼎　周公簋　宜侯夨簋

昭王时代标准器：

𫁵驭簋　过伯簋　作册夨令簋　中方鼎　小子生方尊　中尊

中甗　启尊

中期

穆王时代标准器：

遹簋　长甶盉　刺鼎　趞鼎　丰尊　静簋

共王时代标准器：

墙盘　师𩰬鼎　永盂　走簋　师虎簋　师遽簋

懿王时代标准器：

癲钟　癲壶　师晨簋　师俞簋　谏簋

孝王时代标准器：

㝬鼎　趞鼒

晚期

夷王时代标准器：

不娶毁　噩侯毁　虢季子白盘

厉王时代标准器：

㝬钟　㝬毁　克鼎　克盨　裒盘　虢仲盨

宣王时代标准器：

杜伯鬲　师嫠毁

幽王时代标准器：

师兑毁

西周文字的发展很快，确定金文所属的时代，利用不同时代的金文资料进行比较，可以看到汉字在这个阶段发展的过程和发展规律。

第三节　战国文字研究

春秋战国时期，不仅是社会政治大动荡的时期，也是经济文化大发展的时期，百家争鸣。西周时，学在官府，典籍藏于密府，为史官所垄断，没有个人著述，更没有私人授学，文字掌握在专门人员手中。春秋以降，王官失散，学出私门，延至战国而私学大盛，诸子纷纷聚徒讲学，著书立说。文字的使用范围空前广泛，文字开始走入日常生活。就现在已经发现的战国文字资料而言，不仅有祭祀礼器铸刻铭文，还有兵器、权量、玺印、陶器、货币、简牍、帛书、石器、兵符、旗帜、玉器等，都有铸刻或书写的文字。所以，战国文字资料的种类增加了。

一、铜器铭文

战国铜器铭文出土比较多的是楚器。如20世纪30年代在安徽寿县朱家集楚王墓出土的铜器铭文，50年代在安徽寿县蔡侯墓出土的器物铭文以及也是在寿县发现的五件楚怀王给鄂君启的铜节上的铭文，1978年在湖北随县曾侯乙墓出土的编钟磬铭等。这些资料研究和考释的文章很多。综合性的研究主要有刘彬徽的《楚国有铭铜器编年概述》和李零的《楚国铜器铭文编年汇释》。二文体例相似，依时代前后为序，把所考定楚国铜器铭文依次排列，详注出处，每篇都有释文和考释。刘彬徽的《楚系青铜器研究》（湖北教育出版社，1995年）第六章"楚系青铜器铭文编年考述"后出转精，结合器形研究，断代更有依据，内容也更为丰富，是研究楚铜器铭文重要参考资料。

其他重要的金文资料有1977年河北平山中山王墓出土的铜器铭文，资料见张守中所编《中山王䂂器文字编》（中华书局，1981年）。有很多学者对此进行了研究，如张政烺《中山王䂂壶墨及鼎铭考释》，朱德熙、裘锡圭《平山中山王墓铜器铭文的初步研究》，李学勤、李零《平山三器与中山国史的若干问题》，于豪亮《中山三器铭文考释》等。

其他地方铜器铭文的研究成果有董楚平《吴越徐舒金文集释》。

战国铜器铭文的综合资料见马承源主编《商周青铜器铭文选》的东周青铜器铭文部分。

二、盟书

盟书又叫载书，是春秋战国时期各诸侯国或卿大夫之间，在订立盟誓中所记录的言辞。《周礼·秋官·司盟》"掌盟载之法"郑玄注："载盟辞也，盟者书其辞于策，杀牲取血，坎其牲，加书于上而埋之，谓之载书。"盟誓是为了让神明监督、约束各方的行为，所以要举行一定的仪式，履行一系列的程序。首先参加盟誓的各方一起拟定盟辞，写成载书；然后杀牲歃血，宣读载书；宣读完毕，则将牲、载书一同埋于坎中。参加盟誓的人，必须遵守立盟所规定的约束，如有违犯，就要受到天的惩罚。今天出土载书的地方，就是当年盟誓的地方。

侯马盟书：1965年在山西侯马晋国遗址出土，所获多达5000余件，有600余件字迹清晰可辨。盟书用毛笔书写于圭形的玉或石片上，多数为朱书，少数是墨书。资料经山西省文物工作委员会临摹、整理和考释，著成《侯马盟书》出版（文物出版社，1976年）。2006年，山西古籍出版社出版《侯马盟书》（增订本），著者为张颔、陶正刚、张守中。侯马盟书的年代大约在春秋晚期，盟书文字与通行的晋系文字大体一致。侯马盟书的文字考释成果主要有郭沫若《新出侯马盟书释文》，朱德熙、裘锡圭《关于侯马盟书的几点补释》，吴振武《读侯马盟书文字札记》，李裕民《侯马盟书疑难字考》等。

温县（沁阳）盟书：河南沁阳曾出土两批盟书。第一批是在1930到1942年间修公路时偶然发现的，有几十片，都是墨书文字，由于出土地旧属沁阳县，被称作"沁阳盟书""沁阳载书"。其中八片字迹较为清晰，曾由陈梦家在《东周盟誓与出土载书》一文中作为附录发表。1980年起，河南省博物馆对盟址遗址进行发掘，又出土一批盟书，约有五千余片，多数为墨书，文字风格、辞例、形制诸方面都与侯马盟书相似。这时该地已属温县，遂称作"温县盟书"。

三、货币文字

货币文字指货币上所铸的文字，内容多是铸币地点、机构、面值、干支之类。古代货币有泉、刀、布、贝等。

货币文字的研究最初是资料的著录，把散见的战国货币拓印成册。清代李佐贤《古泉汇》集录东周至明代的各种钱币五千多枚，并加以考证，后又编成《续泉汇》。20世纪30年代，丁福保集成《古钱大辞典》及《古钱大辞典拾遗》，著录了当时所能见到的全部战国货币。80年代，汪庆正主编的《中国历代货币大系·先秦货币》、国家文物局组织编撰的《中国古钱谱》问世。90年代，朱活、蔡运章主编的《中国钱币大辞典·先秦编》出版，所收资料截至1990年底。

除了资料汇集，货币文字研究的一个重要成果是考释。由于货币文字的地域差异很大，形体省变严重，使得货币文字很难辨识。经过学者们的不懈努力，在20世纪后半叶取得了很大进展，一些疑难字得到了释读。黄锡全《〈中国历代货币大系·先秦货币〉释文校订》博采众说，融以己意，纠谬正误，间有新释，集中反映了货币文字考释的成果。

此外，学者们还编纂了供检寻单字用的字典，如商承祚、王贵忱、谭棣华《先秦货币文编》，张颔《古币文编》，吴良宝《先秦货币文字编》，王宏《先秦货币文字释读大字典》等。出版了一批综合研究的著作，如何琳仪《古币丛考》、黄锡全《先秦货币通论》《先秦货币研究》《古文字与古货币文集》、吴良宝《中国东周时期金属货币研究》等。

四、玺印文字

玺印在春秋时代已经出现，但已发现的先秦玺印多为战国遗物，包括官印和私印。主要用于密件封泥、烙印，陶器戳印。

对古玺的收集和著录，早在宋代就已开始。将收集的古玺著录成印谱，始于明代顾研山的《顾氏集古印谱》。入清以后，著录玺印的专书大量出现，据罗福颐先生统计，明清以来至民国年间著录的印谱，有146种，其中印拓的玺印，除去重出的和赝品以外，不下四万余方。民国以后，刊布历代玺印的书籍不下七八十种。1949年后各大博物馆也先后编撰藏印书。

1930年，罗福颐把多年搜集的古玺文字，编成《古玺文字征》。1949年后，他又把故宫博物院收藏的古玺，全国各文博单位收藏的古玺，《文物》《考古》等杂志发表的新出土的古玺，以及目前所能见到的传世印谱中著录的古玺等，统一编成《古玺汇编》（文物出版社，1981年）；又在《古玺汇编》的基础上编成《古玺文编》（文物出版社、中华书局，1981年），该书所录文字均出自《古玺汇编》，全书共收2773字，其中正编1432字，合文31字，附录1310字。这两部书的出版，对古玺文字研究具有很大的推动作用。此后出现了对两书校订研究的成果，如吴振武《〈古玺文编〉校订》（人民美术出版社，2011年）、施谢捷的《古玺汇考》（安徽大学博士论文，2006年）。

《古玺汇编》出版以后，海内外又有不少公私藏家古玺印谱出版，如《故宫博物院藏古玺印选》《湖南省博物馆藏古玺印集》《吉林大学藏古玺印选》《珍藏斋藏印（秦印篇）》《珍藏斋藏印（战国篇）》《天津市艺术博物馆藏古玺印选》《香港中文大学文物馆藏印集》《香港中文大学文物馆藏印续集（一、二、三）》《中国玺印类编》《中国玺印集粹》等。

古玺研究除了文字考释之外，还出版了一批通论性的著作，如曹锦炎《古玺通论》、罗福颐《古玺印概论》、陈光田《战国玺印分域研究》、田炜《古玺探研》等。

五、简牍文字

简牍在战国时早已盛行，西晋时曾在汲郡发现大批战国竹简，称为竹书。但是，由于竹木易朽，战国简牍实物发现得不多。出土的战国简牍主要是楚简和秦简。

楚简均发现于20世纪50年代以后，包括：

信阳楚简。1957年在河南信阳长台关1号楚墓发掘出竹简148枚。《河南信阳楚墓出土文物图录》（河南人民出版社，1959年）集中刊布了该墓出土的竹简图片，《信阳楚墓》（文物出版社，1986年）发布了全部竹简的照片和释文。

望山楚简。1965年在湖北江陵望山楚墓中发掘出一批竹简，1号墓出土207枚，2号墓66枚。《望山楚简》（中华书局，1995年）一书完整公布了这批竹简的照片和释文，并进行考释。

曾侯乙墓竹简。1977年，湖北随县西北擂鼓墩发现了三座大墓，1号墓即曾侯乙墓，除出土著名的曾侯乙编钟外，还出土了竹简240多枚。《随县曾侯乙墓》（文物出版社，1980年）详细介绍了该墓出土的文物及竹简情况。

九店楚简。1981年至1989年，河北江陵九店发掘了596座东周墓葬，在56号墓出土竹简164枚，621号墓出土竹简88枚。《楚文化考古大事记》（文物出版社，1984年）和《江陵九店东周墓》（科学出版社，1995年）报道了竹简出土的情况，《九店楚简》（中华书局，2000年）全部刊布了两墓出土竹简的照片、释文，并对简文进行了考释和研究。

包山楚简。1986年在湖北荆门市十里铺镇王场村一座叫包山大冢的土岗上发掘了9座墓葬，2号墓出土竹简448枚，有字简278枚。《包山楚简》（文物出版社，1991年）一书介绍了包山竹简的出土情况、竹简形制,发表了全部竹简的照片和释文。

郭店楚简。1993年,在荆门市沙洋区四方乡郭店村1号楚国贵族墓出土竹简800多枚,其中有字简703枚。《郭店楚墓竹简》(文物出版社,1998年)一书,发表了全部竹简的照片和释文。

新蔡楚简。1994年,河南驻马店市新蔡县西李桥镇葛陵村平夜君成墓出土竹简1500余枚,竹简照片和释文发布在《新蔡葛陵楚墓》(大象出版社,2003年)一书中。

上博楚简。1994年,上海博物馆从香港文物市场购得两批出土时间和地点不明的战国楚简,共1600余枚,后整理成《上海博物馆藏战国楚竹书》(一至九)由上海古籍出版社出版。

清华楚简。2008年清华大学入藏一批境外抢救回来的楚简,共2500余枚,已有中西书局出版《清华大学藏战国竹简》(壹至柒)。

越来越多的战国楚简发现后,研究的人很多,研究成果也很丰富。除了期刊论文外,还有专著,如史树青《长沙仰天湖出土楚简研究》、陈伟《包山楚简初探》,论文集如《上博馆藏战国楚竹书研究》《上博馆藏战国楚竹书研究续编》。李运富《楚国简帛文字构形研究》(岳麓书社,1997年)从理论上探讨楚文字的构形、特点、流变,对楚文字的构形分析细致,凸现楚文字特点,对文字理论很有贡献。

收录楚简文字的工具书有:张守中《包山楚简文字编》,程燕《望山楚简文字编》,张守中等《郭店楚简文字编》,张新俊、张胜波《新蔡葛陵楚简文字编》,李守奎等《〈上海博物馆藏战国楚竹书〉(一——五)文字编》,郭若愚《战国楚简文字编》,滕壬生《楚系简帛文字编》,李守奎《楚文字编》等。

秦简都是20世纪70年代以后发现的。包括:

睡虎地秦简。1975年,在湖北云梦县睡虎地发掘了12座战国末至秦代的墓葬,其中11号墓出土了大量秦简,用古隶书写。1990年,文物出版社出版《睡虎地秦墓竹简》,集中了学术界对秦简文字的考释意见。张世超、张玉春《秦简文字编》,张守中《睡虎地秦简文字编》是检索睡虎地秦简文字的工具书。

青川木牍。1979年至1980年间,在四川青川县郝家坪发掘了战国晚期的50号秦国墓葬,出土了两块木牍,内容为秦武王二年颁布的田律。《青川县出土秦更修田律木牍——四川青川县战国墓发掘简报》(《文物》1982年第1期)公布了这批材料,于豪亮、李学勤、李昭和等作过考释研究。

龙岗秦简。1989年,湖北云梦县城郊龙岗发掘了9座秦汉墓葬,6号墓葬出土了木牍1枚,竹简303枚。经考证6号墓葬的时间约为秦朝末年。刘信芳、梁柱编著的《云梦龙岗秦简》(科学出版社,1998年),发表了该墓出土的简牍照片和释文,后又有中国文物研究所和湖北省文物考古研究所合编的《龙岗秦简》(中华书局,2001年)出版。

放马滩秦简。1986年,甘肃天水市北道区党川乡放马滩1号秦墓发掘出秦代竹简460余枚。《天水放马滩秦简》(中华书局,2009年)一书公布了该墓发掘简报,以及全部简牍图版和释文。

王家台秦简。1993年,湖北江陵县郢北村王家台发掘了16座秦汉墓葬,15号墓出土秦代竹简800余枚。《江陵王家台15号秦墓》(《文物》1995年第1期)报道了该墓出土的文物及简牍情况,发表了少量竹简的照片和释文。

周家台秦简。1993年在湖北沙市周家台发掘的30号秦墓中,出土竹简381枚,木牍1枚。《关沮秦汉墓简牍》(中华书局,2001年)一书刊发了该墓出土竹简木牍的图版、释文和考释。

里耶秦简。2002年,湖南湘西土家族自治州龙山县里耶镇发掘战国到秦代古城1号井遗址,井中出土少量战国楚简和大量秦代简牍,共计38000余枚。湖南省文物考古所按照出土地层单位整理成五辑,《里耶秦简》(壹、贰)已于2012、2017年由文物出版社出版。

岳麓书院藏秦简。2007年,湖南大学岳麓书院购得一批流失境外的秦简,共计2098枚,其中完整的有1300多枚。2008年,又获赠属同一批的秦简76枚。朱汉民、陈松长整理的《岳麓书院藏秦简》(壹至伍)(上海辞书出版社,2010—2017年)公布了该批竹简的图版、释文和主要研究成果。此外,陈松长《岳麓书院藏秦简(壹—叁)文字编》也于2017年由上海辞书出版社出版。

六、帛书

属于战国的帛书目前只发现一件,是1942年于长沙子弹库楚墓盗掘出土。1944年蔡季襄石印《晚周缯书考证》,首次对楚帛书的形制、文字和图像进行了研究和介绍。1946年,帛书被带到美国,现藏于华盛顿赛克勒美术馆。帛书先后有多种摹本,字数不一。帛书分甲、乙两篇,加上边文,共九百余字,帛书文字属于战国时期典型的楚文字风格,疑难字很多。考释研究帛书文字的成果不断出现,重要的有饶宗颐《楚缯书疏证》、李零《长沙子弹库战国楚帛书研究》和《〈长沙子弹库战国楚帛书研究〉补正》、朱德熙《长沙帛书考释(五篇)》。曾宪通的《楚帛书研究述要》(载《楚地出土文献三种研究》,中华书局,1993年)是对楚帛书问世以来五十多年研究的综述,曾宪通《长沙楚帛书文字编》(中华书局,1993年)集中反映了考释文字的成果,徐在国《楚帛书诂林》(安徽大学出版社,2010年)汇集各家之说并附楚帛书研究论著目录。

七、陶文

陶文是陶制材料上的文字。陶文的主要内容包括制陶的地点、监制者官名、工匠名、吉祥语和制造年月等。

陶文的收藏和考释开始于晚清,陈介祺收集齐鲁各地古陶文甚夥,有《簠斋藏陶》存世,刘鹗《铁云藏陶》始著录刊印陶文。20世纪,著录研究陶文的著作就更多了。1935年,顾廷龙编《古匋文舂录》,是检寻陶文的第一部工具书。1964年,台湾的金祥恒编《陶文编》。1990年,高明编著的《古陶文汇编》出版,收入由商周至秦各种陶文拓片2622件,可以说是陶文资料的总集;作者还编有《古陶文字征》,于1991年出版,共收陶文单字1823个。1994年,徐谷甫、王延林编《古陶字汇》,收录单字总数超过了《古陶文字征》。2006年,王恩田编《陶文字典》出版。2014年,高明、涂白奎编《古陶字录》出版,全书分为三编:第一编单字,收录可识字(含少量隶定字)字头1580多个;第二编合文,收合文34个;第三编附录,收未识字521个。各编所录字下注明出土地域、原著录书籍简称及卷数编号或页码、年代，便于查检原书和对比不同地域陶文在构形上的不同。

八、石刻文字

石刻文字材料主要是秦刻石，包括秦公大墓石磬文字、秦骃玉版文字、传世的石鼓文和诅楚文。

秦公大墓石磬文字：20世纪80年代，陕西凤翔县南指挥村发现秦公一号大墓，墓中出土残石磬多枚，石磬上刻有长篇铭文，经缀合后可辨识的铭文有200多字。王辉、焦南峰、马振智著有《秦公大墓石磬残铭考释》。

秦骃玉版文字：发现于20世纪末，相传出土于陕西华山下农村，现藏于上海博物馆。玉版共两件，铭文相同，每版正反两面皆有文字，或镌刻，或朱书，共近300字，记载了秦曾孙骃生病久治不愈，向华山祈祷，希望神灵宽恕他的罪过，让他早日痊愈。玉版面世以来，先后有李零《秦骃祷病玉版的研究》、李学勤《秦玉牍索隐》，王辉《秦曾孙骃告华大山明神文考释》、曾宪通、杨泽生、肖毅《秦骃玉版文字初探》，周凤五《秦惠文王祷祠华山玉版新探》，连劭名《秦惠文王祷祠华山玉简文研究》《秦惠文王祷祠华山玉简文研究补正》，李家浩《秦骃玉版铭文研究》，侯乃峰《秦骃祷病玉版铭文集解》等论文对其进行了研究，主要涉及玉版的年代、行款、字数、文字释文及考释、文字风格、铭文性质、祭祀对象等。东北师范大学王美杰的硕士论文《秦骃玉版研究》（2007年）将他们的研究成果综合起来进行整理与分析，作了集释和进一步的考证。

石鼓文：石鼓文是刻在十块鼓形石头上的长篇韵文，每石刻四言诗一首，共十首，现仅存356字，记述君王游猎的情景。石鼓于唐朝初年出土于天兴（今陕西凤翔）三畤原，现藏故宫博物院。唐人以为石鼓是周宣王时物，宋人始指出为秦人之物，石鼓文的年代一般认为在春秋战国之际。

石鼓文发现以来为历代文人所推重，书家更是将其作为秦大篆的典型。唐代的石鼓文拓本没有流传下来，今天流传的是宋代拓本。郭沫若著有《石鼓文研究》一书，采用的拓本较为优良。徐宝贵《石鼓文整理研究》一书汇集了各种拓本、摹刻本、影印本、摹写本，并进行了对比研究。

诅楚文：诅楚文是战国时期秦国向神灵祈祷，诅咒楚国的刻石。《诅楚文》石刻有三块，分别刻有秦王使宗祝在神前诅咒楚王的文章。三篇文章文词相近，只是祈求的神灵不同，分别是《告巫咸文》《告大沈厥湫文》和《告亚驼文》。相传三块刻石均出土于宋代，《告巫咸文》于嘉祐年间出土于陕西凤翔开元寺，《告大沈厥湫文》是治平年间有农民在朝那湫旁耕田获得，《告亚驼文》出土情况不明。三块刻石南宋后已不知下落，现存的几个拓本也不是原拓，都是摹刻本，其中元至正中吴刊本为最佳。

北宋诅楚文刻石一经出土，就受到了当时人的重视。苏轼为之作赋，欧阳修为之考订，之后有黄庭坚、张先、叶适、范成大、赵明诚、姚宽、陈思、章樵等文人学者纷纷为之题咏、著录、注释和考证。近人研究诅楚文的也有很多，容庚、郭沫若、姜亮夫都做过考释，近年还一直有新的研究成果问世，如陈世辉《诅楚文补释》，陈炜湛《诅楚文献疑》，陈昭容《从秦系文字演变的观点论诅楚文的真伪及其相关问题》，赵平安《诅楚文辨疑》，史党社、田静《郭沫若〈诅楚文考释〉订补》等。

对战国各类文字材料考释研究的成果已见上述。对战国文字做全面系统研究的有何琳仪的《战国文字通论》（中华书局，1989年）、《战国古文字典——战国文字声系》（中华书局，1998年）和汤余惠主编的《战国文字编》（福建人民出版社，2001年）。

《战国文字通论》共分五章。第一章"战国文字的发现和研究"，按时代顺序分别介绍古代、近代、现代战国文字的发现和研究，重点介绍现代战国文字的发现和研究，为全面了解战国文字研究状况提供了最便捷的途径。第二章"战国文字与传钞古文"，主要介绍《说文解字》籀文、《说文解字》古文、三体石经、《汗简》、《古文四声韵》五种传抄资料。用大量战国文字例证与传抄古文相互比较，说明传抄古文渊源有自，指出其在释读战国文字时不可替代的字典作用。第三章"战国文字分域概述"，介绍战国时代齐系、燕系、晋系、楚系、秦系的主要传世和出土文献资料。这是对五系文字资料第一次全面地分类和隶定，也是进一步研究战国文字的基础。第四章"战国文字形体演变"，归纳战国文字中五种演变规律，即简化、繁化、异化、同化、特殊符号，每一种又分为若干小类。书中举了很多例证，标准字形和非标准字形两相比较，有较强的说服力，为先秦古文字的形体研究提供了大量的对比资料，也为初学者释读战国文字奠定了坚实的基础。第五章"战国文字释读方法"，列举了40个考证战国文字的实例，归纳其考释方法为8种，即历史比较法、异域比较法、同域比较法、古文比较法、谐声比较法、音义相谐法、辞例推勘法、语法分析法。2003年，何琳仪又出版《战国文字通论（订补）》（上海古籍出版社），根据近二十年新出土的资料和新的研究成果，对原书进行大量增补，书末还附有近10万字的文献目录，将有关战国文字方面的专著和论文收录殆尽。

《战国古文字典——战国文字声系》对庞杂的、分散的战国文字材料进行了一次全面系统的归纳，是我国第一部研究战国文字形、音、义的综合字书，虽名为字典，但并非资料汇编，在许多方面体现着作者对战国文字的研究成果，也是一部反映战国文字研究水平的学术著作。文字按声系排列，便于对照比较和查检。

《战国文字编》集战国文字研究之大成，所收文字包括铜器、兵器、货币、陶器、玺印、封泥、刻石等器物铭文及大量简牍、帛书文字。凡已公开发表的以郭店楚简为下限的战国文字资料均在收录范围之内，同时还酌情收录了一些春秋晚期和秦代的文字，力求完整地反映战国文字的全貌。此外，还收录了一部分国内尚未发表的属于秘本的战国印谱上的印文资料，以及在日本出版但在此前未被国内载录的印文资料。这些资料对研究战国文字极为珍贵。《战国文字编》正编收5618个字头，18288个字形；合文338条，635个字形；附录959条，1113个字形。在字头和字形的总数上，超过了以往的同类工具书。字形之下标明出处和地域，按学术界通行的秦、楚、三晋、齐、燕五系文字分法，对所收字例加以甄别，为检核该字所在文句、研究其所属地域提供了便利。附录部分收集了千余个构形不明、难以厘定的字，为今后研究考索保留了一份珍贵的资料。《战国文字编》既是一部对战国文字做总结性研究的学术专著，也是一部较全面反映战国时期文字的字典。

第九章　现代汉字的研究

什么是现代汉字？对这个问题大家的理解不一致。王伯熙把小篆以前的汉字称为"古代汉字"，汉隶以后的汉字称为"现代汉字"[①]；唐兰把隶变以后的汉字称为"近代汉字"[②]；苏培成把"现代汉字"理解为记录现代汉语的字，"现在使用的汉字分为两类：古今通用的字和记录现代汉语专用的字，叫作现代汉语用字；记录古代汉语专用的字叫作古代汉语用字，或者叫文言古语用字。现代汉语用字简称为现代汉字。"[③]

汉字有悠久的历史，历代积累的字很多，所以字典的收字量也越来越多，但是这些字并不在一个历史平面上。现代汉字当然不能包括那些历史上曾经使用，但是现代已经不再使用的字。因此，现代汉字可以理解为现代汉语用字。

现代汉字的来源，包括以下四类：

（1）传承字，即产生于古代而现代仍继续沿用的，如"天人水山"等。

（2）新造字，即现代为新概念造的字。最多的是化学用字，如"砹碲碘氨氘氮氖氰氡氟氦铱镙铥琉漦嗪肽"等；其次是一般日常用字，如"媛橱掰蹦踮叨糁甩乒乓猞"等；再次是方言字，如"煲甭煸汆嗲腚哏凼"等；还有象声字，如"哎嘣啵嚓噔咕咚嗨"等。

（3）借用字，指古代曾经用过，但古代音义已经消亡，现代重新使用这一字形，音义与古代不同的字。比如：

她，《玉篇》："古文姐字。"《说文解字》："蜀谓母曰姐。"

[①] 王伯熙《文字的分类和汉字的性质》，《中国语文》1984年第2期。
[②] 唐兰《中国文字学》，上海古籍出版社，1979年。
[③] 苏培成《现代汉字学纲要》（增订本），北京大学出版社，2001年。

《六书故》:"姐,古文或从也声作她,或从者声作媎。"音jiě。今为女性第三人称代词,音tā。

旮,《篇海》:"与旭同。"今为"旮旯"的"旮"。

胺,《广韵》"乌葛切",《集韵》"阿葛切",并音遏,肉败臭。今为化学用字,如"多巴胺"。

这里实际有两种不同情况。一种是有意借用已经不用了的古字记录音义相关的新概念,如"胺",音àn,《现代汉语词典》:"氨分子中部分或全部氢原子被烃基取代而成的有机化合物。[英amine]"读音àn取英文的第一个音节,写作"胺"是因为这个字的声旁"安"可以表示读音,义旁"月(肉)"可以表示有机物。另一类并非有意借用古代的字形,而是造字偶合的历时同形字,如表示第三人称代词女性的"她"是从"他"改换偏旁而成,恰巧与古代"姐"的异体字"她jiě"同形。

(4)简化字,指与繁体字相对应,现代已经简化了的字。

古今传承字占现代汉字的75%左右,简化字占20%多,现代新产生的字还不到5%。①

第一节 现代汉字的形体分析

现代汉字字形的结构单位包括:笔画、部件、字。笔画组合成部件,有的部件只有一个笔画;部件组合成字,有的部件可以单独成字。

现代汉字形体分析包括现代汉字的基本笔画及笔画的组合方式、基础部件及部件的组合方式等。这些问题的研究,对于汉字字形的规范、汉字的基础教学、汉字的计算机处理都有重要意义。

一、笔画

(一)笔画的定义

笔画是现代汉字字形的结构单位。古汉字是象形文字,是由"随体

---

① 丁方豪《现代汉字造字法探索》,《语文现代化》第10辑,知识出版社,1990年。

诘诎"的线条绘成的，随着汉字的发展演变，象形性越来越弱，符号性越来越强，为书写方便，"随体诘诎"的线条被分解、拉直，隶书以后的汉字完全演变成笔画构成的符号字了。

笔画包括两方面的含义，一是笔法，包括运笔方向和运笔的方法，一是笔形，就是不同的运笔方向、运笔方法在纸面上留下的不同形状的点线。因此从书写的角度说，笔画是书写汉字的最小连笔单位，从下笔到抬笔的过程就是一笔（或一画）；从字形的角度看，笔画是构成汉字字形的最小单位，因而也是汉字字形的最小区别单位。后者也称"笔形"。

（二）笔画的种类

汉字的笔画有横、竖、撇、点、捺、提、钩、折、弯，其中，横、竖、撇、点、捺、提是能独立书写、独立存在的基础笔形，而钩、折、弯是书写时运笔方向转变的方式，不是独立存在的笔形。

基础笔形的区别特征是方向和弧度（或斜度），比如横的特征是左右平直，竖是上下竖直，撇是上下向左倾斜，捺是上下向右倾斜，提是左右向上倾斜。长短、弧度的大小不是笔形的区别特征，不构成不同的笔形，而是形成基础笔形的变体，比如长横、短横都属于横，长竖、短竖都属于竖，长撇、短撇、横撇、竖撇都属于撇，斜捺、平捺都属于捺。

点是笔尖顿按的动作留下的痕迹，无所谓长短，只有方向的不同，因此，从笔形来看，点以短为特征构成与其他基础笔形的区别。横、竖、撇都有短笔的变体，但是此短笔是相对于长笔而言的，不构成笔形的区别；而点的短是绝对的，短到不计长短。因此，横、竖、撇短到极致就演变为点，而左向的点拉长一些就变为撇，因此点有左点、右点等变体。

钩是长笔画结束时的反向回笔动作留下的痕迹，因此钩不是独立的笔形，只能附着于别的笔形。钩可附着在各种长笔画上，有横钩、竖钩、撇钩、捺钩等。折和弯是描写笔画方向变化的，折是笔画从一个方向直角转向另一个方向，比如横折向竖，竖折向横，横折向撇，撇折向横；弯是笔画从一个方向圆滑地转向另一个方向，比如竖弯向横。折、弯不是独立的笔画，因此也不是基础笔形。

1. 基础笔画（笔形）

基础笔形是书写时方向没有变化的单一笔形。基础笔形有如下六种：

一 横是从左向右横向运笔形成的直线

丨 竖是从上向下垂直运笔形成的直线

丿 撇是从右上向左下运笔形成的斜弧线

丶 点是从上向下侧方顿笔形成的斜短线

㇏ 捺是从左上向右下运笔形成的斜弧线

㇀ 提是从左下向右上的斜线

2. 复合笔画（笔形）

复合笔形可以看成是两个或两个以上不同方向的基础笔形的组合。包括：

二合笔形，如：㇆（横+竖） ㇇（横+撇） ㇄（竖+横）

㇗（竖+提） ㇒（撇+横） ㇙（撇+点）

三合笔形，如：㇉（横+竖+横） ㇊（竖+横+竖）

四合笔形，如：㇋（横+竖+横+竖） ㇌（横+竖+横+撇）

3. 带钩笔画（笔形）

钩不是独立存在的笔形，而是在别的笔画结束时反向回笔带出来的附着笔形，可以附着在基础笔形或复合笔形之上。带钩的笔画可以看成派生笔画，可分为基础带钩笔画和复合带钩笔画两类。

a. **基础带钩笔画**，如：㇀ 亅 ㇂ ）

横、竖、捺都是可以独立存在的基本笔画，也可以带钩形成横钩（㇀）、竖钩（亅）、捺钩（㇂）等派生笔画；弯竖钩（）的弯竖和钩都是不能独立存在的，因此，弯竖钩是一个独立的笔画，但是弯竖不是一个基础笔画。

b. **复合带钩笔画**，如：㇄ ㇠ ㇈ ㇆ ㇌ ㇉

复合带钩笔画有两类：一类是复合笔画结束时向反方向回笔形成的，可以看成是复合笔画带钩形成的派生笔画，如㇄（竖横钩）是竖横带钩；一类是带钩笔画与其他笔画组合而成，如⺄（横捺钩）是横和捺钩复合而成，乙（横竖横钩）是横和竖横钩复合而成，了（横撇弯竖钩）是横撇和弯竖钩复合而成。

下表列出现代汉字所有的笔画（笔形），复合笔画的名称是依序罗列基础笔画名而成。

表1 现代汉字笔画分类表

	笔画	名称	例字		笔画	名称	例字
基础笔画	一	横	一二三日	基础带钩笔画	㇀	横钩	买皮它写
	丨	竖	旧丰正五		亅	竖钩	子手水找
	丿	撇	无危生我		㇏	捺钩	心必成线
	丶（丶）	点	求点刃宝		㇂	弯竖钩	豕家象蒙
	㇏	捺	人又之过				
	㇀	提	求或冰轮				
复合笔画	㇆	横竖	口马页	复合带钩笔画	㇇	横竖钩	巾门也那
	㇇	横撇	又久子之		㇌	横捺钩	飞凤风
	ㄴ（乚）	横竖横	凹朵投		㇌	横撇弯竖钩	队阿
	㇙	横竖提	语论		㇉	横竖横钩	九几
	㇅	横竖横竖	凸		乙	横撇横钩	乙亿
	㇊	横竖横撇	及		㇋	横竖横竖钩	乃
	ㄴ（L）	竖横	区发四西		㇡	竖横钩	乱化匹
	㇗	竖提	衣长以即		㇍	竖横竖钩	与马弟考
	㇄	竖横竖	鼎				
	㇂	撇横	台车会线				
	㇛	撇点	女好				
	㇜	撇横撇	矢专				

说明：

（1）根据所处位置的不同，基础笔画点有右向和左向的变体。

（2）竖和横的复合笔画，从横向竖有两种转向的方式，一是直角折转（折），一是圆弧弯转（弯），但是形成的笔画并没有区别作用，也就是说把折转换成弯转或把弯转换成折转，都不会影响整体字形，因此把它们看成一个笔画的两个变体；同样的道理，横竖横的复合笔画也有折转和弯转的两个变体。

（3）撇有斜度大小的变体，斜度最小时跟竖很接近，但是撇不能变成完全垂直的竖。"专"的第三笔是撇横撇，而不是竖横竖，是因为两个斜向的笔画斜度可以有大小的变化，但是不能写成垂直的，因此是撇的变体，不是竖的变体。竖与横复合时可以带有一定的斜度，但这个带斜度的笔画仍然是竖的变体，因为它也可以写成完全垂直。比如"发"的第一笔归入竖横而不是撇横，是因为这个斜的竖可以写成直的，但是不能写成斜度更大的撇，因此是竖的变体而不是撇的变体；同样的道理，复合笔画"㇄"是竖横竖钩而不是撇横撇钩。

（4）"乚（横竖横钩）"与"乙（横撇横钩）"是两个不同的笔画，虽然前者中间的竖笔可以带有一定的斜度，但是后者中间的撇笔斜度可以变小却不能完全垂直，因此前者归于竖的变体，后者归为撇。

这样，汉字的笔画种类就是：基础笔画6种、基础带钩笔画4种、复合笔画12种、复合带钩笔画8种，总共30种。

（三）笔画的组合方式

笔画的组合有三种方式：

1. 相离，两个笔画没有相连的地方，完全分离。如：二八川六。
2. 相接，两个笔画在某处相连，又包括相切和连接两种形式。
   a. 相切，一个笔画从中间与另一笔画相连。如：人入上工乍。
   b. 连接，两个笔画在端头相连。如：厂口凹弓。
3. 相交，两个笔画从中间相交。如：十丈丰井。

同样的笔画因为组合方式不同可以构成不同的字形，如：大/丈、力/刀、工/土/士、人/入等。因此，笔画的组合方式也是区别汉字字形的基础。

二、部件

（一）部件的定义

大于笔画、小于字的中间单位叫部件。部件是从字形中分析出来的相对独立的块，部件由笔画组合而成。部件通常是几个笔画的组合体，最小的部件可由一个笔画构成，这样的部件是单笔部件。部件是字形的组成单位，部件与部件组合成字，形体最简单的字可以由一个部件构成。比如部件"日"可以单独构成"日"字，也可以和单笔部件"｜"组合成"旧"字，还可以和部件"立"组合成"音"字。

部件分析在识字教学、计算机处理汉字、汉字检索和现代汉字字形整理等方面都有重要意义。

部件和传统文字学的偏旁概念既有联系又有区别。偏旁是合体字的组成部分，因为汉字合体字多为左右结构，所以称为"偏旁"；独体字没有偏旁。部件是汉字字形的结构单位，一个字可以由多个部件组成，也可以只包含一个部件。偏旁是从汉字内部结构分析的，根据构字功能分成义旁和声旁；部件是从字形外部结构分析的，部件可以没有音义。比如从"秦""奏""奉""春""泰"等字中分析出的部件"夫"，是一个既没有读音，也没有意义的笔画组合体。有些字从构字的角度来说是独体字，不能进行偏旁分析，但是无论是识字教学还是计算机文字处理都要求对汉字做进一步的分析，于是出现了纯粹从形体分析的部件。比如："黄"，从构字的角度是不能分析的独体字，从字形的角度可以把它拆分成三个部件：艹、由、八。

部件有成字部件和不成字部件，比如"由""八"是可以独立成字的部件，"艹"是不能单独成字的部件。但是"由""八"和"艹"一起组成"黄"字时，跟"由""八"这两个字没有任何关系，只是一个形体单位——部件。而"由""八"在构成"油""叭"这两个字时是以表音的功能参与构字的，把"由""八"的读音带进所构成的新字中去。因此"油""叭"中的"由""八"既是构形的部件，也是声旁。

部件是汉字形体拆分出来的相对独立的单位，正因为它的相对性和拆分的主观性，所以部件的拆分很乱，没有统一的标准。1997年国家语委发布《信息处理用GB13000.1字符集汉字部件规范》，其核心部分就是《汉字基础部件表》，共有基础部件560个，其中包括主形部件和附形部件，相关的部件归纳为393组。用这560个部件，可以组成GB13000.1字符集的20902个汉字。

2009年3月，教育部、国家语委发布《现代常用字部件及部件名称规范》，共有514个基础部件，分成441组，其中包括成字部件311个，非成字部件203个。用这些部件可以组成《现代汉语常用字表》的3500字。

两个规范的目的不同，一个主要用于汉字信息处理，一个主要用于汉字基础教学，因此在基础部件的确立上还是有些不同的地方。比如《信息处理用GB13000.1字符集汉字部件规范》中"黄"字分析成"卝""由""八"三个部件，而《现代常用字部件及部件名称规范》中"黄"是一个基础部件，不再拆分。

（二）部件的名称

《信息处理用GB13000.1字符集汉字部件规范》，因为用于计算机的文字处理，部件可以不加命名，但是用于教学的部件需要称说，必须给每个部件一个统一的名称。所以《现代常用字部件及部件名称规范》也制定了命名的规则。

1. 《现代汉语常用字表》中的成字部件按读音命名，多音的成字部件按较常用的读音命名，比如"口（kǒu）""木（mù）""石（shí）"。《现代汉语常用字表》以外的成字部件，给出读音后再按部位命名，如"殳"的名称是"殳（shū）"和"设字边"，"聿"的名称是"聿（yù）"和"律字边"。

2. 按俗称命名。非成字部件俗称通行的用俗称命名，如"辶"称"走之"，"氵"称"三点水"，"宀"称"宝盖"。有多种俗称的采用一个含义明确、比较通行的俗称，如"亻"称"双立人"，"纟"称"绞丝旁"。

3. 按笔画命名。如"丿"称"撇"，"丶"称"点"；成字的单笔部件可以根据字音和笔画双重命名，如"一"称"一"或"横"，"乙"称"乙"或"横折弯钩"。

4. 按部位命名。以上三类以外的部件，采用代表字及部件在代表字中的部位命名，如"癶"称"登字头"，"廾"称"弄字底"，"丬"称"将字旁"，"尤"称"枕字边"，"囗"称"围字框"，"巛"称"巡字心"，"歹"称"餐左角"，"勹"称"黎右角"，"凵"称"临下角"。由某字变形而来的部件，用本字加部件常出现的部位命名，如"爫"称"爪头"。由某些部件省减而成的部件变体，用"×省"命名，如"第"中的"弔"称"弟省"，"岛"中的"鸟"称"鸟省"。

（三）部件组合的基本结构方式

部件组合的基本结构方式有四种：

1. 整体结构。由一个部件单独组构成字。如：

田、人、大、中、女、母

2. 左右结构。部件呈左右排列，书写时从左到右。如：

形、明、件、排、湘、撇

3. 上下结构。部件呈上下排列，书写时从上到下。如：

基、笑、另、葬、暴、意

4. 包围结构

一个部件包围别的部件。分全包围、三面包围、两面包围三种类型：

（1）全包围，即四面包围结构，主要是"囗"这个部件包围别的部件。如：

困、国、图、固、团

（2）三面包围，如：

凶、函、幽、区、医、匪、周、凤、问、闰

（3）两面包围，如：

旭、起、追、勉、建、句、勺、病、厌、庆、启

《汉字信息字典》按四种基本结构模式对7785个字的结构作了统计，结果如下表：

表2　《汉字信息字典》四类结构构字统计表

结构类型	整体结构	左右结构	上下结构	包围结构	合计
字数	323	5055	1654	753	7785
百分比%	4.2	64.9	21.2	9.7	100

第二节　汉字的规范化和标准化

汉字有三千多年的历史，对历代传承的汉字进行整理，使之规范化、标准化，使之更好地为社会交际、文化教育、科学技术服务，这是政府非常重视的一项工作。中华人民共和国成立之初，政府就设有专门的机构进行文字的整理工作，1954年成立了中国文字改革委员会，1985年改名为国家语言文字工作委员会，专门负责语言文字的规范工作。

一、异体字的整理

异体字是自古以来就存在的，从商代、西周一直到春秋战国，文字基本上处于自发发展的状态，文字不定形、异体众多是早期文字的必然现象。秦始皇的"书同文"运动对文字起到了规范化的作用，但是，小篆通行的时间很短，就被隶书所代替。在文字的发展过程中，异体、俗体字仍然不断产生，虽然历代政府的正字工作和字典、字样对文字的规范起到了一定的作用，但是，真正对汉字异体进行整理、规范，由政府以法律法规的形式颁布规范写法，废除异体，那还是中华人民共和国成立之后的事。1955年12月，文化部、文字改革委员会发布了《第一批异体字整理表》，共整理了793组1815字，选用规范字形793个，淘汰异体字形1022个。

选定规范字形依据的原则主要有三条：

1. 从俗。选定最通用的，废除较生僻的。如"乃—廼廻""腿—

骹",选定前者作为规范字形。

2. 从简。选用笔画较简单的,废除笔画较复杂的。如"杰—傑""泪—淚",选定前者作为规范字形。

3. 书写方便。偏旁上下、左右结构异体的,一般选用左右结构的字形。如"惭—慙""群—羣",选定前者作为规范字形。

发布字表时的通知中说:"从实施日起,全国出版的报纸、杂志、图书一律停止使用表中括弧内的异体字。"通知还规定,下列几种情况可以继续使用被淘汰的异体字字形:

1. 翻印古书需要用原文原字的;

2. 商店原有牌号不受限制;

3. 停止使用的异体字中,有用作姓氏的,在报刊图书中可以保留原字,不加变更,但只限于作为姓用。

1956年3月,文字改革委员会、文化部发出修正通知,恢复了《第一批异体字整理表》中"阪""挫"二字的规范汉字身份。1986年10月,国家语委重新发布的《简化字总表》又决定"䜣、谦、晔、奢、诃、鲔、绌、刬、鲙、诓、雠"11个类推简化字为规范字,不再作为淘汰的异体字。1988年3月,国家语委和新闻出版署发布《现代汉语通用字表》,又恢复了"菁、邱、於、澹、骼、彷、菰、涸、徵、薰、黏、桉、愣、晖、凋"等15个字为规范字,不再作为淘汰的异体字。2013年6月,教育部、国家语委发布《通用规范汉字表》,又去掉了"谦、绌、鲔"三字,"谦""绌""鲔"分别作为"宴""绸""鳅"的异体字出现在附录中。在这个字表中,又恢复了一些《第一批异体字整理表》作为异体字淘汰的字的合法地位,比如:"皙",义为人的皮肤白,不再作为"晰"的异体字;"瞋",义为发怒时睁大眼睛,不再作为"嗔"的异体字;"噘",义为噘嘴,不再作为"撅"的异体字;"蹚",义为蹚水、蹚地,读tāng,不再作为"趟(tàng)"的异体字;"勠",义为合力,不再作为"戮"的异体字。有的在特定意义或用法上恢复使用,如:"脩",用于表示干肉,如"束脩",其他意义用"修";"蒐",用于表示草名和春天打猎,其他意义用"搜";"劀",用于科学技术术语,如中医学中的"目劀",其他意义用

"札"；"喆""淼""勋""澂"等可用于姓氏人名。《通用规范汉字表》附录《规范字与繁体字、异体字对照表》收录794组共计1023个异体字。附录收录的异体字不都是淘汰字，而是在特定意义上作为规范字使用，这是第一次明确在异体字处理方式上不再采用单一方法。

二、汉字的简化

从产生之日起，汉字就存在着简体和繁体的不同。古文字阶段，字形不固定，一个字往往有很多种写法，有的简，有的繁，后来大部分字的简体形式流传下来。比较小篆和籀文，大都是小篆简而籀文繁。秦代的统一文字和汉字的正字运动，尤其是《说文解字》一书的影响，使得汉字的字形固定下来。但是，随着文字使用的日益频繁，书写负担的加重，民间出现的简体字越来越多，流通的面也越来越广。汉魏六朝的碑刻，唐朝的写经，宋元以后的平话、杂剧、唱本中都有很多简体字。前面所说的异体字中，也有的简，有的繁，有些异体的产生就是由于简写。所以可以说，简体字，是在汉字历史上不断发生的，只不过在历史上一般被当成不能登大雅之堂的"俗字""别体"。

我们这里所说的汉字简化，不是指汉字在发展过程中沿着趋简方向的自然演化，而是由政府专门部门有组织、有计划、有目的地对整个汉字系统进行的简化运动。中华人民共和国成立后，为了扫除文盲，普及文化，有关机构一直在研究汉字的简化工作。1956年1月，国务院通过了文字改革委员会提出的《汉字简化方案》，1964年3月7日，文字改革委员会、文化部、教育部联合发布《关于简化汉字的通知》。根据《汉字简化方案》和《关于简化汉字的通知》的精神，文字改革委员会归纳整理出《简化字总表》，编印出版。

《简化字总表》共收简化字2238个，简化了2264个繁体字。有的两个或两个以上的繁体字简化为同一个字，如：发（髪發）、获（獲穫）、纤（縴纖）、坛（壇罎）、脏（臟髒）。

1986年，国家语委重新发布《简化字总表》，对原《简化字总表》中的个别字作了调整。该表分三个表：第一表，不作简化偏旁用的简化字350个；第二表，可作简化偏旁用的简化字132个和简化偏旁14个；第三表，应用第二表所列简化字和简化偏旁得出来的简化字1753个。

汉字简化的方法主要有以下几种：

1. 保留局部。把原字中的一部分简化掉，只保留体现原字特征的局部。如：

    麗—丽　務—务　業—业　際—际　時—时
    習—习　奮—奋　處—处　廣—广　豐—丰

2. 简化偏旁。将形声字的声旁或形旁换成一个比较简单的偏旁，仍保留形声结构。如：

    懼—惧　墳—坟　櫃—柜　鄰—邻
    礎—础　遲—迟　膽—胆　構—构

3. 局部改为声符。保留原字的一个部件，其余的部分改成标音的部件。如：

    歷曆—历　華—华　畢—毕　竄—窜　異—异

4. 符号代替。用笔画简单的符号代替原字的部分。如：

    觀—观　鳳—凤　嘆—叹　對—对
    鄧—邓　趙—赵　風—风　環—环

5. 同音代替。用笔画较少的同音字代替繁体字。如：

    乾榦幹—干　穀—谷　後—后
    鬥—斗　麪—面　餘—余

6. 草书楷化。草书是为书写快速而形成的潦草写法，形体相对简单，往往只保留字的轮廓，草书楷化就是将草书字形按楷书的笔画写下来。如：

    樂—乐　盡—尽　專—专　書—书　為—为
    會—会　葦—韦　車—车　當—当　歸—归

不少简化偏旁都是用这种方法简化的，如"仑、讠、亻"等。

7. 省去累加的偏旁，恢复古字。汉字发展过程中，为了表义表音的明确性或分别表词，经常有累加偏旁的现象，简化字去掉累加的偏旁，则是恢复古字。如：

雲—云　電—电　氣—气　從—从　網—网

8. 全新造字。即另造一个新的笔画比较少的字，简化字与繁体字没有形体上的联系。如：

頭—头　義—义　叢—丛　體—体
護—护　驚—惊　聽—听　響—响

这些新造字采用的还是传统的造字法，也有新的发展。比如"头"是"斗"变形加笔分化；"义"是"乂"加笔分化；"丛"是"从"加笔而成，所加的横画还有示义作用。以上是转注字。"体"是人之本，新会意字。"护""惊""听""响""忧"都是新形声字。

9. 偏旁类推简化。《简化字总表》第三表就是应用第二表所列简化字和简化偏旁类推出来的简化字。

汉字简化成功地减少了汉字的笔画。《简化字总表》所收繁体字平均每字15.6画，简体字平均10.3画，平均每字减少了5.3画，给书写带来了一定便利。汉字简化的重点是常用字和常用偏旁，降低了学习掌握的难度。

简化字也对汉字的结构和系统性造成了一定的影响，比如草书楷化形成的简体字大都是汉字系统中原来没有的部件，结果增加了汉字的基础部件。符号代替使得原来表义的义旁和标音的声旁变成了纯粹的部件，失去了与文字音义的联系，尤其是一个符号代替好几个偏旁，如用"又"代替"雚""莫""甚"等，破坏了偏旁的系统性。有的符号代替的是原字中的部分形体，如"风""凤"中的"乂""又"，使得原字结构完全破坏。

三、现代汉字的规范和标准

文字是全社会使用的书面交际工具，为了交际沟通的效率，文字需要社会规范。中华人民共和国成立后，政府比历史上任何一个时代都更重视文字的规范工作，颁布了《中华人民共和国国家通用语言文字法》，从法律上规定了规范汉字的地位，由国家语委负责语言文字的规范工作，发布了很多关于文字使用的规范和标准。现代信息社会，更是对文字规范提出了更高的要求。

（一）字形的规范

1965年1月，文化部、文字改革委员会发布《印刷通用汉字字形表》，确定了印刷汉字字形的规范标准，收字6196个。确定印刷汉字字形规范的原则：印刷体尽量与手写体一致。有些字旧字形与手写体有差异的，确定的新字形与手写体一致。如：

旧字形：別黃橫戶換沒溫研娛虛爭値眞愼尙悅
新字形：别黄横户换没温研娱虚争值真慎尚悦

1988年3月，国家语委、新闻出版署发布《现代汉语通用字表》，收7000字。2013年6月教育部、国家语委发布《通用规范汉字表》，收8105个字，分为三级。字形标准继承了《印刷通用汉字字形表》。

（二）笔顺的规范

笔顺是书写时笔画的先后顺序。笔顺是在书写汉字的长期过程中形成的习惯。一般的字，书写时大家的笔顺习惯基本相同。

王力《正字法浅说》总结了汉字笔顺的二十字口诀："先上后下，先左后右，先外后内，先横后竖，最后封底。"王凤阳《汉字学》又补充了"先撇后捺""先中后旁"。付永和《汉字的笔顺》又增加了"先撇后折""后写右上的点""后写内点"。

笔顺规则是根据人们的书写习惯总结出来的，绝大多数字大家的书写习惯是一致的，但是也有少数字先写哪一笔后写哪一笔不好确定，个人有不同的习惯，如"必""九""与""臼"等，这时就需要规范。

1965年的《印刷通用汉字字形表》和1988年的《现代汉语通用字表》都是按笔画笔形排序的，隐含着笔顺规范，但没有明说。1997年4月，国家语委、新闻出版署联合发布《现代汉语通用字笔顺规范》，列出了7000个通用字的笔顺。规范中每个汉字的笔顺用三种形式表示：一是跟随式，一笔接一笔地写出整字；二是笔画式，用横、竖、撇、点、折五个基本笔画表示；三是序号式，用横、竖、撇、点、折五个基本笔画的序号1、2、3、4、5表示。

　　笔画的书写顺序与一个字的笔画数密切相关。如"区"字如果第二笔写撇，最后一笔就是竖折，整字四笔；如果第二笔写竖，那么最后一笔就是横，整字五笔。这两种笔画顺序影响到该字的笔画数。笔画数是汉字的重要属性，按笔画数多少给汉字排序是使用很久也很广泛的一种排序法，笔画排序法是结合笔顺笔形进行的，就是先按笔画数由小到大排序，笔画数相同的字再根据笔顺，逐笔比较笔形，按横、竖、撇、点、折顺序排序，因此，统一规范汉字笔顺是统一笔画排序的前提。

　　（三）字音的规范

　　现代汉字是标记词或语素的，字音实际上是词或语素的读音。普通话某些词语或词语中的某个字在口语中存在两种或以上的不同读法，比如"发酵"的"酵"有人读jiào，有人读xiào，"波浪"的"波"有人读bō，有人读pō，这样的词叫做异读词。异读指形成势力的不同读法，不包括个人的误读。有异读的词需要经过审定，确定一个正确的读音标准。为此，中国科学院组织专家成立普通话审音委员会，负责异读词读音的审定工作。1957年到1962年，审音委员会分三次发表《普通话异读词审音初稿》，并于1963年辑录成《普通话异读词三次审音总表初稿》。1982年6月重建普通话审音委员会，对初稿进行重新修订，修订"以符合普通话语音发展规律为原则，以便利广大群众学习普通话为着眼点，采取约定俗成、承认现实的态度。对《初稿》原订读音的改动，力求慎重"。修订稿经国家语委、国家教委、广播电视部审核通过，作为普通话语音规范的标准，于1985年12月，以《普通话异读词审音表》的名称发布。

《普通话异读词审音表》涉及840个字，有的字审订结果只有一个读音，标明"统读"，如："癌"统读ái，取消了旧读yán；"凿"统读záo，取消了zuò音；"呆"统读dāi，没有了ái音；"档"统读dàng，不读dǎng。有的字是多音字，审音以词为单位，如："冠（guān）心病""冠（guàn）军"，"咬文嚼（jiáo）字""咀嚼（jué）""倒嚼（jiào）"。

（四）异形词用字的规范

异形词指普通话书面语中并存并用的同音（声韵调完全相同）、同义（理性意义、色彩意义和语法意义完全相同）而书写形式不同的词语。比如"按语"和"案语"、"笔画"和"笔划"在语言中是音义完全相同的词，可是在书面上有两种不同写法。

2001年12月，教育部、国家语委联合发布《第一批异形词整理表》。《整理表》根据"积极稳妥、循序渐进、区别对待、分批整理"的工作方针，选取普通话书面语中经常使用、公众的取舍倾向比较明显的338组（不含附录中44组[①]）异形词（包括词和固定短语）作为第一批进行整理，给出了每组异形词的推荐使用词形。如：

按语—案语（"—"前面的是推荐词形）
编者按—编者案
保姆—保母、褓姆
辈分—辈份
本分—本份
成分—成份
笔画—笔划
标志—标识
参与—参预
赐予—赐与

[①] 附录是含有非规范字（即国家早已废止的异体字或已简化的繁体字）的异形词44组，明确作为非规范词形予以废除。

（五）部首的规范

部首是汉字特有的根据字形具有的相同偏旁分部排字的方法，从东汉许慎《说文解字》首创部首排字法到现在，已成为使用最广、使用时间最长的汉字排字和检字法，但是部首的数量和具体字的归部一直不统一。

1983年，文字改革委员会、国家标准局制定《汉字统一部首表》（草案），确定201个部首，按笔画数和起笔笔形顺序排列，其繁体和变形用括号列出，以便按不同的笔画数检索。后来对《草案》进行修订，2009年1月发布《汉字部首表》，规定主部首201个，附形部首100个。同时发布《GB13000.1字符集汉字部首归部规范》，给出了归部原则和20902个汉字的归部。

（六）标点符号使用的标准

1951年9月，原出版总署公布《标点符号用法》。1990年3月，国家语委、新闻出版署重新发布修订后的《标点符号用法》。1995年12月，国家技术监督局在此基础上制定并发布《标点符号用法》（国家标准），对汉语书面语中常见的标点符号用法进行了规定和说明，目的在于使人们正确掌握标点符号用法，以准确表达文意，推动汉语书面语言的规范化。

（七）出版物上数字用法的规定

中文中存在两套数字系统，一套是传统的汉字数字，一套是引进的阿拉伯数字，由于没有明确的分工标准，一般中文出版物上，常常有两种数字系统混用的情况。国家技术监督局1995年12月批准、发布《出版物上数字用法的规定》（国家标准），这是在1987年1月发布的《关于出版物上数字用法的试行规定》的基础上制定的。对汉字数字和阿拉伯数字这两种数字的书写系统在使用上作出了科学、明确的分工，使中文出版物上的数字用法趋于统一规范。这个标准适用于各级新闻报刊、普及性读物和专业性人文社科出版物，不适用于文学书刊和重排古籍。

（八）计量单位名称用字的标准

在计量单位的名称上，主要是引进的计量单位译名用字存在着混乱。比如开始引进西制计量单位时曾经造了很多专用字，如"浬"（海里）、"呎"（英尺）、"吋"（英寸）、"哩"（英里）、"嗧"（加仑）、"瓩"（千瓦）等，写出来是一个汉字，但是读成两个音节，不符合汉字一字一音节的原则。1977年7月，文字改革委员会、国家标准计量局发布《部分计量单位名称统一用字表》，淘汰了这些字，改用原有的汉字组词来翻译这些计量单位名称。1984年2月，国务院颁布《中华人民共和国法定计量单位》，在计量单位中文用字上，继承了《部分计量单位名称统一用字表》的规定。

（九）地名用字的规范

我国地名用字中有很多生僻字，难写难认，而且有些字除了地名用字外，没有别的用处。1955年3月至1964年8月，先后有35个地名经国务院批准改用同音的常用字。如：黑龙江瑷珲县改为"爱辉"，贵州婺川县改为"务川"，鳛水县改为"习水"，陕西盩厔县改为"周至"，鄠县改为"户县"等。这些地名用字已作为附录收入1986年重新发表的《简化字总表》中。

如上述，虽然国家已经陆续发布了很多语言文字的规范标准，但都是为解决目前亟需解决的部分问题而分别制定的。而现代汉语用字规范最终应该达到的目标是做到"四定"，即定形、定量、定音、定序，这些需要依赖汉字属性的基础研究。

第三节　现代汉字属性的研究

一、字频

汉字的数量很多，但使用情况不一样，有的字用得多一些，有的字用得少一些，呈现出一定的统计规律性。一个字在一定范围的语料中出现的次数，称为字的频度，即字频。字频统计对汉字研究和汉字应用都有重要意义。

汉字字频的统计工作从20世纪20年代开始,陈鹤琴的《语体文应用字汇》是最早的汉字字频统计研究。书中统计出的使用频度最高的前二十个字是:的、不、一、了、是、我、上、他、有、人、全、这、来、小、在、们、说、子、可、道。

一开始的统计是手工进行的,目的是为识字教学选定字数,所用的语料范围也较小。经过近百年的发展,字频研究取得了长足的进步,统计的目的从识字教学扩展到信息处理、社会舆情等;所用的语料从几十万字增加到几千万字、几十亿字;统计的项目从单纯的字频发展到多种数据;所用的手段从手工发展到计算机。

1977年,新华印刷厂编制《汉字频度表》,选用语料2160多万字,用手工统计,得到不同的字种数6374个,按频度由高到低排列成字表,共分《政治理论频度表》《新闻通讯频度表》《科学技术频度表》《文学艺术频度表》《综合频度表》五个表。每个表都分编号、单字、出现次数、累计数、累计数百分比五个栏目。这项研究成果成为《信息交换用汉字编码字符集·基本集》的主要依据。后来,1984年,贝贵琴、张学涛在原统计数据的基础上,用计算机重新计算,编成《汉字频度统计》,其中的《汉字频度统计表》,把汉字分为五级,统计如下[①]:

表3　汉字频度统计表

字级	序号	累计频率%	总画数	平均画数
一级字(最常用字)	1—500	77.419	3622	7.244
二级字(常用字)	501—1000	90.819	4355	8.710
三级字(次常用字)	1001—1500	95.898	4840	9.680
四级字(稀用字)	1501—3000	99.597	15655	10.437
五级字(冷僻字)	3001—5991	100.000	34682	11.599
总　　计	5991	100.000	63154	10.541

---

① 贝贵琴、张学涛《汉字频度统计》,电子工业出版社,1988年。

第九章 现代汉字的研究

1979至1985年，北京语言学院编成《现代汉语频率词典》，这本词典用人工和计算机相结合的方法，从词语应用的角度进行计量研究，同时兼顾汉字字频和组词能力的统计与分析，所用语料200万字。其中的《汉字频度表》，共有字种4574个，分级统计如下[①]：

级别	序号	累计频率%
Ⅰ	1—100	47.33584
Ⅱ	101—1000	91.36559
Ⅲ	1001—2418	99.00023
Ⅳ	2419—4574	100.00000

前十个高频字依次是：的、一、了、是、不、我、在、有、人、这。

1981年，北京航空学院承担了文字改革委员会和国家标准局下达的现代汉语字频统计任务，利用计算机进行统计。统计的语料总字数为1108万字，得到字种7754个。统计得出13个字频统计表[②]：

1. 社会科学·自然科学综合汉字频度表，收字1—7754
2. 社会科学综合汉字频度表，收字1—7373
3. 自然科学综合汉字频度表，收字1—6009
4. 新闻报道类汉字频度表，收字1—4913
5. 历史哲学类汉字频度表，收字1—5402
6. 文学艺术类汉字频度表，收字1—6501
7. 政治经济类汉字频度表，收字1—4888
8. 文体生活类汉字频度表，收字1—4210
9. 基础知识类汉字频度表，收字1—4426
10. 农林牧副渔类汉字频度表，收字1—3688
11. 重工业类汉字频度表，收字1—3619
12. 轻工业类汉字频度表，收字1—4502
13. 建筑运输类汉字频度表，收字1—3010

---

① 《现代汉语频率词典》，北京语言学院出版社，1986年。
② 《现代汉语字频统计表》，语文出版社，1992年。

由此看到，不同的学科用字的情况很不一致，统计选用语料的范围非常重要，对统计的结果有很大影响。近些年，国内有很多家单位建起了大型语料库，今后的统计工作必须有大型语料库的支持，人工统计的时代已经一去不复返了。

对字频统计结果的分析，还得到了两条规律：

1. 汉字效用递减率

1000常用字的覆盖率已超过90%，增加到3000字覆盖率已超过99%，以后无论增加多少字，其增加的覆盖率都只在1%。这个规律对于研制《现代汉语常用字表》和《现代汉语通用字表》有指导意义。

2. 常用字笔画趋简率

根据统计结果，最常用的字，其平均笔画较少，随着常用程度的降低，其平均笔画数成比例地增加。王凤阳从汉字历史也得出这样的结论：应用频率高的字一般地趋向简化。[①]这条规律对说明汉字的发展演变，指导汉字的简化工作，有重要意义。

二、字量

汉字的字数有多少？是个很难回答的问题。虽然各种字典中收的汉字已达几万字，但那是历代积累下来的，不是实际用字的量，而且其中有很多是异体、别体。现代汉语的用字究竟有多少，这是汉字定量研究的大课题。

1988年1月，国家语委和国家教委联合发布《现代汉语常用字表》，共收常用字3500字，又分为一级常用字2500个和二级常用字1000个。经过检验，一级常用字覆盖率97.97%，二级常用字覆盖率99.48%。

1988年3月，国家语委和新闻出版署联合发布《现代汉语通用字表》，收现代汉语通用字7000字，其中包括《现代汉语常用字表》的3500字。

区分通用字和罕用字、常用字的标准主要有四条：

---

① 王凤阳《汉字学》，吉林文史出版社，1989年。

1. 字的频度
2. 字的分布面和使用度
3. 字的构词能力和构字能力
4. 汉字的实际使用情况

基础教育的用字研究、对外汉语教学的识字研究都是在此基础上进行的。张卫国研究出《小学语文用字表》，包括字种3071个。[①]陈良璜统计出小学各年级课本的生字量，六个年级合计3091字。[②]1990到1991年，国家汉办和北京语言学院联合研制了《汉语水平词汇与汉字等级大纲》，其中《汉字等级表》收字2905个，分为四级：甲级字800个，乙级字804个，丙级字601个，丁级字700个；其中有2485个字是《现代汉语常用字表》里的一级常用字。

2013年6月，教育部、国家语委发布《通用规范汉字表》，这是在整合《第一批异体字整理表》（1955年）、《简化字总表》（1986年）、《现代汉语常用字表》（1988年）、《现代汉语通用字表》（1988年）的基础上制定的。《通用规范汉字表》收字8105个，分为三级。一级字表收字3500个，是使用频度最高的常用字，主要满足基础教育和文化普及层面的用字需要。二级字表收字3000个，使用频度低于一级字。二级字与一级字合起来共6500字，主要满足现代汉语文本印刷出版用字需要。三级字表收字1605个，是一些专门领域（姓氏人名、地名、科学技术术语、中小学语文教材文言文）使用的未进入一、二级字表的较通用的字，主要满足与大众生活和文化普及密切相关的专门领域的用字需要。

2004年，教育部成立国家语言资源监测与研究中心，建立国家语言资源监测语料库，语料涵盖平面媒体、有声媒体、网络媒体（新闻）三种，每年采集逾10亿字数据，为社会语言生活监测与研究提供基础。2005年开始发布《中国语言生活状况报告》（绿皮书），每年发布一次，其中汉字使用情况的数据包括：年度用字总表（按频率由高到低排

[①] 张卫国《小学语文用字研究》，《教育研究》1983年第5期。
[②] 陈良璜《对我国小学语文课本生字量的研究》，《教育研究》1990年第9期。

列)、高频字、低频字、年度特色字等。《中国语言生活状况报告》2005到2009年五年的用字调查显示,年度用字总数在9231~10204之间。

三、字音

理想的汉字应该是一字一音的,但是,汉字中有不少多音字。多音实际就是字无定音,需要根据上下文义来确定读音。

据统计,《新华字典》所收的8000多字中,多音字有828个,包含1857个读音。[1]《辞海》中收的多音字有2641个,其中一字二音的有2112个,一字三音的有422个,一字四音的有81个,一字五音的有18个,一字六音的有7个,一字八音的有一个(即"那"字)。[2]《现代汉语词典》收字11000个左右,其中一字多音的大约1000个。[3]《现代汉语通用字表》收字7000个,其中多音字625个,占总字数的8.9%;常用字和次常用字中多音字417个,占多音字总字数的67%,2/3的多音字是常用字。[4]《汉字信息字典》收字7785个,其中多音字747字,占9.595%,其中二音字671个,占8.619%;三音字69个,占0.886%;四音字5个,占0.064%;五音字2个,占0.026%。[5]以上的统计所用材料不同,结果当然会有差异。大体上说,现代汉字里的多音字约占总字数的十分之一。

多音字的发展趋势是单音化,吕叔湘说:"一字一读是合乎文字功能的原则,因而也是深入人心的趋势。因此只有少数几个读音都是常常应用,势均力敌,才能长久并列,例如'长'cháng和'长'zhǎng,'乐'lè和'乐'yuè。否则比较少用的读音很容易被常用的读音挤掉。"[6]

虽然多音字不可能消灭,但是可以不断地精简。我们的汉字整理规

---

[1] 李如龙《关于多音字的精简问题》,《文字改革》1984年第2期。
[2] 傅永和《汉字结构及其构成成分的分析和统计》,《中国语文》1985年第4期。
[3] 张清常《汉语汉文的一字多音问题》,《语言学论文集》136页,商务印书馆,1993年。
[4] 龚嘉镇《现行汉字形音关系研究》57页,湖北人民出版社,1995年。
[5] 《汉字信息字典》1086页,科学出版社,1988年。
[6] 吕叔湘《语文常谈》31—32页,三联书店,1980年。

范工作应该通盘考虑，比如，在整理异形词、审定异读词时，应该以尽量减少多音字作为一个考虑的指标，汉字简化时的近音替代造成多音字的增加，就是考虑不周全的地方，今后应该避免。

四、字序

字序就是字的排列顺序。在文字的应用中，字典、辞典的排检都涉及排序问题。字母文字的字序（实际是词序）由字母表的顺序决定，简单又统一。汉字是语素文字，具有形音义三个方面的属性，其排序也就有不同的方法。

目前大型辞书的排序法主要是两种：部首法和音序法。前者如《辞源》《辞海》《汉语大字典》《汉语大辞典》，后者如《现代汉语词典》《新华字典》。但是不管使用哪种排序法，往往都要配有两三种检字法，所以部首检字法、音序检字法、笔画检字法都是常用的检字法。

（一）部首排序法

部首排序法由东汉许慎的《说文解字》首创，是汉字独有的，应用时间最长，使用最广泛的排序法。部首排序法把具有相同偏旁的字归到一个部，排在首位的称为"部首"。这样成千上万的汉字被归入几百个部首，实现了汉字的有序排列。

部首排序法存在很多问题：

1. 立部数量和部首排序不统一

从东汉许慎创立540部首以后，历代的字书对部首进行了归并，到明代梅膺祚的《字汇》，减少至214部，以后的字书在这个基础上进行调整。现代的字书基本上都在200部左右，部首大都按笔画数多少排序，但是笔画数相同的部首前后排列次序比较混乱。1983年制定的《汉字统一部首表》（草案），确定201个部首，按笔画数和起笔笔形顺序排列。2009年修订的《汉字部首表》，规定主部首201个，附形部首100个。《汉字部首表》发布后，部首的立部和部首排序有望得到统一。

2. 归部原则不统一

主要是据义归部和据形归部两种。传统的字书主要是据义归部。

因为汉字形旁表义的特点，据义归部实际是把字形和字义联系起来的做法，对于帮助理解字义、理解字形的构造都有好处。但是对于不认识这个字的人来说，不便检索。据形归部对于检索来说，确实方便一些，但是需要定出严格的条例。因为汉字字形带有很大的无序性，从形体入手，要找出一套严整、简易的部首规则来，也是很不容易的。

2009年，教育部、国家语委发布《GB13000.1字符集汉字部首归部规范》，给出了归部原则和20902个汉字的归部。该规范主要用于中文信息处理领域的汉字排序检索，主要根据形体制定汉字部首归部原则。但是，从形体入手归部，又会和识字教学实践相矛盾，比如按规定部首从左不从右，从上不从下，从外不从内，而有些偏旁习惯于放在右边，如：刂、攵、页、月（月）、阝（邑）；有的偏旁习惯于放在下边，如：皿、心。如果一定按照"从左不从右，从上不从下"的原则归部，就破坏了这些字的系统性。

部首法是不自足的排序法，只解决了字的按部首归类问题，部内字的排序还必须结合别的方法，部内字一般采用笔画排序。

（二）音序法

音序是根据音节首字母按汉语拼音字母表的顺序排列，首字母相同的根据第二字母排序，第二字母相同再根据第三字母，以此类推。音节相同的按声调阴平、阳平、上声、去声的顺序排列。音序法是最没有分歧的给音节排序的方法，但是因为汉字的同音字很多，音序法无法解决同音字的先后顺序问题，必须结合别的排序方法。一般结合笔画排序法，同音字按笔画多少排列，也有的是把声符相同的字排在一起。

（三）笔画排序法

部首法和音序法都不是自足的汉字排序法，必须结合笔画法才能完成汉字的排序，因此笔画排序法的统一规范，才是解决汉字定序问题的终极方法。

笔画排序法实际是笔画笔形排序法，先按照字的笔画数多少来排列顺序，笔画少的在前，笔画多的在后。笔画数相同时，按笔顺逐笔比较笔形。横、竖、撇、点、折五类笔形是经过归类的主笔形，"横"当中包括附笔形"提"，"竖"中包括附笔形"竖钩"，"点"中包括附笔形"捺"，"折"是一类笔形，包括除"竖钩"之外的所有复杂笔形。按横、竖、撇、点、折五类笔形的顺序排列。《现代汉语通用字表》的7000字就是按照笔画笔形排序的，但是笔画、笔顺、笔形都相同的字先后顺序的排列规则没有明确。

笔画数、笔顺、每笔笔形都相同的字称为"三同字"。又分"标准三同字"和"准三同字"两种。"准三同字"是经过归类后的笔形相同，实际笔形不同的字，如："干于""下寸""卫子孑"；"标准三同字"是每一笔笔形都绝对相同的字，如："八人入乂""刀力""凡丸"。

1999年10月，国家语委发布《GB13000.1字符集汉字字序（笔画序）规范》，明确了汉字定序的规则，排定了两万多个汉字的顺序。

汉字定序的规则：

1. 先按笔画数由低到高排序。

2. 笔画数相同按照笔顺逐笔比较笔形，按笔形横、竖、撇、点、折顺序排序。

3. 笔画数、笔顺、笔形都相同，看是否有主附笔形的不同。准三同字按主附笔形规则：横、竖、点主笔形先于附笔形提、竖钩、捺；折笔先比较折点数，折点少的先于折点多的，折点数相同的，逐一比较每一个折点前的笔形，仍按横、竖、撇、点、折顺序排序。

4. 标准三同字执行笔画组合关系规则：按相离、相接、相交顺序，如：八人乂；同为相接时，按连接、相切顺序，如：目且；同为连接时，按首首连接、尾首连接、尾尾连接顺序；同为相切，比较被切笔的笔形，如：人入；两字只有笔画相对长短不同的，上短下长先于下短上长，如：未末、土士。

5. 由相同部件按照相同顺序组成的不同字，左右结构先于上下结构，如：旼旻；上下结构先于包围结构，如：杳旭。

第四节　汉字与中文信息处理

中文信息处理是"在语言学、数学、心理学和自动化技术等学科的基础上形成的一门边缘学科，研究电子计算机对中文书面和口语信息进行各种加工的问题"。(《中国大百科全书·语言文字》)汉字信息处理是中文信息处理的一部分，也是非常关键的一部分，它解决汉字的编码、输入、存储、编辑和输出问题。

汉字信息处理系统把汉字变成计算机所能接受的符号，存储在计算机里面，又能把这种符号还原为汉字输出。因此，汉字信息处理系统一般包括三部分：一是汉字输入装置；二是汉字字库；三是汉字输出装置。

一、代码

用计算机处理信息，必须把汉字代码化，也就是对汉字进行编码。通常用到的有四种代码：输入码、内部码、输出码和交换码。内部码是一个软件系统内部使用的代码，原则上可以不同，但是在进行信息交换时则必须使用相同的交换码。英文字符的内部码是统一的，可以直接用内部码进行信息交换，所以内部码就是交换码。而汉字的内部码在相当一段时间内不可能有统一的标准，无法直接用内部码进行交换，所以必须有一个标准交换码。

1981年5月公布了国家标准《信息交换用汉字编码字符集·基本集》(GB2312—80)，规定了6763个汉字的交换码，分为两级：第一级是常用字3755个，第二级是次常用字3008个。1987年3月又发布了《信息交换用汉字编码字符集·第二辅助集》(GB7589—87)，收7237字，《信息交换用汉字编码字符集·第四辅助集》(GB7590—87)，收7039字。2000年3月，信息产业部和国家质量监督局发布了强制性国家标准《信息技术交换用汉字编码字符集·基本集的扩充》(GB18030—2000)，收录了27000多个汉字，同时收录了藏文、蒙文、维吾尔文等主要的少数民族文字。

二、汉字的输入

（一）键盘输入

汉字的键盘输入主要采用两种方法：字形码和拼音码。

字形码是把汉字字形拆分为若干字根，对应到键盘上的不同码位，再由字根组合成整字。有五笔字形、郑码、表形码等，需要学习、记忆复杂的字根以及对应的键盘码位。拼音码就是直接用汉语拼音输入，有全拼、双拼、简拼等。2001年2月，国家语委发布了《汉语拼音方案的通用键盘表示规范》（GF3006—2001），规定了在使用通用键盘输入汉语拼音时，《汉语拼音方案》字母表、声母表、韵母表、声调符号及隔音符号的键位表示。

汉字键盘输入系统由编码层次和软件层次两部分构成，20世纪80年代以前的研究主要在编码层面，用简单的软件支撑着复杂的编码。90年代后，智能输入软件得到很大的发展，更多的由单字输入转向词语输入，大大降低了重码率，减少了选字的麻烦，提高了输入速度。现在的输入法更加智能化、个性化，有强大的自学习功能，效率越来越高。

（二）非键盘输入

非键盘输入主要有以下几种方法：

1. 文字识别

用仪器如扫描仪对文稿进行扫描，使文稿上的文字变成计算机中的信号，然后用文字识别软件去辨认这些信号代表的是哪些汉字，并把它转换成相应的汉字内部码。

汉字识别又分为印刷体汉字识别和手写体汉字识别。印刷体汉字识别准确率超过99%，手写体汉字识别的准确率也不断提高，已经达到实用水平。

2. 手写输入

就是在书写板上写字，一边写，计算机一边接收笔的运动轨迹，并由软件来辨别是什么字。因为是边写边识别，不但获得了汉字的字形信息，而且知道笔画书写的先后，识别效率很高。目前智能手机上手写输入运用很广泛,尤其适合老年人。

3. 语音输入

讲话人对着话筒讲话,语音信号输入到计算机,计算机利用语音信息库来辨认输入的语音信号,从而得到一个个的音节,再用拼音语句转换系统转换成用内码表示的汉字。语音识别技术经过了特定人孤立语音、非特定人孤立语音、特定人连续语音、非特定人连续语音的识别过程,目前普通话非特定人连续语音的识别准确度已经非常高,达到应用的水平。现在很多输入法在键盘输入之外,带有语音输入功能,能够把语音输入的句子转换成文字存储、输出。此外方言语音识别主要有广东话、闽南话、吴语进入应用。

三、汉字的输出

(一)字形输出

汉字的字形以整字的形式存在电脑的字库里,字形输出就是通过输出码把汉字从字库中调出来,显示在电脑屏幕上或打印出来。汉字的数量很多,又有多种字体,最常用的就有宋体、仿宋、黑体、楷体,还有各种艺术体,每一个汉字的每一种字体都是字库中的一个由点阵构成的字模,因此,汉字的字库是相当庞大的。如果能够研制出由基本部件组字的技术,只需要存储基本部件,输出时由部件组合成字,字库就可以瘦身。这有赖于汉字构形的基础研究,目前,部件组字的技术还达不到跟整字字模一样美观的程度。

(二)语音输出

语音输出就是把汉字字形信息转换成语音信息,通过电脑的语音库来合成、输出语句。衡量语音合成质量的指标是可懂度和自然度。目前可懂度基本已没有问题,自然度的提高,依托于自然语言语音的研究,尤其是韵律的研究。

第十章　汉语俗字的研究

第一节　俗字的定义

俗字与正字相对，指各个历史时期流行在民间的字形与正字有别或用字不合规范的字。

俗字最主要的特征是通俗性。俗字的使用范围是民间，书写者多是民间书手，多应用于写卷、碑志、文书、小说等文献中，而不能用于官方的高文大典。因此，俗字相对于正字而言规范性较差，多数字形较为简易，易记易写，一定程度上适应了民间文字书写的需求。

俗字具有时代性。语言文字是不断变化发展的，不同历史时期对文字的规范标准各不相同，因此每个时代俗字的情况也是不同的，正俗关系也可能因时而异。例如"惱"字，俗字或作"恼"，南北朝时已见，而《干禄字书·上声》："惚恼：上俗下正。"将"惱"列为正字，说明当时俗字"恼"已经取得了正字的地位。"涷"，《说文解字·仌部》："涷，冰也，从仌東声。"而《干禄字书·去声》："涷凍：上俗下正。"以"涷"为正字，"凍"则变作俗字。又如《干禄字书·入声》："悊哲：并正。"后来"悊"字逐渐变为俗字，明焦竑《俗书刊误》卷七《略记字始》："悊，即哲字。"

要准确理解俗字的含义，还应该注意以下几点：

1. 俗字与异体字。俗字和异体字都是与正字相对的概念，都是不规范的字体，但两者又有区别。异体字着眼于字词关系，指音义完全相同只是字形不同的一组字，也就是用不同的字形记录了相同的词。俗字侧重于文字的通俗性，只要不是官方规定的规范字形，都属于俗字范畴。俗字出现于民间，应用于通俗场合，但是俗字扩大应用范围，进入通用层面，就成为通用层面存在的异体，甚至可能会取代正字。

2.俗字不是杂乱无章的,而是自成系统的。陈五云说:"俗字是正字系统的补充,是正字系统由于时代不同形成的历时变体,是正字系统由于地域因素造成的方言变体,是正字系统由于在一定的文化背景下的文化变体。俗文字属于变体,也就成了正字系统的后备仓库。"[1]大部分俗字的构形有一定的理据性,或者通过考察俗字的演变轨迹可以探明俗字的构形来源,整个俗字系统也有其自身的发展演变规律。认为俗字是杂乱无序的,不合六书条例的观点是片面的。

3.俗字与讹字。有些俗字是由文字讹写而来,但不是所有的讹写都是俗字。只有这种俗写的形式被一部分人认可,并开始在一定范围内流通,才能称之为俗字。那些个人的偶然讹写,没有被人们所接受的,则不属于俗字。

第二节 俗字材料的整理与研究

由于俗字主要应用于民间,因此有关俗字的研究材料也多是民间文献,如写卷、碑志、文书、小说等。这类文献多是民间书手书写或刊刻,因而受官方的约束较少,随意性较大,俗字使用也较为广泛。除此之外,历代字书中也保存了数量众多的俗字,是我们研究俗字的重要参考。目前学界对各类材料的整理研究成果很多,汉语俗字学取得了长足的进步,下面分别选取有代表性的几种加以介绍。

(一)写卷类

主要是敦煌写卷,又称敦煌遗书、敦煌文书、敦煌写本、敦煌卷子,是对1900年发现于敦煌莫高窟藏经洞中的一批书籍的总称。敦煌写卷主要是2至14世纪的古写本及印本,总数约5万卷,内容涉及宗教、政治、军事、哲学、民俗、语言、文学、艺术、医学、数学等领域,其中佛经约占90%。敦煌写卷目前大多收藏在国外的博物馆或研究机构,如大英博物馆、巴黎国立图书馆、俄罗斯科学院圣彼得堡东方研究所等。

---

[1] 陈五云《俗文字学刍议》,《上海师范大学学报》(哲学社会科学版)1990年第2期。

1949年后，经过学者不断努力，以各种方式积极与国外各大收藏敦煌文献的博物馆寻求合作，国外各地所藏敦煌文献大多数已得以出版，便于国内学者研究利用。目前已经出版的主要有以下几种：

1. 《敦煌宝藏》，台湾学者黄永武主编，共140册，由台北新文丰出版公司于1981—1985年间出版。此书主要依英国、中国、法国所藏敦煌文献缩微胶卷影印，按照原收藏单位的编号排序，便于检索。其中第1—55册为英国所藏敦煌卷子部分，第56—111册为北京所藏敦煌资料，第112—135册为法国所藏敦煌资料，为敦煌卷子精华所在，第136—137册为散置于日本等地的精华萃要，第138—140册为敦煌书法辑要。

2. 《法藏敦煌西域文献》，上海古籍出版社和法国国家图书馆合作编纂，由上海古籍出版社于1995—2005年间出版，共34册，主要收录了法国国家图书馆所藏敦煌文献。本书收录了伯希和（Paul Pelliot）汉文文献2001—6038号，其中绝大部分为汉文文献，同时包括了部分藏文、于阗文、粟特文、回鹘文文献。法藏敦煌文献具有举世公认的很高的学术价值。由于伯希和对中国文献学、中亚历史语言的熟悉和理解，即使是在斯坦因（Marc Aurel Stein）1907年3月对藏经洞文献进行了首轮挑选以后，迟到正好一年的伯希和仍然获得了敦煌文献中的许多精华材料，这就是众所周知的《大藏经》未收的佛教文献、带有年代题记的文书写卷、非汉语文献等，因而十分珍贵，也有很高的研究价值。

3. 《英藏敦煌文献（汉文佛经以外部分）》，中国社会科学院历史研究所、中国敦煌吐鲁番学会、英国国家图书馆、英国伦敦大学亚非学院合作编纂，四川人民出版社于1990—1995年陆续出版，共14册。其中第1—11册收英国国家图书馆所藏S.1—6980号写卷中佛经以外文献，第12—14册所收文献多系首次刊布，包括英国国家图书馆藏S.6981号全部佛经以外文献及该馆藏全部印本、英国国家博物馆东方古物部所藏敦煌写本、敦煌绢纸画上的供养人题名题记、英国印度事务部图书馆所藏敦煌汉文文献。2009年又出版《英藏敦煌文献》（15），为目录索引。2001—2018年科学出版社陆续出版了韩春文所著《英藏敦煌社会历史文献释录》15卷，主要内容是对S.10—S.3330号中的1259件社会历史文献按英国国家图书馆藏流水号依次进行释录，将手写文字释录成通行的繁体字，并对原件的错误加以校理，尽可能地解决所涉及文书的定性、定名、定年等问题，可与《英藏敦煌文献（汉文佛经以外部分）》互相参照。

4.《俄藏敦煌文献》，俄罗斯科学院东方研究所圣彼得堡分所、俄罗斯科学出版社东方文学部、上海古籍出版社合编，上海古籍出版社1992—2000年出版，共17册，收录藏在俄罗斯圣彼得堡的全部敦煌写卷，第一册至第五册收录弗洛格编号001—366号，第六册至第十七册收录敦煌编号00001—19092号。其中17015—17435号为克洛特科夫搜集的吐鲁番文献，业已按序编入。12910—14156号为马洛夫搜集的于阗文献，馆方已另作专藏，该书未能收录。最后一册末补收了新发现的两件《一切经音义》，续编作367和368号。俄藏敦煌文献多为佛经，另有各种不知出处的疑伪经、谶仪文、祈祷文、讲经文、佛经论述、佛经注释、佛法问答等。

5.《国家图书馆藏敦煌遗书》，任继愈主编，北京图书馆出版社于2005—2012年陆续出版，共146册，以中国国家图书馆收藏的16000多件敦煌遗书为底本影印出版，是迄今为止披露该馆敦煌遗书藏品最大最全的一部大型图录。除图版外，有总目、条记目录及新旧编号对照表。该书对敦煌遗书的文献研究、文物研究与文字学研究具有重要价值，是敦煌学研究、中古史研究、文献学研究、宗教学研究必不可少的第一手资料。

利用敦煌写卷进行俗字研究的成果很多。台湾学者潘重规主编的《敦煌俗字谱》，1978年由石门图书公司出版。该书是第一部辑录敦煌俗字的著作，对整理敦煌文献有很大价值，缺点在于字数过少，且对某些俗字的释读有待商榷。张涌泉的《敦煌俗字研究》是第一部全面系统研究敦煌俗字的专著，1996年上海教育出版社出版。该书分为上下两编，上编全面系统地论述了敦煌俗字的性质、概况、类型、研究的意义以及认识敦煌俗字的方法等问题；下编按部首把敦煌字书、韵书以及其他写卷中的俗字材料汇为一编，并与传世字书、碑刻等文献中的俗字材料相参证，上探其源，下明其变，力图勾勒出每一个俗字的来龙去脉。全书资料完备，论述全面，颇多创见，对文字学研究、敦煌文献的校读、大型字典的编纂等都有重要的参考价值。黄征的《敦煌俗字典》，2005年由上海教育出版社出版。该书利用的敦煌材料来源广泛，囊括英、法、俄、日等国和我国北京、天津、上海、甘肃、浙江等地所藏敦煌文献，除主要收录敦煌俗字外，还兼收隶古字、避讳字、武周新字、合文等，具有较高的学术价值。

（二）碑刻类

"从狭义上讲，凡是以石质为书写材料，镌刻、书写在石头上，承载了一定语言内容的所有语言信息资料，都称碑刻文献。"[①]碑刻文献类型主要包括碑碣、墓志、造像记、经幢、摩崖等。碑刻文献除了石经外，一般都是民间私人书写、镌刻，因此碑刻文献中俗字的使用也较为广泛。碑刻材料数量众多，年代真实可考，是汉字史研究的宝贵材料。由于碑刻材质的特殊性，其流传一般是以拓片的形式为主，碑刻材料的整理出版也是以搜集到的拓片为基础。目前有关碑刻材料的整理成果很多，下面选取几种具有代表性的著作简要介绍。

1.《北京图书馆藏中国历代石刻拓本汇编》，中国国家图书馆善本金石组编，中州古籍出版社1989—1991年出版，全套共101册，收录拓片近2万种。其中第1册是秦汉，第2—8册是三国两晋南北朝，第9—36册是隋唐五代，第37—90册是宋元明清，第91—100册是中华民国时期，第101册为目录索引。该书所收拓片跨越中国各个历史时期，对每件拓片的尺寸、时代、流传、真伪等情况都有说明，是研究中国历史、语言、文字的珍贵原始资料。

2.《汉魏六朝碑刻校注》，毛远明著，线装书局2008年出版，共11册。作者通过多种渠道，全面搜集汉魏六朝时期的碑刻，包括已公布的所有图版，亦有部分属于首次刊布。其著录原则是有原石现存，或虽无原石而有拓本的碑碣、石阙、摩崖、画像题记、地券、墓志、镇墓文、造像记、刻经记、佛经节缩刻石等，极个别重要的石刻摹本，也酌情收录，共收拓片1400种。所收碑刻以楷书录文，对碑刻中的异体字、古体字、隶古定字、假借字、俗讹字等均适当照录，原刻中的衍文、脱文、

---

① 毛远明《碑刻文献学通论》7页，中华书局，2009年。

倒文、重文符号等均保持原貌，未予改正，只是在注释中作出说明或考辨。石刻录文与拓片图版放在一处，同时刊出，便于比勘复核。第11册为全书的目录索引，为检索提供了方便。

3.《隋代墓志铭汇考》，王其祎、周晓薇编著，线装书局2007年出版。全书共计收录了约643方隋代墓志（不含塔铭、塔记、砖志），为研究隋代的社会历史、语言文字提供了丰富的一手资料。全书体例为先图后文，每方墓志汇集了卒葬时间、行款书体、撰书人名、志文标题、志盖标题、形制纹饰、出土时地、存佚状况、主要著录情况等九个方面的信息。全书对每方志文进行了隶定和标点，并附有相关金石志著录和研究文献对各方墓志的考证和整理者评语。

4.《隋唐五代墓志汇编》，陈长安等主编，天津古籍出版社1991—1992年出版，2009年再版。该书是第一部汇集隋唐五代墓志新旧拓本的宏篇巨帙，共收隋唐五代墓志拓本五千余种，按收藏地域和单位分为以下九卷：洛阳卷、河南卷、陕西卷、北京卷（附辽宁卷）、北京大学卷、河北卷、山西卷、江苏山东卷、新疆卷，这些卷已把现存的绝大多数隋唐五代墓志囊括其中。该书以图版为主，志文清晰，附有说明文字，对墓志的出土时间、地点、撰人、书丹人、收藏等情况详为介绍。

5.《新中国出土墓志》，中国文物研究所与全国各省、市文博考古及古籍整理单位合编，文物出版社出版，收录了1949年以来国内出土的历代墓志。此书著录以省、直辖市为单位，目前已出版的有北京卷、河北卷、河南卷、江苏卷、陕西卷、上海卷、天津卷，所著墓志包括说明、图版、录文等几部分，说明包括名称、年代、尺寸、形制、纹饰、书体、行数、字数及出土时间、地点、收藏处等。图版包括刻石拓本图版和写砖照相图版。录文采用通行繁体，并加标点。其中假借字及现在仍通行的简体字照录原文，异体字径改为通行字，这样做虽然方便了读者阅读，但一定程度上破坏了墓志字形原貌，且在改录的过程中也容易出现错误，在利用这些材料时应仔细核对原图版。

利用碑刻材料进行俗字研究的成果主要有：欧昌俊、李海霞《六朝唐五代石刻俗字研究》，巴蜀书社2004年出版。该书研究的范围是六朝至五代，主要以《北京图书馆藏中国历代石刻拓本汇编》第2—36册为材料。全书共分八章，分别为：俗字、石刻及石刻俗字、六朝唐五代石刻俗字研究、六朝唐五代石刻俗字的类型、六朝唐五代石刻俗字的特点、六朝唐五代石刻俗字产生的原因、六朝唐五代石刻俗字的源流、六朝唐五代石刻俗字研究的意义等。毛远明《汉魏六朝碑刻异体字研究》，商务印书馆2012年出版。作者对汉魏六朝的碑刻异体字进行了全面而详尽的研究。分析了碑刻异体字的成因、类别及基本特征，阐释了碑刻异体字庞大而繁杂的原因。归纳了碑刻异体字中的类化字、同形字、新生会意字、简体字、讹混字、记号字等，对文字学、训诂学、文献整理、辞书编纂等学科具有重要意义，对于指导现代汉字的整理和改革也具有深刻的实践价值。

（三）文书类

文书指公文、书信、契约等，历代文书也是俗字研究的重要材料。文书一般出自普通乡民之手，由于乡民文化水平偏低、缺少官方约束、书写便利、书写习惯等原因，导致文书中俗字连篇，且具有鲜明的特点，部分俗字在其他文献中很少见到。另外文书还具有时间、地域明确的特点，真实性强，便于研究俗字的传播演变情况。目前所见文书材料主要有吐鲁番文书、徽州文书、清水江文书等，学者对文书材料也做了一定整理和研究，主要有以下几种：

1.《吐鲁番出土文书》，唐长孺主编。1959年至1975年，考古工作者在新疆吐鲁番县的阿斯塔那、哈拉和卓等古墓群进行了十余次科学发掘，掘得十六国至唐代的近万片汉文文书。1975年，国家文物局古文献研究室、新疆博物馆和武汉大学历史系组成吐鲁番出土文书整理小组，由唐长孺主持整理，拼得文书近1800件，编印10册。文书均按照原式抄写影印，有关文书情况如墨色、缺残等也一一标明，对字迹模糊、缺笔、残坏之字则尽可能推断注出。该书于1981—1991年由文物出版社出版。2008年中华书局出版由荣新江、李肖、孟宪实主编的《新获吐鲁番出土文献》，收录了1997—2006年间出土的吐鲁番文献300余件，以文书材料为主，也包括了10余件石刻文献。

2.《徽州千年契约文书》，中国社会科学院历史研究所收藏整理，花山文艺出版社1993年出版。该书收录了安徽省徽州宋元至民国时期的租佃文约、田土契约、合同文书、卖身契、典当文约、税契凭证、赋税票据等契约文书。全书分为两编，宋元明编（1—20册）和清民国编（1—20册），共40册。该书所收徽州文书时间跨度长，且有延续性，有利于进行俗字的历时演变研究。2014年安徽师范大学出版社影印发行了《安徽师范大学馆藏千年徽州契约文书集萃》，李琳琦主编，共10册，主要收录了安徽师范大学藏徽州文书中的簿册文书，包括赋役簿册文书、保甲册、诉讼文案誊录簿和土地买卖抄契簿等几种类型，其中赋役簿册文书最多。此书的出版为徽州文书研究提供了新的材料。

3.《贵州清水江文书》，李斌主编，贵州民族出版社出版。清水江文书，又称锦屏文书，2010年2月被列入《中国档案文献遗产名录》，是中国贵州清水江流域苗族、侗族人民创造和保存的一种民间文献遗产，主要包括土地租佃与买卖、山林转让与租佃、析产分家合同、山场清册、税单、诉讼词、说唱词、小学国文教材抄本、家规族谱、乡规民约、政府文告等，时间跨度为明代以至民国。[①]清水江文书中的俗字反映了少数民族人民的汉字使用情况，有助于建立完整的俗字学体系。

目前已出版的有关文书俗字研究的专著不多，有方孝坤《徽州文书俗字研究》，人民出版社2012年出版，对徽州文书中的俗字类型、特点、成因等进行了专门研究，还对数字俗字、特殊符号等较为特殊的书写符号进行了探讨。除此之外，文书俗字研究主要散见于各类期刊杂志及硕士论文，如陆娟娟《〈吐鲁番出土文书〉俗字研究》（新疆师范大学硕士论文，2005年）、唐智燕《清水江文书疑难俗字例释》（《原生态民族文化学刊》2014年第3、4期）、储小旵、张丽《契约文书俗字考五则》（《汉语史学报》第十三辑，上海教育出版社2013年）等。可见目前文书俗字研究多是零散的成果，研究还不够系统和综合，有待进一步发展。

---

① 闫平凡《浅析清水江文书俗字的价值》，《贵州大学学报》（社会科学版）2012年第2期。

（四）小说类

宋代以来小说逐渐发展并达到高峰，明清时期在民间大量刊刻并广泛流通，由于小说的通俗性和民间性，其中使用了大量的俗字，反映了明清时期的文字使用情况。研究小说材料中的俗字应以影印的明清刊本为研究材料，不少现在整理出版的明清小说，为了阅读方便，将不规范的文字改为现代汉语通用汉字，已经失去了文字的原始面貌。目前对明清刊本小说影印出版的大型丛书主要有以下几种：

1.《古本小说集成》，上海古籍出版社1991—1995年出版，共5辑，693册，收录小说428种。收录以通俗小说为主，酌收个别文言小说。宋、元、明和清初小说基本全收，清乾、嘉小说选取精品，兼顾稀见，晚清小说则选其影响较大者。多有孤本，如《三教开迷归正演义》《二度梅全传》《五鼠闹东京》等。该书除了收录国内底本外，还广泛征集了流传海外的小说底本，部分材料则是首次刊布，为研究者提供了珍贵的材料。

2.《古本小说丛刊》，中国社会科学院文学研究所编，中华书局1988年影印出版第1辑，共5册。1989年，编委会考虑到学术界急需，决定与法国国家科学院合作，将流传海外而国内不存或稀见的明清小说孤本、善本汇总，从中精选出170余种，编为第2—41辑，于1991年出版。全书41辑，共205册，收小说183种。主要以通俗小说中罕见的珍本、善本、孤本影印，包括少量文言小说和说唱文学。

3.《傅惜华藏古本小说丛刊》，王文章主编，学苑出版社2016年出版。傅惜华是著名的文学研究专家、藏书家，其碧蕖馆藏书蜚声中外。已经出版的《傅惜华藏古本戏曲珍本丛刊》收录了大兴傅氏的珍贵古本戏曲，广为研究者所用。小说类图书占傅氏藏书总数的比例虽不是很大，但其中不乏精品。该书共收录傅氏古本小说170余种，均为《古本小说集成》《古本小说丛刊》等各类近年影印的古代小说选集所未收或稀见刊本，其学术价值不言而喻。

对明清小说中的俗字进行研究的主要有周志锋的《明清小说俗字俗语研究》，中国社会科学出版社2006年出版。该书考证了一批明清小说中的俗字，并对明清小说俗字研究的意义进行了探讨。较新的成果如曾良《明清小说俗字研究》，商务印书馆2017年出版。该书以上海古籍出版社影印的《古本小说集成》为主要研究材料，在丰富翔实的文献材料基础上，对明清小说中的俗字进行了系统、深入的研究，对俗字的构形和特点加以归纳总结，发现新的规律，破解疑难俗字，有利于文字学的发展和文字学体系的完善。除此之外还有散见于各期刊的单篇论文，如曾述中《明清小说疑难俗字考二则》（《中国语文》2011年第6期）、李伟大《白话小说字词考辨与校勘举例》（《励耘语言学刊》2016年第3期）等。

（五）字书类

受传统思想的约束，长期以来人们认为俗字是不登大雅之堂的，因此历史上对俗字的研究涉及很少，但历代所编字书中保存了大量的俗字，这为我们了解当时的社会用字提供了方便。下面我们择要分别进行介绍。

1.《玉篇》，梁顾野王撰。顾野王在自序中说："微言既绝，大旨亦乖。故《五典》《三坟》，竞开异义，六书八体，今古殊形。或字各而训同，或文均而释异，百家所谈，差互不少。字书卷轴，舛错尤多，难用寻求，易生疑惑。……总会众篇，校雠群籍，以成一家之制，文字之训备矣。"由此可见，大量收录俗字是《玉篇》的一个特征。现在通行的《玉篇》叫《大广益会玉篇》，经由唐孙强、宋陈彭年等修订，已经不是顾氏原貌。据唐代封演《闻见记》所载，《玉篇》共收16917字，现存本则为22561字，大约是孙强等后人陆续增加的。与《说文解字》对照，《玉篇》原本多出7564字，今本多13208字，合乎字书收字增多，以更适应时代要求的规律。清末黎庶昌、罗振玉曾在日本发现了写本《玉篇》残卷，可能是顾野王原本，1985年中华书局已出版。

2.《干禄字书》，唐颜元孙撰，是为适应唐代"字样学"的发展而产生的一部规范汉字的正字之书，也是研究俗字的重要著作。《干禄字书》按四声韵部编排，将汉字分为"俗""通""正"三类。《干禄字书·序》："所谓俗者，例皆浅近。唯籍帐、文案、券契、药方非涉雅言，用亦无爽，倘能改革，善不可加。所谓通者，相承久远。可以施表奏、牒启、尺牍、判状，固免诋诃。若须作文言及选曹铨试，兼择正体用之尤佳。所谓正者，并有凭据。可以施著述、文章、对策、碑碣，将为允当。"颜元孙创造性地在"正""俗"之间提出"通"字的概念，成为正俗转变的桥梁。他对俗字的宽容态度及以发展的眼光看待文字对我们今天研究汉字的发展有很大启发。

3.《龙龛手镜》，辽释行均撰，宋人为避宋太祖赵匡胤的祖父赵敬之讳，改作《龙龛手鉴》。全书共四卷，收26430余字，分为二百四十二部，部首和部内各字按四声的顺序排列。《龙龛手镜》在文字的分类上更为详细，除了"正""俗""通"外，还有"俗通""今通""变体""古""今""误""同""或作""省""籀文"等。虽然这些分类在今天看来有些繁琐，但能不拘泥于传统，根据当时文字的实际使用情况作出如此精细的分类也是难能可贵的。《龙龛手镜》对我们进行汉字研究、古籍整理、大型字典编纂等都有一定参考价值。

4.《集韵》，宋丁度等编纂。《集韵》是为修订《广韵》而编，在韵部、注音、收字等方面都与《广韵》有所不同。《集韵》虽为韵书，但其显著特征是收字众多，共收53525字，比《广韵》多收27331字，顾广圻在《补刊集韵·序》中说："盖自宋以前群书之字，略见于此矣。"可见其收字之丰富。更可贵的是，新增加的字绝大多数为历代所产生的俗字，有的地方还对俗字字形进行较为翔实的辨析，是我们进行俗字研究的宝贵资料。

学者们对历代字书所收俗字也进行了整理与研究，主要的著作有：孔仲温《〈玉篇〉俗字研究》，台湾学生书局2000年出版。全书共五章，首章叙述《玉篇》编纂之过程，次章言俗字的名义与特征，第三章为《玉篇》俗字孳乳探析，分为简省、增繁、递换、讹变、复生五类，第四章将《玉篇》与唐宋字书进行比较研究，第五章为结论。该书在俗字界定、分类、比较研究等方面有所创见，揭示了俗字产生、发展、演变的一般规律。郑贤章《龙龛手镜研究》，湖南师范大学出版社2004年出版。全书分上下两篇，上篇包括《龙龛手镜》研究概论、《龙龛手镜》研究的价值、考释《龙龛手镜》俗字的方法和途径、《龙龛手镜》

术语研究、《龙龛手镜》与汉文佛经及大型字典的关系等；下篇是《龙龛手镜》俗字汇考。该书以汉文佛经为本，对《龙龛手镜》中的俗字进行了详细考证，并补充了大量《龙龛》未收的佛经俗字，这也是该书的最大贡献。刘忠富《干禄字书字类研究》，齐鲁书社2004年出版。该书对《干禄字书》所收俗字的性质进行了界说，明确了所收俗字的数量，运用汉代至初唐一百二十余万字石刻用字材料，并结合有关字书，对《干禄字书》各字类中的每个字进行研究，并将其与正字字形进行比较、考释，指出后世的传承情况。

第三节　俗字的类型

在对俗字广泛搜集研究的基础上，学者们对俗字的不同类型进行了划分。张涌泉在《汉语俗字研究》中将俗字分为十三类；孔仲温在《〈玉篇〉俗字研究》中将俗字分为五类；欧昌俊、李海霞在《六朝唐五代石刻俗字研究》中将俗字分为八类；方孝坤在《徽州文书俗字研究》中将俗字分为十三类；曾良在《明清小说俗字研究》中将俗字分为十类。可以看出学者们对俗字的分类不尽相同，这可能与不同学者的思考角度、分类标准及研究材料不同有关。综合各家观点及各种俗字材料的特点，我们认为俗字主要可分为简省类、增繁类、借音类、改换类、类化类、讹写类、行草书楷化类、重新创造类、合文类九类，下面分别举例说明。

一、简省类

文字是记录语言的符号系统，为了更好地实现文字记录语言的职能，从文字产生起，人们就对文字系统不断进行改革，其中文字的简省、简化则是贯穿了整个文字发展史。裘锡圭认为："从形体上看，汉字主要经历了由繁到简的变化。这种变化表现在字体和字形两方面。字形的变化指一个个字的外形变化。字体的变化则指文字在字形特点和书写风格上的总的变化，而且通常是指较明显较巨大的变化而言。"[①]

[①] 裘锡圭《文字学概要》（修订本）34页，商务印书馆，2013年。

简省构件或笔画形成俗字是指字形方面的简省。

（一）简省偏旁

简省偏旁可分为简省形旁和简省声旁两类。

1. 简省形旁

滅，《说文解字·水部》："滅，尽也。从水，威声。"俗字中示义构件三点水省作两点或完全省略，如隋《郭达墓志》《马少敏墓志》、唐《杨曜生墓志》中"滅"皆作"减"，敦煌写卷中，敦研365《大般涅槃经》卷十五作"减"，甘博003《佛说观佛三昧海经》卷五作"减"；东汉《华山庙碑》《杨叔恭碑》、隋《杨通墓志》、唐《王震墓志》中，"滅"皆作"威"，则完全省略了示义构件。

圖，《说文解字·口部》："圖，画计难也。从口，从啚。"俗字常作"啚"，省略了示义构件"口"，如北魏《胡明相墓志》、隋《马少敏墓志》、唐《李憨墓志》皆作"啚"；敦煌写卷S.6659《太上洞玄灵宝妙经众篇序章》作"啚"，《干禄字书·平声》："啚圖：上俗下正。"

2. 简省声旁

歸，《说文解字·止部》："歸，女嫁也。从止，从妇省，𠂤声。"俗字省略表音构件"𠂤"，如北魏《元理墓志》、唐《奉籍归唐表刻石》《陆振威妻王氏墓志》、后唐《王璠墓志》皆作"埽"；敦煌写卷P.2173《御注金刚般若波罗蜜经宣演卷上》作"埽"，S.388《正名要录》："埽歸：（上）正，（下）相承用。"所谓"相承用"应指传承于《说文解字》的规范字形，将"埽"视为正，可见其正俗关系的演变，说明俗字"埽"在书写中较为通用，使用率更高。

聽，《说文解字·耳部》："聽，聆也。从耳、𢛳，壬声。"其中表音构件"壬"常简省作两点或一提，甚至完全省略。如北魏《元海墓志》《元新成妃李氏墓志》《元信墓志》等皆作"聽"，北魏《杨乾墓志》、唐《温炜墓志》《杨知退墓志》作"聽"，敦煌写卷S.6659《太上洞玄灵宝妙经众篇序章》作"聽"；或完全省略了示音构件，如北魏《王憎男墓志》、唐《大德超寂墓志》作"聴",敦煌写卷敦研007《大慈如来十月廿四日告疏》作"聰"。

（二）简省构件

构件是汉字的构形单位,在书写中,或为了书写便捷,或为了字形美观,会省略或简化部分构件,形成俗字。

隱,《说文解字·阜部》："隱,蔽也。从阜,㥯声。""隱"字笔画、构件较多,书写不便。为了提高书写效率,常常省略部分构件,如北魏《元晫墓志》《檀宾墓志》、隋《李肃墓志》、后周《王进威墓志》等皆作"隐",省略了构件"工"。上部构件"爫"进一步简写作"ハ",即形成后来所通行的"隐"字。明清小说中又进一步省略构件,如清刊本《女开科传》第十一回"隐而不言","隐"作"陷",清刊本《大清全传》第七十三回"这话里有隐情","隐"作"阝"。①

集,《说文解字》作"雧",《雥部》："雧,群鸟在木上也。从雥,从木。""雧"字字形复杂,且构件是重复构件,表义相同,故俗字常省略重复构件,作"集",且逐渐成为常用字。这种省略重复的构件形成俗字的现象非常常见,又如賷——贳,蠶——蠺——蚕等。②

（三）简省笔画

简省笔画指在书写过程中,为了书写方便快捷,会省去一些相对不太重要的笔画,但还保留整字的轮廓或将笔画繁多的构件进行简省或替换作一个笔画简单符号。

眉,俗字常省略短竖,作"眉",以"眉"为构件的字也类推,如媚——媚、楣——楣等,碑刻、敦煌等材料中字例常见。又如"卑",俗字常省略上部短撇,作"卑",以"卑"为构件的字同样类推,如碑——碑、俾——俾等。

觀,左部构件繁琐,书写不便,故常用笔画简单的符号"又"来代

---

① 曾良《明清小说俗字研究》48页,商务印书馆,2017年。
② 张涌泉《汉语俗字研究》（增订本）81页,商务印书馆,2010年。

替。《宋元以来俗字谱·见部》引《白袍记》《东牕记》《金瓶梅》《岭南逸事》均作"观",《俗书刊误·平声·寒韵》:"觀,俗作观。"

二、增繁类

虽然简化是汉字发展的大趋势,但在此过程中,也一直伴随着文字繁化的现象。其目的或是为了增加文字的区分度,或者为了突出文字的音或义,或者为了字形稳重美观等等。裘锡圭认为:"字形繁化可以分成两类。一类纯粹是外形上的繁化,一类是文字结构上的变化所造成的。"第一种繁化是为了避免字形混淆或只是书写习惯上的变化,第二种繁化则是增加偏旁。①

(一)增加偏旁

增加偏旁这里主要指增加形旁,增加声旁的俗字不多见。原因在于"当形声字占据统治地位以后,由于语音相对要稳定得多,无谓的加声没有必要。语音当然也有变化,但它是以改换声符的方式来适应语音的发展,而不必另加声符"。②

阜,《说文解字》作"𨸏",《𨸏部》:"𨸏,大陆,山无石者。象形。""阜"本是象形字,隶变之后象形性消失,表义不明。为了凸显字义,俗字又增加与其义相关的"山""土"等作为偏旁提示意义,如北魏《殷伯姜墓志》、隋《牛谅墓志》作"崨",北魏《元思墓志》《元昭墓志》作"埠"。

呆,明清小说中常加偏旁"疒"以表义,如清刊本《续西游记》第一回"故装瘝"、清刊本《前明正德白牡丹传》第十一回"倒痴瘝了"等③。徽州文书中,"恶"字加偏旁"亻"作"傓",表示与人相关。《集韵》中亦有著录,《集韵·入声·铎韵》:"恶,或从人。"

---

① 裘锡圭《文字学概要》(修订本)36页,商务印书馆,2013年。
② 毛远明《汉魏六朝碑刻异体字研究》127页,商务印书馆,2012年。
③ 曾良《明清小说俗字研究》54页,商务印书馆,2017年。

（二）增加构件

增加构件指增加与原字的字音、字义都无关的构件。

標，《说文解字·木部》："標，木杪末也。从木，票声。"碑刻俗字常在"標"的右侧增加构件"寸"，如北魏《卢玲媛墓志》《檀宾墓志》、北齐《僧静明等修塔造像记》、隋《董敏墓志》、唐《霍汉墓志》等，"標"字均作"槚"。以"票"为构件的字同样如此，如"驃"俗字作"驣"，"漂"俗字作"潇"等。

（三）增加笔画

一般指在字形较为简单的汉字上增加装饰性或区别性的简单笔画，使整字看上去显得饱满、稳重。

支，俗字常作"攴"，如北魏《元昭墓志》《元扬墓志》《元珍墓志》、唐《支怀墓志》等。敦煌写卷中，敦研365《大般若涅槃经》卷第十五作"攴"。《干禄字书·平声》："攴支：上俗下正。"作为构件时可类推，如敦煌写卷P.2524《语对》"片玉一枝"，"枝"作"枝"。

塋，《说文解字·土部》："塋，墓也。从土，荧省声。"俗字常在底部构件"土"上增加点画，如北魏《尔朱袭墓志》、东魏《高湛墓志》、隋《王光墓志》、唐《魏仲俛墓志》等均作"塋"，类似的情况，如"墓"字，北魏《元嵩墓志》、隋《范高墓志》等皆作"墓"，敦煌写卷S.799《隶古定尚书》"封比干墓"，"墓"作"墓"。

三、借音类

借音类即借用音同或音近的正字来记录另外一个词，张涌泉认为："古书中同音或音近替换的字很多，其中大多数可以划入假借字或音误字的范畴，但也有相当一部分是与俗字相关的，应该纳入俗文字的范畴。"

以"了"代"瞭"。"瞭"字《说文解字》不录，《玉篇·目部》："瞭，目明也。"引申为"明了"义。碑刻中以笔画较少的"了"代替"瞭"，表示"明了"义。如北魏《净悟浮图记》："姿性了悟。"《刘腾造像碑》:"了达宝相之议。"

以"娘"代"孃"。"娘"本是姑娘义,"孃"是母亲义。俗字常以"娘"代替"孃",表示"母亲"义。敦煌写卷S.3704《大目乾连冥间救母变文》"阿娘孝顺子"作"娘",黄征:"本卷中'孃'字多有作'娘'者,显示出'孃''娘'混同、以'娘'代'孃'之趋势。"① 敦煌写卷P.2418《父母恩重经讲经文》中亦以"娘"字为多。

以"付"代"傅"。清刊本《跻云楼》第一回"师付别处去化吧""师付少待","师付"即"师傅",用同音俗字"付"代替了"傅"。②

四、改换类

改换类包括改换偏旁和改换结构两大类。

（一）改换声符

改换声符即将形声字的声符改换作与之音同或音近的构件,形成俗字。

糧,《说文解字·米部》:"糧,谷也。从米,量声。"本是"粮食"义的本字。因"量"形体繁重,"良"与"量"又音同,故俗字改声旁"量"作"良"。北魏《元熙墓志》作"粮",北齐《徐徹墓志》作"粮",《汉隶字源·平声·阳韵》:"糧,亦作粮。"《干禄字书·平声》:"粮糧,上通下正。" 敦煌写卷S.388《正名要录》:"糧粮:右字形虽别,音义是同。古而典者居上,今而要者居下。"

明清小说中,"绑"的俗字改换声旁作"绺",如清刊本《续西游记》第四十三回"用绳索捆绺起来""哪有个捆绺的道理"。③ 徽州文书中,"怕"的俗字作"𢙿"④,将表音的构件"白"换作了"巴",

---

① 黄征《敦煌俗字典》291页,上海教育出版社,2005年。
② 曾良《明清小说俗字研究》43页,商务印书馆,2017年。
③ 曾良《明清小说俗字研究》46页,商务印书馆,2017年。
④ 方孝坤《徽州文书俗字研究》73页,人民出版社,2012年。

使表音更为准确。

（二）改换义符

改换义符即将形声字或会意字的义符改换成与之意义相同或相近的其他义符，增强表义性。

阪，《说文解字·𨸏部》："阪，坡者曰阪，一曰泽障，一曰山胁也。从𨸏反声。"𨸏，义为山无石者，象形，与"土"字义通，故俗字常改换作从土，如东魏兴和三年《李挺墓志》作"坂"，北魏《李庆容墓志》作"坂"。《隶辨·上声·阮韵》引《樊王碑》："王路阪险。"下按："《广韵》阪与坂同。"《干禄字书·上声》："坂阪，上通下正。"

葬，《说文解字·茻部》："藏也。从死在茻中。"下葬一般指埋在土中，故俗字又从"土"作"塟"，或又省略草字头，变作从死从土的"壅"。敦煌写卷P.2319《大目乾连冥间救母变文》"徒劳黄金葬墓坟"，"葬"作"壅"。北魏《张玄墓志》、隋《元智妻墓志》、《张礼墓志》均作"壅"。《重订直音篇·茻部》："塟壅，同葬。"《集韵·去声》："葬壅，则浪切，《说文》：'藏也。从死在茻中。'"

（三）改换结构

改换结构指构成字的构件不变，而结构模式发生了变化，如由左右结构变作上下结构，由半包围结构变作左右结构等。

群，本为上下结构，《说文解字·羊部》："羣，辈也。从羊，君声。"今为正字的"群"在古代是"羣"的俗字。《五经文字·羊部》："羣，俗作群。"文献中，"羣""群"都比较常见，最终以"群"为正字，可能跟汉字方正的特点有关。

靠，清刊本《北宋金枪全传》第二十五回："使我依鞲于谁？"第四十八回："刘青鞲黄昏左侧。""鞲"即"靠"的俗字，由上下结构变为左右结构[①]。

---

① 曾良《明清小说俗字研究》47页，商务印书馆，2017年。

晚，徽州文书中或作"䞛"，《正字通》："䞛，同晚。"左右结构变成半包围结构[1]。

五、类化类

类化指文字因受到自身形体，或上下文因素的影响，使某些偏旁或构件同化，或给本没有偏旁的字加上偏旁，或将偏旁变成与上下文一致的文字演变现象，类化是俗字产生的重要途径之一。

願，《说文解字·页部》："願，大头也。从页，原声。"文献中用作"大头"义比较少见，比较常见的是表示"愿望"。因为受到形符"页"的影响，声符"原"变得和"页"类似，甚至完全相同，如东魏《马郡爱造像》作"頢"，北魏《王建之墓志》作"頿"，《孙静造像记》作"頿"。敦煌写卷P.2160《摩诃摩耶经卷上》"唯愿施慈悲"，"愿"作"頿"。黄征："此形左右类化，颇为常见。"[2]

媳妇，本作"息妇"，"息"本义是呼吸，引申指生息，进一步引申指儿女。清俞樾《茶香室续钞·媳》："古人称子为息，息妇者，子妇也。"因"息妇"经常连用，"息"受"妇"的类化影响，加偏旁作"媳"。

六、讹写类

讹写类，或称"书写变易"，指在书写中由于形近或对字的结构理解不同或为追求书写速度而造成的讹写的情况。

"灬"，本是"火"的变体，在书写中有时会被还原作"火"，如"勳"，北魏《李媛华墓志》作"勲"，《元子直墓志》作"勲"，隋《杨通墓志》作"勲"，有时又讹写作一横，如北魏《刘滋墓志》作"勳"，隋《杨居墓志》作"勳"。

族，《说文解字·㫃部》："族，矢锋也。从㫃从矢。"字本从"㫃"，但书写时人们会习惯上将"㫃"拆分，将整字分成"方"和"矢"，在此基础上两个构件又各自发生讹写，产生一系列俗字，如北

---

[1] 方孝坤《徽州文书俗字研究》79页，人民出版社，2012年。
[2] 黄征《敦煌俗字典》524页，上海教育出版社，2005年。

魏《元弼墓志》作"袄",《元显魏墓志》作"袄",《元演墓志》作"挨",敦煌写卷S.6659《太上洞玄灵宝妙经众篇序章》"祸至灭族","族"作"挨"。

七、行草书楷化类

草书楷化即将草书的形体用楷书的笔画书写,将草书的线条直线化和规整化。这样产生的俗字一般字形较为简单,许多草书楷化的文字在今天已成为规范字。

为,繁体作"為",由于笔画较多,书写中人们习惯进行简化和草化,北魏《郭显墓志》作"為",《元新成妃李氏墓志》作"為",东魏《吴叔悦造像记》作"為",南朝梁《天监造像》作"为",东魏《范思彦墓志》作"为",隋书法家智永《真草千字文》中书作"为",唐代书法家孙过庭《书谱》中作"为"。"为"即草书"为"楷化的结果。《宋元以来俗字谱·九画》引《古今杂剧》作"为"。

盖,繁体作"蓋",书写时一般会简化,如书法家王羲之书作"盖""盖""盖"等形,北魏《吴光墓志》、北齐《张思伯造浮图记》、隋《寇遵考墓志》、唐《盖畅墓志》均作"盖"。敦煌写卷S.343《原文范本等》:"间阎鼎盖。"《新加九经字样·艹部》:"蓋,今或相承作盖者,乃从行书艹,与'荅''若'等字,并皆讹俗,不可施于经典。"体现了其作为俗字的特点。

八、重新创造类

重新创造指抛开原有字形,选用完全不同的构件另造新字,从而产生俗字。

弄,《说文解字·廾部》:"弄,玩也。从廾持玉。""弄"会双手持玉而玩义。俗作"卡",如北魏《弔比干文》作"卡",《尔朱绍墓志》作"卡",以上下把玩会意。都是会意字,但造字思路与所选构件都不相同。俗字又作"抪",在"卡"的基础上又增加了偏旁"扌",用来提示用手把玩的意义,北魏《元华光墓志》作"抪";敦煌写卷浙敦026《普贤菩萨说证明经》"嚣升弄升","弄"作"抪"。

还有些新造字是我们不常见的，如"叕"，是"公"的俗字。《字汇补·大部》："叕，古东切，无私也。""𪓐"是"侄"的俗字，会"兄之子"之义，《字汇补·子部》："𪓐，与侄同。"①武周时期武则天曾创制了一批新字，即著名的武周新字，如"照"作"曌"、"地"作"埊"、"国"作"圀"、"臣"作"恖"等，这批字在武则天时曾流行一时。

九、合文类

合文指将两个或以上的字压缩为一个字来书写，并加以简化，从而产生一个新字。

卉，"菩萨"的合文。敦煌写本P.2173《御注金刚般若波罗蜜经宣演卷上》"又依功德施菩萨论云"，"菩萨"作"卉"。《龙龛手镜·艹部》："卉，莫朗反，草木冬生不死也，又音菩萨二字。"又如《戎爱洛造像记》"上为皇帝陛，下为亡父母"，"陛"即"陛下"的合文。

徽州文书中也有大量合文俗字，如"契大吉"作"𠿃"、"五石"作"吾"、"六寸"作"寸"等。②

第四节　俗字考辨的方法

在俗字研究逐渐发展成熟后，已有学者在实践的基础上，归纳出了一些行之有效的考辨方法，如张涌泉、曾良等。其实俗字的考辨方法是多种多样的，也没有固定的条条框框，但适时地对俗字考辨进行理论上的总结，归纳出一些可行性强的考辨方法，对我们今后从事俗字释读与研究都具有一定指导意义。下面我们结合实例来介绍比较常见的俗字考辨方法。

---

① 张涌泉《汉语俗字研究》（增订本）116页，商务印书馆，2010年。
② 方孝坤《徽州文书俗字研究》99页，人民出版社，2012年。

一、类比归纳

有些俗字我们只孤立地考察一条材料很难得出确解,如果我们搜集大量相同的俗字材料,根据它们出现的语境,探寻上下文义,进行综合排比,就能准确释读俗字。

曾良在《明清小说俗字研究》中以"髟"字为例,通过类比归纳,对"髟"字进行释读:"《集成》清刊本《前明正德白牡丹传》第四回:'刘健暗点颜色……又见刘健摇髟。'(43页)同前:'刘健在后面将髟乱摇。'(44页)同前:'张半仙看见许多银子,犹如一块大石压了心髟。'(44页)第十回:'当下李桂金暗想:未知刘小姐容貌若何?放着胆将双手扯住墙髟,踊身抓上。'(126页)根据上下文义综合排比,可知是'头'的俗字。"①

北魏永安二年《元维墓志》:"葵荤言兆,七饭将临。""荤"字较难理解,常有误读。但碑刻中"荤"字使用频率很高,如果我们搜集碑刻中相同或相似的字形,根据它们的上下文义,进行排比归纳,问题就会迎刃而解。北魏孝昌二年《于景墓志》:"龟荤既戒,吉日唯量。"北魏延昌四年《王祯墓志》:"卜远戒期,龟荤袭吉。"北魏永熙二年《王悦及妻郭氏墓志》:"然龟荤谬卜,兆入定陵。"北魏景明四年《元诱妻冯氏墓志》:"命荤告祥,焬龟诲吉。"北周建德五年《王钧墓志》:"安荤卜地,移荤辒日。""荤"字出现的语境都与占卜有关,由此推测,"荤"可能为"筮"字,"筮"指用蓍草占卜吉凶,释作"筮"在各例句中皆文从字顺,"龟筮"同义连文。古人又有葬前占卜选择吉兆、吉时的风俗,可知为"筮"字确矣,字形作"荤"是讹写所致。②

二、异文比勘

异文比勘指利用不同版本的文献所呈现出来的异文来帮助我们进行俗字释读,通过异文比勘,某些没有思路的疑难俗字往往能得到正确

---

① 曾良《明清小说俗字研究》142页,商务印书馆,2017年。
② 毛远明《汉魏六朝碑刻异体字研究》604页,商务印书馆,2012年。

第十章 汉语俗字的研究

辨识。

敦煌写卷 P.4625《五台山赞》:"西台险夋甚嵯峨,一万菩萨变(遍)山坡。""夋"字较少见,但此赞文又有其他写本,如北图咸字18号、S.5573号、S.4429号等,各写本中此字分别作"峻""峻""陖"等形,通过考察这些异文可知,"夋"即"峻"的俗字。"夋"旁俗书常作"夋",作"夋"则是偏旁位移,由左右结构变作上下结构的结果。"陖"是"山"与"阜"义近替换,通过改换偏旁形成的俗字。①

《古今小说集成》收清抄本《忠烈侠义传》第三十三回:"把他(鱼)鲜着爌着。""少时,用大盘爌了鱼来。"第六十三回:"就用鲤鱼爌汤,拿他开胃。"《古今小说集成》收清刊本《七侠五义》均作"爌"。"爌""爌""爌",《三侠五义》(人民文学出版社2001年版)则均作"氽",通过异文再结合上下文义,"爌""爌""爌"为"氽"之俗字无疑。②

三、掌握俗字演变规律

汉字的形体变化有一定的规律性和系统性,如果能掌握俗字演变规律,则有相同演变轨迹的一系列俗字都可以正确释读。

《窦师纶暨妻尉氏墓志》:"奉𨓟展虔恪之仪,采藻申恭勤之道。""𨓟",《西安碑林博物馆新藏墓志续编》误释作"迤",实为"匜"的俗字。"匜"作"𨓟",主要是构件"匚"的横画与"𠃊"脱开,而"辶"的草书作"㇏",楷化作"𠃊",如"迷"字,北魏《李遵墓志》"守迷不变"作"迷",《元思墓志》"移牧魏壤,迷醜改识"作"迷",逆推之,构件"𠃊"常被错误地还原为"辶"。如"匠"字,唐《程宝安墓志》作"迒",《干禄字书·去声》:"迒匠,上俗下正。"《碑别字新编·六画》引《爨龙颜碑》"匠"亦作"迒";"匣"字,《干禄字书·入声》:"逗匣,上通下正。"唐《张泽墓志》作"逗";"匦"字,北魏《元端墓志》"围城数匦"作"迿",

---

① 张涌泉《汉语俗字研究》(增订本)208页,商务印书馆,2010年。
② 曾良《明清小说俗字研究》154页,商务印书馆,2017年。

《檀宾墓志》"匦宇流哀"作"**迊**",皆其例也。如能明了这种字形演变规律,则能避免误读。

唐长寿二年《阎识微妻裴氏墓志》:"鹤遂开山,即启西阶之殡;鱼轩從辌,将归北郭之田。""鱼轩"指古代贵族妇女所乘的车,用鱼皮为饰。根据墓志上下文义可知,此处叙述迁葬之事,由西阶迁葬于北郭之田,"鱼轩從辌"则于义无取。原石"從"作"**徙**",为"徙"的俗字。《周孝敏墓志》:"三從称贤,阐儒风于鲁国。""三從"于义不协,"從"原拓作"**徙**",亦当为"徙"的俗字。"三徙称贤",是化用了孟母三迁之典。毛远明:"'從'和'徙'本来形体就相似,碑刻铭文受行草书的影响,字形就更接近。其区别性特征在右边构件之上部,'從'为'丷',如《肥致墓志》作**徙**,《谢琉墓志》作**徙**,《元思墓志》作**徙**;'徙'为'丨丨',《赵宽墓碑》作**徙**,《奚智墓志》作**徙**,《侯掌墓志》作**徙**。"[①]可见"從"与"徙"的俗字形似,如能明了"從"和"徙"俗字的规律性区别,就能避免混淆,准确释读。

四、参考字书

历代字书中保存了大量的汉语俗字,是我们研究汉语俗字的宝贵资料,也是我们现在释读俗字的重要参考。

敦煌写卷S.328《伍子胥变文》:"行至郑国,四城门窂闭。""窂"即"牢"的俗字,从"宀"之字,多混同从"穴"。《干禄字书·平声》:"窂牢,上俗下正。"《集韵·平声·豪韵》:"牢,或从穴作窂。"《五经文字·牛部》:"牢,作窂,讹。"《龙龛手镜·穴部》:"窂,正音劳,坚固也。"《四声篇海·穴部》:"窂,力刀切,实也,与牢同。"《碑别字新编·七画·牢》下引《魏长孙士亮妻宋灵妃墓志》作"窂";《金石文字辨异·平声·豪韵·牢》下引《汉韩仁铭》作"窂"。

延昌三年《孟敬训墓志》:"夫人性**㤰**妬嫉,多于容纳。""**㤰**",《八

---

① 毛远明《汉魏六朝碑刻异体字研究》621页,商务印书馆,2012年。

瓊金石补正》释作"宽",误。《元诲墓志》:"虽曰多士,特𡨄其选。"《辽博藏碑》释作"寮",亦误。实为"寡"之俗字,字书中多有著录。《干禄字书·上声》:"𡨄𡩅寡:上俗中通下正。"《龙龛手镜·宀部》:"𡨄,俗;寡,正。"《金石文字辨异·上声·马韵·寡》引《北魏司马景和妻墓志铭》作"𡨄"。

  以上介绍了四种考辨俗字的方法,俗字的考辨往往是比较复杂的,在实践中常常需要多种方法综合运用,才能正确释读俗字,清晰地揭示俗字字形的演变过程。除了掌握一定方法外,还应该具备一些其他条件,张涌泉在《汉语俗字研究》中就提出了研究俗字应该具备的四个基本条件:识文字、明训诂、辨声韵、熟典章。总之,我们既要不断提高专业修养,还要不断开括视野,拓宽知识面,这样才能在俗字研究上做出可喜成果。

第十一章　汉字向周边民族的传播

汉字发源于黄河流域中部古称"中原"的地方，随着华夏民族的扩展，汉字也不断扩大它的使用区域，到战国时期，已经成为黄河、长江、珠江三大流域通用的文字。后来又向国外和国内别的民族传播。向南和西南，传到越南，以及四川、贵州、云南的少数民族；向东，传到朝鲜和日本；向北，传到历史上的契丹、女真和西夏。在1000多年间，形成一个东亚的汉字文化圈。汉字在向别的民族和国家传播的过程中，经历了各种变异；别的民族借用汉字记录本民族语言的时候，进行过改造和新的创造，形成了30来种汉字系的文字。

第一节　南方的汉字系文字

汉字首先是从黄河流域传播到我国南方和西南方广大地区的。

在南方，公元前214年，秦始皇派遣他的大将蒙恬平定了岭南的百越地区，设置了桂林（今广西境内）、南海（今广东境内）、象郡（包括今广西南部和越南中、北部）三郡。公元前208年，在秦朝灭亡一年后，原秦朝的南海郡尉赵佗吞并了桂林、象郡，建立"南越国"，地域大致包括了今广东、广西以及越南的中北部等地。公元前112年，汉政府平定南越国，设置了海南、郁林、苍梧、合浦、儋耳、珠崖、交趾、九真、日南等九郡（后三郡包括了今越南北部和中部的部分地区）。随着秦汉中央政权对岭南的开发，汉字随之传播到广西、广东、越南中北部的广大地区。那时起，南方的土著居民"百越"已经开始接触汉字了。东汉末期到唐代，汉字开始系统传入百越地区。我国南方各民族缺乏史料，不过越南的史书《大越史记全书》有："我国通诗书，习礼乐，为文献之邦，自士（燮）王始。"这段记载就是指东汉后期的士燮任交趾太守时，在当地兴办学校，让当地的人学习儒家经典。我们可以推断，当时的岭南各郡应该都进行了类似的汉文化推广工作。到了隋唐时期，随着科举取士制度的普及，汉字、汉文化在我国的南方得到了更加深入的传播。而且经过了对汉字的长期使用，在熟悉和掌握汉字的构字理据之后，当地的民族纷纷开始模仿汉字创制自己的民族文字。汉字向西南方向的传播，最早可以追溯到战国后期。史书记载，公元前300年至前280年间，楚将庄蹻曾经率领部众进入云南。此后，西汉武帝时期，中央政权在当时被称为"西南夷"的民族居住地设置郡县，汉文化得到大力传播。此后，西南地区各族人民的先人也一直以汉字为官方文字。总之，随着汉字影响的逐渐深入，从南北朝至宋朝的八百年间，越南、壮、白、苗、侗、水等少数民族的先民开始了对汉字的借用、改造和创造。最终，形成了记录自己民族语言的本民族文字。

现在已知的南方汉字系文字共有九种，即壮字、字喃（或称喃字）、白文、侗字、布依字、苗文、瑶文、哈尼文、水字。这些文字除了水字较为特殊以外，其他几种都有类似的特征。

一、壮字

壮字历史上又称为"方块壮文""土俗字""土字""生字"，是壮族在受到汉语汉字的长期影响后，逐渐形成的。它经过了借用汉字、仿造新字的阶段。经过长期学习汉语汉字的过程，最终，壮字大致成形于唐代。南宋范成大（1126—1193）在《桂海虞衡志》中说："边远俗鄙，牒诉契约，专用土俗字，桂林诸邑皆然。"这说明，到了宋代，壮字的使用已经很普遍。壮字一直没有发展为正式文字，但是在民间却被广泛使用，主要用来记录、传抄民间歌谣等。明末以后，壮字的应用日益减少。

在南方汉字系文字中，壮字的体系相对完备。1989年出版了《古壮字[①]字典》，收录了方块壮字4800多个，另外，异体字有8000多个。壮字的文献也很丰富，主要类别有碑文、乡规民约、讼牒、族谱、民歌、

---

① 区别于1949年后政府倡导创制的罗马字母拼音型新壮文。

长诗、壮歌剧本、说唱本、经书和医药书等。例如，《摩则杜》（创世神话）、《传扬歌》（乡规民约类）、《特华信歌》（书信体长诗）、《中法战争史歌》、《二度梅》（说唱本）、《布洛陀》（经书）等。

表1 壮字举例①

构字类型		字体	读音	意义	字体	读音	意义	字体	读音	意义	字体	读音	意义
象形字		冂	tɯŋ⁴	拐杖	ҙ	naŋ⁶	坐	϶	um³	抱	ӡ	am³	背
借用字	音意	京	kəŋ¹	京都	国	ku:k⁷	国家	读	to:k⁸	读	三	θa:m¹	三
	音读	古	Ku³	也	眉	Mei²	有	皮	pei⁴	兄	勒	luk⁸	儿子
	训读	雨	pʰɔ:n¹	雨	黑	dam¹	黑	屋	lun²	屋	找	kʰja¹	找
	借形	兰	yo⁴	知道	勺	jak⁷	将要	护	dau¹	里面	亘	ka:ŋ³	讲
仿造字	形声	偻	lau²	我们	恅	la:u¹	怕	唔	pa:k⁷	嘴	胼	wo²	脖子
	加形	呍	pai⁴	兄	叽	kau¹	我	吡	pak⁶	累	俩	tsa:i⁴	歪斜
	音意合体	畾	kʰau3	田	岜	pia¹	山	劦	li¹	剩余	穚	hau⁴	米
	意义合体	夽	kuun2	上面	吞	la³	下面	歪	din²	短	嚓	pʰo⁵	破
	二形	𦞩	rau³	头	苁	ta:i²	代	荒	fu²	荒凉	燒	ro:ŋ⁶	亮
	二声	屾	sa:n¹	白米	𩙿	kau³	看	𨧱	sa:ŋ¹	高	菊	fa:ŋ²	鬼
	反切	笑	rat⁷	蘑菇	椊	yuut⁵	萎缩	㗰	ka³	杀	轚	jaŋ⁵	荒草
汉字省略字		艮	ŋan²	银子	丸	θok⁷	熟	尸	ʔbɯ:ŋ³	一半			
汉字变体字		㛮	na:u⁵	否定助词	冇	bou⁵	没有	屌	di¹	无，不			
其他壮字		叩	ku:k⁸	做	几	naŋ⁶	坐	旡	dei¹	好			

---

① 本章的材料和例字主要参考王锋《从汉字到汉字系文字——汉字文化圈文字研究》（民族出版社，2003年）和周有光《比较文字学初探》（语文出版社，1998年）。

下面是壮歌中的一段："母寡带子孤，当内河朵漂；两三个多邀，去圩桥贩米。"意思是：寡妇带着孤儿，好像河里朵浮萍；两三个（人）相约，去双桥（地名）贩米。

二、字喃

字喃和壮字经常被称作"姊妹文字"，这种说法生动地表现了两种文字的亲密关系。

从秦汉时期开始，到1945年独立后采用国语字为官方文字止，在长达两千年的时间里，汉字一直都是越南的正式文字。越南一直称汉字为"儒字"，意思是儒家的文字。通过长期的学习汉语汉字，8世纪以后，字喃出现。字喃又称喃字，和儒字相对，就是"俗字"的意思。大致到了宋朝后期，字喃得到很大发展，成为一种比较成熟的文字。字喃是仿照汉字的造字法，基本按照汉越语的读音，记录越南语的方块文字。和壮文一样，字喃也有借用字、仿造字。其中借用字包括了借词字、音读字、训读字、借形字；仿造字包括了会意字、形声字。字喃曾经获得过官方正式文字的地位，但是由于政权的交替，不久即被废止。所以，字喃主要还是在民间使用，用来书写各种民间文学作品。最早用字喃创造歌赋的是13世纪的阮诠，他的作品是《祭鳄鱼文》。字喃文献现存一千多种，代表作有18世纪阮攸的长诗《金云翘传》等。

表2 字喃举例

构字类型		字体	读音	意义	字体	读音	意义	字体	读音	意义	字体	读音	意义
借用字	音意	文	$vən^1$	文	南	nam^1	南	户	ho^6	姓	金	kim^1	针
	音读	沛	p^hai^3	是	丐	cai^5	个	别	$biet^5$	知	半	ban^5	卖
	训读	鲜	$tuɯn^1$	鲜	龙	$joŋ^2$	龙	你	mai^2	你			
	借形	辰	t^hi^2	然则	坤	k^ho^5	难						
仿造字	形声	咹	an^1	吃	妚	gai^5	女儿	招	c^hau^5	侄孙	昞	luc^5	时
	加形	喃	$hʌn^2$	仇恨	哎	gai^3	寄	朩	moc^6	生出	氶	nay^5	挂虑

（续表）

构字类型		字体	读音	意义	字体	读音	意义	字体	读音	意义	字体	读音	意义
仿造字	音意合体	㿝	vao²	入	钯	ba¹	三	砀	da⁵	石	悧	bE⁵	小
	意义合体	忝	trai²	天	仚	trum²	头目	趑	cʰəy²	迟			
	二形	呋	mət³	丢失	苰	dai²	世代	弸	coŋ¹	弯曲	賜	het⁵	穷尽
汉字省略字		心	lam²	为	包	da⁴	已经	帝	nao²	哪	寻	ŋyai²	人
汉字变体字		对		对	囯		国	竜		龙	凡		风

三、白文

从汉代开始，白族就以汉字作为官方文字，从保留下来的文献材料看，大约在南诏（738—902）后期，白文已经产生。白文和其他南方汉字系文字一样，以借用汉字为主，另外，也创造了一批新字。宋元时期，白文在白族地区广泛流传，得到很大发展，宫廷作诗、写作碑文等都在应用。现存的白文有古籍、石刻碑文和铜器铭文，时间约在10—15世纪，如《段政兴资发愿文》（12世纪）、《段信苴宝摩崖》（14世纪）、《词记山花·咏苍洱境碑》（15世纪）、《故善士杨宗墓志碑》、《故善士赵公墓志》、《处士杨公同室李氏寿藏碑》等。明代以后，由于汉族移民大量进入白族地区，加上明统治者文化政策的压抑，白文的使用范围慢慢变小。虽然如此，时至今日，白文仍然在白族民间流传使用。现在的白文主要用来书写白族的民间文学作品以及祭文等。

表3　白文举例

构字类型		字体	读音	意义	字体	读音	意义	字体	读音	意义	字体	读音	意义
假借字	音意	心	ςi^{55}	心	白	$pe_\lrcorner^{42}$	白	黑	xw^{44}	黑	月	$u^{a}4$	月
	音读	宽	k^hua^{33}	用	保	po^{31}	他	娘	$\mathrm{n}ia^{55}$	咱们	恼	$nɔ^{31}$	你
	训读	天	xe^{55}	天	地	$tɕi^{31}$	地	是	$tsɯ^{33}$	是	二	ko^{33}	二
	借形	丘	$xɯ^{31}$	里面	廿	li^{55}	也						
仿造字	形声	嫫	$mɔ^{33}$	母亲	唔	$tɕ^{y33}$	嘴	偈	$ŋa^{55}$	我们	苩	ts^hu^{33}	草
	加形	咹	$ŋa^{55}$	我们	叫	to^{21}	话	嗯	$nɯ^{55}$	你的	佛	t^he^{44}	弟
	音意合体	蠎	$xe_\lrcorner^{55}$	生	䴗	$kɯ^{33}$	厚	鞴	$tsɯ^{33}$	有	臂	ua^{44}	月
	意义合体	慈	$tɕie_\lrcorner^2$	情意	塑	tso^{33}	上	昷	ts^ha^{55}	早饭	𡆞	$\mathrm{n}i^{44}$	进入
汉字省略字		月	$tɕia^{33}$	这样	艮	$\mathrm{n}i^{21}$	人						
汉字变体字		我	$ŋɔ^{31}$	我	血	k^ha^{44}	渴	皿	ka^{44}	把	奉	$pɯ^{33}$	斧头

四、其他文字

布依族分布在贵州省黔南布依族苗族自治州。侗族主要聚居在贵州省黔东南苗族侗族自治州，湖南和广西也有零星分布。汉字从秦汉开始进入布依族、侗族地区，一直是官方正式文字。同时布依族和侗族在学习和使用汉字的过程中，也利用借用和仿造的方法创制布依字和侗字来记录布依语和侗语。布依字和侗字也是主要在民间流传，用来记载民间文学作品。

哈尼族主要分布在云南省红河哈尼族彝族自治州。哈尼族中自称"豪尼"的一支受到汉字的影响，也创造了以借用汉字为主，并有少量仿造字的汉字系哈尼字。这种文字主要用来书写祭礼经、创世史诗等。

苗文比较特别。因为苗族直到清末及以后，才创制了汉字系苗文。汉字系苗文有三种，主要在湘西传播，分别是板塘苗文、古丈苗文和老寨苗文。前二者创制于清末，后者创制于20世纪50年代。苗文主要用来记录苗歌、演出剧本等民间文学作品。

在瑶族民间，也流传着一种汉字系瑶文。书写符号以借用汉字为主，主要用来记录本民族的歌谣和传说。据民间传说，这种文字始创于唐初。瑶文流传不广。

在我国的贵州省黔南州、黔东州及广西、云南的广大水族地区，至今还流传着一种古老的民族文献水书。水书掌握在水书先生手中，用来占卜，诸如婚姻、丧葬、营建、出行、过节、农事活动等都要依照水书条文而行。水书依靠水字记录、流传、使用。水字不能够记录日常水语，也不像壮字、侗字那样用于记录诗歌、民谣等。水字除了在水族墓碑上偶尔出现几个以外，只是被用来当作记载水书内容的工具。总之，水书和水字只限于在水族巫术活动中使用。水字的来源也不尽相同，部分完全是水族人民自己的创造，部分借自汉字，其中大多数又经过了改造。水字也可以按照中国传统文字学的六书理论，分为象形字、会意字（包括指事字和转注字）、借用字。

下表是上文提及的一些民族文字的举例[①]。

表4　其他民族文字举例

类型	苗文	瑶文	布依字	侗字	哈尼文
字体	艳	爹	鲍	俫	郍
读音	nqi	di	pja	kwai	nɔ、ʃɔ
意义	红	母亲	鱼	鱼	鱼
字体	肷	夋	槁	怀	囘
读音	da-zho	fa	hau	pu	pɔ、lɔ
意义	六月	父	饭	父	月

---

① 材料来自周有光《汉字文化圈的文字演变》，《民族语文》1989年第1期；周有光《周有光语文论集》，上海文化出版社，2002年。

（续表）

类型	苗文	瑶文	布依字	侗字	哈尼文
字体	奻	爷	躰	仸	赿
读音	pa	ɖi	maŋ	man	zɿ
意义	妇女	母	胖	天	走

第二节　东方的汉字系文字

一、朝鲜文

东方，汉字首先传播到朝鲜。虽然语言与汉语相当不同，但是，朝鲜在相当长时间内借用汉字进行书面表达。朝鲜曾经出土了大量战国时期的货币，上面刻有汉字铭文。这说明我国和朝鲜在战国时期已有了交流，从那时开始，汉字已经开始零星传入朝鲜。不过，对于当地人民来讲，汉字只是一种符号，还没有作为交流的工具使用。公元前108年，汉武帝在朝鲜设立乐浪、临屯、真番、玄菟四郡，同时，汉字随着中央政权进入到朝鲜半岛，成为了当地的官方文字。这时，朝鲜开始使用汉字。史载，朝鲜半岛的真番部落就曾经用汉字给汉武帝写信，要求通商和通交。到了公元前后，建国于今中朝边境的高句丽国的贵族阶层已经能够熟练使用汉字了。据朝鲜的《三国史记》对高句丽的记载："国初始用文字时，有人记事一百卷，名曰《留记》。"这种文字正是汉字。高句丽的统治者甚至能够用汉字进行汉文诗歌创作。例如公元前17年的高句丽琉璃王用汉字写过一首《黄鸟歌》："翩翩黄鸟，雌雄相依。念我之独，谁其与归。"琉璃王在诗中表达了对离去王妃雉姬的深深思念[1]。此后，《玉篇》《字统》《字林》等汉字字书成为高句丽贵族子弟学习文化的基本教材。在372年，用汉字书写的印度佛经传入了朝鲜，随着佛教和佛经的大规模影响，汉字也在朝鲜得到了广泛的传播。4世纪的时候，高句丽国开始在国内各地建立传播儒学的学校，汉字的影响进一步扩大。6世纪的时候，朝鲜人开始用汉字来记录朝鲜

---

[1] 例子引自陈尚胜《中韩交流三千年》，中华书局，1997年。

的民歌，称为"乡歌""乡札"。676年，新罗国统一朝鲜半岛，儒学在朝鲜半岛得到更加着力的推广。他们甚至模仿隋唐的科举制度，也开始开科取士。这个时期，汉字承载着汉文化对朝鲜产生了更为深远的影响。

相传在新罗神文王（681—691）时期，新罗的著名学者薛聪创制了借用汉字的音和义来记录朝鲜语的一种特殊的文字形式——"吏读"（又称吏扎、吏吐、吏道）。现存吏读文献有碑文、《大明律直解》和一些文书契约。其实，从一些碑文看来，吏读在薛聪之前已经存在了。薛聪应该是做了一些归纳整理的工作。吏读中使用汉语词记录朝鲜语中的实词，这些词一般按照朝鲜语的语序排列。朝鲜语和汉语不同，有许多的附加成分，吏读用汉字的训读方式表示语法意义的附加成分，这就是所谓的"吐"。朝鲜政权1395年颁行的《大明律直解》有一条律文："徒役年限内良中老疾是去等如前论文为乎事。"（汉字原文是"若在徒役年限内老疾，亦如是之"。）其中的"是""为""事"就是训读的方法。它们的读音分别是"i""hʌ""il"。其他的实词按照当时朝鲜语的汉字读音来读。另外，"良中"是表示时间的谓格，"去等"是表示假定的谓语连接词，"乎"是谓词的限定形，这三个都是"吐"。吏读产生后，对朝鲜半岛的政治和文化生活起到了相当重要的作用，一直长期和汉字并用。然而，吏读毕竟是使用汉字记录朝鲜语，它所使用的汉字，有的表音，有的表意，有的既表音又表意，给使用和理解带来了很大的困难。

到了15世纪，有感于吏读记录朝鲜语的障碍，世宗王（1419—1450在位）敕令郑麟趾、申叔舟、成三问、崔桓、朴彭年等人制定能记录朝鲜语的文字方案。在这个过程中，世宗王曾经派遣成三问十三次到中国辽东，向当时谪居的明朝翰林学士黄赞求教音韵学。1444年，随着《训民正音》的颁行，朝鲜文字——谚文正式诞生。它虽然受到了汉字和汉语音韵学的启发，但是，谚文是一种字母文字。最初，它的母音（元音）有11个，子音（辅音）有17个，共28个。后来增加到了40个字母。尽管文字类型不同，但是，《训民正音》根据中国古韵五音的分类标准，也把子音分成了五类。同时，根据汉语把一个音节分为声母、韵母、声调的习惯,把语音分为初声、中声、终声。而且,由于谚文是以子音母音纵横组合而成,所以,字形仍然带有汉字方块字的特点,一个音节就是一个方块。现在,累计有一万多个方块,现代通用的有2700～3500个。朝鲜谚文创制后,汉字、吏读、谚文三种书面形式同时使用,一直到19世纪末。

1894年,汉字和谚文的混合体文字成为政府的法定文字。1948年,朝鲜北方废除了汉字,以单纯的谚文为法定文字。朝鲜南方则继续使用混合体,只是减少汉字的使用量到1900个。

二、日文

汉字在日本的传播晚于朝鲜。汉字传入日本列岛之前,日本是没有文字的。

公元1世纪左右,中原中央政权对当时日本诸侯国的封印以及汉朝制造的铜镜等已经传入日本,而在这些器物上一般刻有汉字。如保存至今的"货泉"(王莽时期的货币)和"汉倭奴国印"(光武帝赐给日本倭奴国的印绶)。这可以说是在日本发现的最早的汉字。此时传入日本境内的汉字是零星的,还谈不上有意识地学习和加以利用。到了日本应神天皇十五年,即公元284年,根据日本史书《日本书纪》(720年成书)记载,汉人王仁应日本人阿直崎的邀请,东渡日本,担任日本皇子的师父,传授汉文经典。日本的另外一部最早的典籍《古事记》(712年成书)也有类似的记载。这是有关汉字传播到日本的最早书证。公元3世纪至4世纪,更多汉字开始经过朝鲜传到日本。特别是到了6世纪,汉字佛经经由朝鲜传入日本,汉字在日本进一步得到传播。隋唐时期,中国文化辉煌灿烂,对相邻各国产生了极大的影响。这促进中日文化交流达到了一个新的高度。日本派遣了大批的留学生来到中国学习。同时,日本也和朝鲜一样,开始模仿唐朝的文化教育制度,推行儒家经典,进行相关科目的考试。汉字成为了日本的官方书面文字。例如,604年,日本历史上的第一部根本大法《宪法十七条》使用的就是汉字,文章也是汉文体。

随着对汉字使用的日益广泛和对汉字理解的逐步深入,古代日本人采用了两种方法克服语言差异带来的文字表达上的障碍,成功地使用表意的汉字记录了日本的语言。一种方法是将汉字作为音符使用,直接表示日语的发音,类似于我们常说的"音读",这被称为"字音假名";第二种是用意思相同的日语发音来表示所使用汉字的读音,类似于我们常说的"训读",这被称作"字训假名"。这种把汉字作为字母使用的办法在日本的第一本和歌总集《万叶集》(771年前后)成书前后特别流行,故此被称为"万叶假名"。这也标志着日本民族已经在熟练使用汉字的基础上成功创制了自己的民族文字。然而,汉语和日语毕竟差异甚大。将汉字作为记录日语的音节文字使用,有不少困难:汉字数量巨大、笔画复杂等。而且,如何区分一篇文章中的汉字何时表音何时表意也是不容易的。经过长期的实践,万叶假名诞生一百年后,日本产生了平假名和片假名。

片假名和佛经关系密切。佛教传到日本后,日本的和尚读佛经时,在汉字旁作注,开始使用整个汉字,后来简化为取汉字楷书体的部分,形成片假名。平假名是日本妇女创制的。在盛行草书的平安时代(794—1192),妇女们在使用汉字时,简化草书,形成平假名。当时把平假名称为妇女字,男人不用。两种假名各有73个,假名字母表被称为"五十音图"。

从汉字传到日本,到假名诞生,历时近千年。这是汉字到了日本以后发生的质变。至此表意的汉字经过在日本的长期传播,终于影响日本产生了表音的音节文字。

假名虽然问世了,但是开始的时候,它仅仅用作汉字的注音符号。但是,单纯使用汉字并不能够记录日语的词尾变化等。于是,开始产生了把汉字和假名混合使用的写法:用汉字记录实词和词根,用假名表示虚词和词尾。日本历史上,起先汉字为主,假名为辅;后来变为假名为主,汉字为辅。平假名和片假名的地位也发生过改变:在10世纪时流行片假名混合体,在15世纪时又流行平假名混合体。1868年日本明治维新以后,推广以东京音为标准音的国语,现在的日本的正式文字是汉字、平假名、片假名的混合体。

第三节 北方的汉字系文字

从10世纪到15世纪，在我国的北方，曾经有三个和汉族建立的宋朝相对峙的民族政权——辽（916—1125）、西夏（1032—1227）和金（1115—1234）。它们的统治者分别是契丹族、党项族和女真族。三个少数民族的统治者奉行与魏晋南北朝时期的少数民族不同的民族语文政策，主张创制本族的文字。随着政权的消亡，契丹族和党项族逐渐融合到其他的民族，不复存在，他们的文化和文字也渐渐湮灭了。不过，根据遗存的历史材料，我们可以清楚地知道，在汉字的影响下，结合自己统治的需要，三个政权都曾创制了汉字系的文字：西夏创制了西夏文字，辽国的文字有契丹大字和契丹小字，金国则在继承使用契丹文字的基础上，创制了女真大字和女真小字。这些文字中，除了契丹小字是表音文字以外，契丹大字、西夏文字和女真大字都是表意的词符文字，另外，女真小字久已失传。

一、契丹文字

公元916年，契丹族首领耶律阿保机（辽太祖）建立辽国，又称契丹国，年号是神册。

此后一个世纪，辽国势力强盛，直到1125年被崛起的女真族政权金所灭。"契丹"作为一个民族也逐渐和其他民族完全融合，完全消失了，他们的语言也随之消亡了。

契丹族的语言究竟是什么样的？学界有两种意见。一种认为契丹语是达斡尔、鄂温克和鄂伦春语的混合体；另外一种认为契丹语接近蒙古语。现在的学者一般倾向于后者，即契丹语属于阿尔泰语系蒙古语族，是一种黏着语。由于受到中原汉文化的强烈影响，在契丹语中有很多的汉语借词。关于契丹的文字，《五代会要》说："契丹本无文纪，唯刻木为信。汉人之陷番者，以隶书之半加减，撰为胡书。"《辽史》中有"（辽太祖神册）五年，始创契丹大字，诏颁行之"。也就是说，在建国伊始的920年，辽太祖耶律阿保机就命令臣下（包括汉人）创制了契丹文字。这种契丹文字就是契丹大字。契丹大字并不适合契丹语音节较多、语法中有黏着词尾的特点。所以，《辽史》记载，"回鹘使至,(太祖弟)迭剌相从二旬,习其言与书,因制契丹小字,数少而该贯"。这就是后来在天赞年间(922—925)受到回鹘文影响创制的契丹小字。契丹大字和契丹小字创制以后,与汉字同时流行于辽国。1125年辽国灭亡之后,契丹文字被女真政权继承了下来,继续使用了多半个世纪,直到"章宗明昌二年(1191),诏罢契丹字"。(《金史》)此后,西辽地区仍然使用这种文字,直到蒙古灭掉西辽,才最终被废止。逮至明清时期,契丹文字成了无人认识的古文字,近代以来,随着一些文献的逐步出土,才渐渐开始解读。

契丹大字和契丹小字都是在汉字的启发下创制的,都属于汉字系文字。不过,契丹大字是一种表意的词符文字,除了沿袭汉字的横平竖直的特点以外,更直接借用了一些笔画简单的汉字。而契丹小字是一种表音文字,它的最小单位是原字。

已经可以识别的契丹大字,大致都是单体的表意字。"据史料记载,契丹大字共有三千多个,但至今只发现了其中的一千八百多个。"① 契丹大字主要由借用的汉字、增减笔画的汉字变体字以及少量其他构字法组成的字构成。由于契丹族已经消失,契丹语也成为了一种死语言,所以,契丹大字的读音无从得知了。

表5 契丹大字举例

类别	借用汉字		汉字变体字				其他
契丹大字	太	后	马	克	朱	珐	网
汉字来源	太	后	马	兄	未	玻	不明
意义	太	后	不明	不明	不明	不明	不明

契丹小字和契丹大字一样都曾从汉字那里得到灵感,不过,据史料记载,契丹小字同时也受到了回鹘粟特文字的启发,因此,它是一种方块的表音文字。契丹小字共有约378个表音的"原字"(相当于一个个的音节或者音素),每一个到七个原字可以组成一个单体的契丹小字。

---

① 王锋《从汉字到汉字系文字——汉字文化圈文字研究》130页,民族出版社,2003年。

组合的时候，类似朝鲜的谚文，先把原字先左后右两两并排，再把这样排列的原字组合按照先上后下的方式重叠，最后如果还有一个原字，就写在这种重叠方块最下边的中间位置。由于契丹小字是表音的文字，利用契丹小字里面的汉语借词并参考现存与之同语族语言的语音，现在的研究已经可以知道一些原字的音值了。

表6　契丹小字举例

类别	借用汉字	汉字变体字			
小字原字	伞	尖	兴	力	几
读音	ts	thenkri	i	kha	k
汉字来源	伞	天	益	加	几

随着政权的土崩瓦解，契丹字的文献也几乎全部湮灭了。现在发现的契丹文献绝大多数为金石资料，其中，以契丹小字为多。如《兴宗和仁懿皇后哀册》《道宗皇帝哀册》《萧仲恭墓志》《大金皇弟都统经略郎君行记》《耶律仁先墓志》《耶律宗教墓志》《辽国许王墓志》《阜新海棠山墓志残石》《金代博州防御史墓志》《萧令公墓志》《故耶律氏铭石》等。契丹大字的文献如《辽静江军节度史萧孝宗墓志》《大辽大横帐兰陵郡夫人建静安寺碑》《北大王墓志》《耶律西涅墓志》《耶律祺墓志》《故太师铭石记》。此外，在其他一些文物，如印章、钱币、铜镜以及墨宝题字等上面，也有一些契丹文字。

二、西夏文字

1038年，党项族首领李元昊在我国西北建立了封建国家，国号"白上大夏国"，自称"大白上国""大夏国"或者"邦泥定国"。因为白上大夏国地处中原以西地区，所以中原政权一直称其为"西夏"。西夏先与北宋、辽三足鼎立，后来又跟南宋、金相斡旋。1227年，被蒙古所灭亡。又经过元明两代，党项族作为一个民族也慢慢湮灭了。

党项族有自己的语言，属于汉藏语系藏缅语族。立国之前，党项族长期使用汉字作为记录本民族语言的文字。直到1036年，夏景宗李元昊才命令大臣野利仁荣创制了自己的民族文字"国书"十二卷（或者称

"蕃书")并颁行国内。为了庆祝西夏文的问世,夏景宗特地改年号为"大庆"。这套文字后世还有"河西字""唐古忒文"等名称,现在学界一般称为"西夏文"。

西夏文的创制,并没有排斥汉字的使用。现在可以看到的很多碑文都是用两种文字合写的。从各种历史资料和西夏文文献看来,由于统治者的大力推广,西夏文曾经得到迅速而广泛的传播。从西夏文出土的范围看,当时的西夏国全境都在使用西夏文。此外,即使是西夏灭国后,西夏文仍然在使用,直到明代的中期。总之,我们可以知道,西夏文是相当成熟的汉字系文字。

20世纪初开始,西夏文文献陆续出土。现在我们知道,西夏文约有6000多字,是一种形体非常繁复的方块字。而且,其基本的笔画是点、横、竖、撇、捺、拐等,有楷、行、草、篆等书体。

西夏文的文献很多,包括翻译的汉文的作品,如《孝经》《论语》《孟子》《类林》等;西夏文字典《文海宝韵》《音同》《五音切韵》《三才杂字》《杂字》等;西夏文汉文对照字典《番汉合时掌中珠》等;诗文集《三世属明言集文》等;类书《圣立义海》;谚语集《新集锦合辞》;故事集《新集慈孝记》《贤智集》《德行记》等;法律文书《天盛改旧新定律令》《亥年新法》《贞观玉镜统》等;此外,还有各种佛经、历书、医书、咒文等。

表7　西夏文字举例

类别		字体	字义/音	字体	字义/音	字体	字义/音	字体	字义/音
单纯字	表意	夊	人	夊	一	夌	手	尾	上
	表音	茹	下(汉语读音)	俊	和(汉语读音)	绖	都(汉语读音)	散	鬼
合体字	合成字	祕	忠(正贤)	效	爬(膝手)	禄	染(青色)	缓	南(南地)
	互换字	㝵	指	刘	趾	蕆	烧	燃	烤
	同形构字	羽	聚	败	唇	效	双	福	丘陵
	加形字	有	苦	肖	倦	兗	耳	繡	听

三、女真文字

女真是我国北方的少数民族，它和隋唐五代时期的靺鞨有直属关系。北宋末期，女真族在首领完颜阿骨打的带领下，迅速崛起。1115年，阿骨打称帝（金太祖），建立大金。金朝1125年灭了辽，1127年灭了北宋。随后，大金与偏安一隅的南宋长期对峙。1234年，随着蒙古的征服，大金宣告灭亡。

女真语是今天满语的祖语，属于阿尔泰语系满—通古斯语族。女真族原本只有本族语言，没有文字。金太祖建国之前，女真各部族之间使用新牌或者契丹字、汉字进行交流。建国后，为了统治的需要，金太祖命令完颜希尹和叶鲁创制女真字，于天辅三年（1119）八月制成颁行。这在《金史·完颜希尹传》中有载："希尹乃依仿汉人楷字，因契丹字制度，合本国语，制女真字。"金熙宗天眷元年（1138），在汉字和契丹字的基础上，又创造了另外一种女真字，皇统五年（1145）颁行。前者被称为"女真大字"，后者被称为"女真小字"。为了推行女真字，金章宗明昌二年（1191）下诏停止使用契丹大字，只准用女真字和汉字。这说明女真字已经完全取代契丹字了。金王朝为了推行女真字，还在上京和各路府设立了专门的学校教授。据统计，各路的府学有22所之多。此外，金世宗大定十一年（1171），还设立了女真国子学，学习女真文翻译的儒家经典。由于辽国的契丹大字和契丹小字是同时并行于世的，因此，人们推测依据契丹字和汉字创制的女真大字和女真小字也应该如此。不过，现存女真字只有一种，而且跟契丹大字的形制相同，学术界一般认为这是女真大字。而女真小字，一般的看法是已经失传了。1234年，金被蒙古消灭以后，在金国流行一百多年的女真文字并没有随着政权的消亡而湮灭，在东北还有女真人在继续使用女真字。一直到了15世纪中期，女真文字才真正成为一种死文字。

关于女真大字，由于有明代《华夷译语》中《女真馆译语》这样的工具书传世，所以，已经有了比较统一的结论。女真大字数目不多，《女真馆译语》收903字，《女真文辞典》收1373字。整体来看，女真大字和契丹大字一样，是以汉字变体字为主的一种汉字系表意的词符文字。由于女真语是多音节的语言,所以一个字读一个到四个音节。每字最少一笔,最多十笔。

女真大字的资料传世不多。迄今为止发现的主要是刻有女真文的碑刻,如《大金得胜陀颂碑》《女真进士题名碑》《奴儿干都司永宁寺碑记》《庆源郡女真国书碑》《奥屯良弼饯饮题名跋》《海龙女真国书摩崖》等。此外,还有少量文字见于印章、铜镜、墨书题记和手写残卷等。值得指出的是,金代的写本《女真字书》以及明代永乐年间《华夷译语》中的《女真馆来文、杂字》(即《女真馆译语》)对于研究女真大字非常重要。尤其是后者,由于是女真字和汉字的双语字汇,给我们的解读提供了重要的线索。

表8　女真大字举例

类别	用汉字造的字				用契丹大字造的字				用已有女真大字造的字		
女真大字	日	㇄	秂	屖	丞	并	攵	亚	平	舌	仵	呂
读音	inəŋgi	əmu	tai	çi	abuxu	du	ʃi	lu	təmə	si	gi	də
来源	日	一	太	犀	丞	并	天	坴	午	舌	斥	生

第四节　汉字传播的规律

汉字在向少数民族和外国的传播中,不断发生变化。从宏观来看,演变经历了四个阶段:学习阶段、借用阶段、仿造阶段、创造阶段[①]。

最初,随着汉族政权在民族地区的渐次确立,或者汉字四向传播到国外的同时,汉字都无一例外地成为了当地的正式文字及绝对的权威。开始的时候,各民族都是全盘接收和学习汉字的。这个阶段最早的始于秦汉,晚的开始于唐宋。例如,第一节所举的壮族、白族的先民,在其开始借用汉字之前,都曾经学习和使用当时的官方文字汉字。又如前所述,越南、朝鲜、日本三个国家都曾经经历了千年以上的学习过程。汉字著作《三字经》、"四书"、"五经"等儒家经典就曾经是越南、朝

---

① 周有光《周有光语文论集》,上海文化出版社,2002年。

鲜、日本学子的必读书目、必考科目。辽、西夏和金在创制自己的民族文字以前，也都曾经长期使用汉字，在其民族文字创制之后，也是汉字和民族文字并行的。总括来看，学习的阶段绵延了近两千年。正是因为有了长期接触和学习汉字的阶段，所以，才有了接下来更进一步的借用汉字的阶段。

文字是用来弥补语言的时空缺陷，记录语言的。这些民族和国家虽然长期使用汉字作为其正式的文字，但是当时的汉字是记录汉语的，并不是记录各民族的实际语言。这样，对于当地的人们来讲，汉字并不能够真正起到辅助本族语言进行交际的作用。于是，经过对汉字的长期使用后，基于对汉字的感性判断，或早或迟，当地的人们开始借用汉字来书写自己的民族语言。早的如壮字、字喃、白文、日本万叶假名、朝鲜吏读等，晚的如1949年后才创制的苗文。综合看来，借用的手段大致有四类：借词，即形、音、义全借；音读，即借形音变义；训读，即借形义变音；借形，即借形变音义。在使用至今的一些汉字系文字中，借用汉字仍是重要的构字手段之一。例如，水书的文字约有480多个，其中自造字260多个，借用汉字120个左右。此外，在使用的频率上，水书中的借用字要优于自造字。借用标志着汉字系的各种文字发展到了一个由量变到质变的重要阶段，也就是说，非汉语的民族文字正式开始形成。下表是几种汉字系文字的借用字举例。

表9　几种汉字系文字的借用字举例

类型	借词字			音读字			训读字			借形字		
	字形	读音	意义	字形	读音	意义	字形	读音	意义	字形	读音	意义
壮字	京	$kəŋ^1$	京都	古	ku^3	也	雨	$p^ho:n^1$	雨	亘	$ka:ŋ^3$	讲
喃字	文	$vən^1$	文	沛	p^hai^3	是	鲜	$tuɯi^1$	鲜	坤	$k^hɔ^5$	难
白文	心	$ɕi^{55}$	心	恼	$nɔ^{31}$	你	天	xe^{55}	天	廿	li^{55}	也
苗文				为	we^{33}	我						
日文	吸	si	吸				月	tsiki	月			

由于语言系统本身的差异，只借用汉字很难准确地记录本民族语言。于是，在汉字原有形体的基础上，各族人民对其进行改造，以求自

造的新字能够表达借用汉字无法表达的本民族词语。综合汉字系诸文字来看，它们对汉字进行改造的具体方式有：增减笔画、拼合、变形、简化、省略偏旁等。不过，这些方式都属于对汉字修修补补的性质，并没有从根本上去改变汉字的基本结构形体。在改造汉字的过程中，各民族人们慢慢了解了汉字的构造，也开始或多或少有意识地运用类似于汉字的"六书"这样的造字方法进行造字。使用汉字系文字的诸民族都不同程度地仿造过汉字。仿造字有其进步性，然而，也有很大的局限。例如，即使有根据地仿造汉字，有时候由于语言类型的不同，如孤立语和黏着语的差异等，仿造字这种仍然以汉字为中心的造字法并不能满足本民族的实际需求。然而，经过这个阶段，汉字系的各个文字系统内的文字逐步开始丰富起来。下表是几种汉字系文字的仿造字举例。

表10　几种汉字系文字的仿造字举例

类型	增加笔画		减少笔画		拼合		变形		省略偏旁	
	字形	字义	字形	字义	字形	字义	字形	字义	字形	字义
壮字	恼	否定助词	尺	无，不	丕	上面			艮	银子
字喃	对	对	仏	为	㫩	世代	囻	国	竜	龙
契丹大字	未	不明	马	不明			扷	不明		
日文	歩	走	毛	毛	畑	旱地	軽	轻	力	加

在接下来的历史进程中，有的民族，例如契丹族、女真族、日本民族、朝鲜民族，由于语言类型与汉语的差别，完全使用汉字、借用、改造都不能很好地起到辅助本族语言交际的作用，同时又受到了回鹘文、印度梵文和蒙古文字等表音文字的影响，他们便先后利用汉字创制了符合自己民族语言特色的表音文字。这些表音文字既有音节文字，也有音素文字。但是，这些文字的字母形体都源于汉字的部件或者笔画。发展到后来，有的表音文字已经独立使用，例如女真小字；有的则仍然与汉字混合使用，例如日本的假名和朝鲜的谚文。汉字系表音文字的创造，是汉字系文字的又一次质变，说明这种文字从根本上摆脱了汉字体系的

束缚，使得其文字类型与语言类型得到了根本的统一，也因此拥有了长久的使用价值。

　　以上只是从汉字系文字的整体表现来看的。事实上，汉字系大家庭中的每一种文字都有自己特殊的社会、民族、文化背景。所以，并不是所有的汉字系文字都经历了全部的四个阶段，不同的民族文字的形成过程都有自己的特点。譬如，南方的一些少数民族文字现在仍然处于借用和仿造汉字的阶段，20世纪50年代创制的苗文仍然以仿造为主，而在10世纪到15世纪的时候，契丹等民族就已经创造了自己的民族文字。又如，北方的三个民族由于有自己民族政权的支持，所以，契丹、西夏和女真文字发展的过程没有经历借用的过程，而是直接从学习的阶段跨越到了进行仿造和创造的阶段。此外，创造汉字式字母文字也并不是所有民族文字的最终归宿。例如，和汉语同属于汉藏语系的侗台语族、苗瑶语族诸民族，如壮、白、瑶、苗等，他们的语言和汉语是同一种类型，这种语言上的共同特点，决定了他们并不需要创制汉字式的字母文字。

主要参考文献

陈燕《汉字学概说》(增订本),天津人民出版社,2003年。

高明《古文字类编》,中华书局,1980年;《中国古文字学通论》,北京大学出版社,1996年。

高小方《中国语言文字学史料学》,南京大学出版社,1998年。

何丹《图画文字说与人类文字的起源》,中国社会科学出版社,2003年。

胡朴安《中国文字学史》,中国书店,1983年。

黄德宽《古文字学》,上海古籍出版社,2015年。

黄润华、史金波《少数民族古籍版本——民族文字古籍》,江苏古籍出版社,2002年。

黄征《敦煌俗字典》,上海教育出版社,2005年。

蒋善国《汉字学》,上海教育出版社,1987年。

李圃《甲骨文文字学》,学林出版社,1997年。

刘又辛、方有国《汉字发展史纲要》,中国大百科全书出版社,2000年。

马显彬《现代汉语用字分析》,岳麓书社,2005年。

毛远明《碑刻文献学通论》,中华书局,2009年;《汉魏六朝碑刻异体字研究》,商务印书馆,2012年。

牟作武《中国古文字的起源》,上海人民出版社,2000年。

聂鸿音《中国文字概略》,语文出版社,1998年。

濮之珍《中国语言学史》,上海古籍出版社,2002年。

钱乃荣《现代汉语》(重订本),江苏教育出版社,2008年。

裘锡圭《文字学概要》(修订本),商务印书馆,2013年。

苏培成《现代汉字学纲要》(增订本),北京大学出版社,2001年;《二十世纪的现代汉字研究》,书海出版社,2001年。

唐兰《中国文字学》,上海古籍出版社,1979年。

王锋《从汉字到汉字系文字》，民族出版社，2003年。
王力《中国语言学史》，山西人民出版社，1981年。
王宁《汉字构形学讲座》，上海教育出版社，2002年。
王元鹿《比较文字学》，广西教育出版社，2001年。
向光忠《文字学》，南开大学中文系讲义，1983年。
向光忠《文字学刍论》，商务印书馆，2012年。
邢公畹主编《现代汉语教程》，南开大学出版社，1994年。
徐超《中国传统语言文字学》，山东大学出版社，1996年。
曾良《明清小说俗字研究》，商务印书馆，2017年。
詹鄞鑫《汉字说略》，辽宁教育出版社，1991年。
张涌泉《敦煌俗字研究》，上海教育出版社，1996年；《汉语俗字研究》（增订本），商务印书馆，2010年。
张再兴《西周金文文字系统论》，华东师范大学出版社，2004年。
赵平安《隶变研究》，河北大学出版社，1993年。
赵振铎《中国语言学史》，河北教育出版社，2000年。
周有光《比较文字学初探》，语文出版社，1998年；《周有光语文论集》，上海文化出版社，2002年；《世界文字发展史》，上海教育出版社，2003年。

（东汉）许慎《说文解字》，中华书局，1963年。
（清）段玉裁《说文解字注》，上海古籍出版社，1988年。
（清）朱骏声《说文通训定声》，中华书局，1984年。

［加］亨利·罗杰斯《文字系统——语言学的方法》，孙亚楠译，商务印书馆，2016年。
［加］罗伯特·洛根《字母表效应：拼音文字与西方文明》，何道宽译，复旦大学出版社，2012年。
［美］布龙菲尔德《语言论》，袁家骅、赵世开、甘世福译，钱晋华校，商务印书馆，1980年。
［美］丹妮丝·施曼特-贝瑟拉《文字起源》，王乐洋译，商务印书馆，2015年。
［苏］伊斯特林《文字的产生和发展》，左少兴译，北京大学出版社，1987年。

附录一　简化字总表
（1986年新版）

第一表　不作简化偏旁用的简化字

本表共收简化字350个，按读音的拼音字母顺序排列。本表的简化字都不得作简化偏旁使用。

A

碍〔礙〕　肮〔骯〕　袄〔襖〕

B

坝〔壩〕　板〔闆〕　办〔辦〕　帮〔幫〕　宝〔寶〕　报〔報〕
币〔幣〕　毙〔斃〕　标〔標〕　表〔錶〕　别〔彆〕　卜〔蔔〕
补〔補〕

C

才〔纔〕　蚕〔蠶〕[1]　灿〔燦〕　层〔層〕　搀〔攙〕　谗〔讒〕
馋〔饞〕　缠〔纏〕[2]　忏〔懺〕　偿〔償〕　厂〔廠〕　彻〔徹〕
尘〔塵〕　衬〔襯〕　称〔稱〕　惩〔懲〕　迟〔遲〕　冲〔衝〕
丑〔醜〕　出〔齣〕　础〔礎〕　处〔處〕　触〔觸〕　辞〔辭〕
聪〔聰〕　丛〔叢〕

D

担〔擔〕　胆〔膽〕　导〔導〕　灯〔燈〕　邓〔鄧〕　敌〔敵〕

籴〔糴〕 递〔遞〕 点〔點〕 淀〔澱〕 电〔電〕 冬〔鼕〕
斗〔鬥〕 独〔獨〕 吨〔噸〕 夺〔奪〕 堕〔墮〕

E
儿〔兒〕

F
矾〔礬〕 范〔範〕 飞〔飛〕 坟〔墳〕 奋〔奮〕 粪〔糞〕
凤〔鳳〕 肤〔膚〕 妇〔婦〕 复〔復、複〕

G
盖〔蓋〕 干〔乾〕(3)、幹〕 赶〔趕〕 个〔個〕 巩〔鞏〕
沟〔溝〕 构〔構〕 购〔購〕 谷〔穀〕 顾〔顧〕 刮〔颳〕
关〔關〕 观〔觀〕 柜〔櫃〕

H
汉〔漢〕 号〔號〕 合〔閤〕 轰〔轟〕 后〔後〕 胡〔鬍〕
壶〔壺〕 沪〔滬〕 护〔護〕 划〔劃〕 怀〔懷〕 坏〔壞〕(4)
欢〔歡〕 环〔環〕 还〔還〕 回〔迴〕 伙〔夥〕(5)
获〔獲、穫〕

J
击〔擊〕 鸡〔鷄〕 积〔積〕 极〔極〕 际〔際〕 继〔繼〕
家〔傢〕 价〔價〕 艰〔艱〕 歼〔殲〕 茧〔繭〕 拣〔揀〕
硷〔鹼〕 舰〔艦〕 姜〔薑〕 浆〔漿〕(6) 桨〔槳〕 奖〔獎〕
讲〔講〕 酱〔醬〕 胶〔膠〕 阶〔階〕 疖〔癤〕 洁〔潔〕
借〔藉〕(7) 仅〔僅〕 惊〔驚〕 竞〔競〕 旧〔舊〕 剧〔劇〕
据〔據〕 惧〔懼〕 卷〔捲〕

K

开〔開〕 克〔剋〕 垦〔墾〕 恳〔懇〕 夸〔誇〕 块〔塊〕
亏〔虧〕 困〔睏〕

L

腊〔臘〕 蜡〔蠟〕 兰〔蘭〕 拦〔攔〕 栏〔欄〕 烂〔爛〕
累〔纍〕 垒〔壘〕 类〔類〕(8) 里〔裏〕 礼〔禮〕 隶〔隸〕
帘〔簾〕 联〔聯〕 怜〔憐〕 炼〔煉〕 练〔練〕 粮〔糧〕
疗〔療〕 辽〔遼〕 了〔瞭〕(9) 猎〔獵〕 临〔臨〕(10)
邻〔鄰〕 岭〔嶺〕(11) 庐〔廬〕 芦〔蘆〕 炉〔爐〕 陆〔陸〕
驴〔驢〕 乱〔亂〕

M

么〔麽〕(12) 霉〔黴〕 蒙〔矇、濛、懞〕 梦〔夢〕 面〔麵〕
庙〔廟〕 灭〔滅〕 蔑〔衊〕 亩〔畝〕

N

恼〔惱〕 脑〔腦〕 拟〔擬〕 酿〔釀〕 疟〔瘧〕

P

盘〔盤〕 辟〔闢〕 苹〔蘋〕 凭〔憑〕 扑〔撲〕 仆〔僕〕(13)
朴〔樸〕

Q

启〔啓〕 签〔籤〕 千〔韆〕 牵〔牽〕 纤〔縴、纖〕(14)
窍〔竅〕 窃〔竊〕 寝〔寢〕 庆〔慶〕(15) 琼〔瓊〕 秋〔鞦〕
曲〔麯〕 权〔權〕 劝〔勸〕 确〔確〕

R

让〔讓〕 扰〔擾〕 热〔熱〕 认〔認〕

S

洒〔灑〕 伞〔傘〕 丧〔喪〕 扫〔掃〕 涩〔澀〕 晒〔曬〕
伤〔傷〕 舍〔捨〕 沈〔瀋〕 声〔聲〕 胜〔勝〕 湿〔濕〕
实〔實〕 适〔適〕[16] 势〔勢〕 兽〔獸〕 书〔書〕
术〔術〕[17] 树〔樹〕 帅〔帥〕 松〔鬆〕 苏〔蘇、囌〕
虽〔雖〕 随〔隨〕

T

台〔臺、檯、颱〕 态〔態〕 坛〔壇、罎〕 叹〔嘆〕 誊〔謄〕
体〔體〕 粜〔糶〕 铁〔鐵〕 听〔聽〕 厅〔廳〕[18] 头〔頭〕
图〔圖〕 涂〔塗〕 团〔團、糰〕 椭〔橢〕

W

洼〔窪〕 袜〔襪〕[19] 网〔網〕 卫〔衛〕 稳〔穩〕 务〔務〕
雾〔霧〕

X

牺〔犧〕 习〔習〕 系〔係、繫〕[20] 戏〔戲〕 虾〔蝦〕
吓〔嚇〕[21] 咸〔鹹〕 显〔顯〕 宪〔憲〕 县〔縣〕[22]
响〔響〕 向〔嚮〕 协〔協〕 胁〔脅〕 亵〔褻〕 衅〔釁〕
兴〔興〕 须〔鬚〕 悬〔懸〕 选〔選〕 旋〔鏇〕

Y

压〔壓〕[23] 盐〔鹽〕 阳〔陽〕 养〔養〕 痒〔癢〕 样〔樣〕
钥〔鑰〕 药〔藥〕 爷〔爺〕 叶〔葉〕[24] 医〔醫〕 亿〔億〕
忆〔憶〕 应〔應〕 痈〔癰〕 拥〔擁〕 佣〔傭〕 踊〔踴〕
忧〔憂〕 优〔優〕 邮〔郵〕 余〔餘〕[25] 御〔禦〕
吁〔籲〕[26] 郁〔鬱〕 誉〔譽〕 渊〔淵〕 园〔園〕 远〔遠〕
愿〔願〕 跃〔躍〕 运〔運〕 酝〔醖〕

Z

杂〔雜〕　赃〔臟〕　脏〔臟、髒〕　凿〔鑿〕　枣〔棗〕
灶〔竈〕　斋〔齋〕　毡〔氈〕　战〔戰〕　赵〔趙〕　折〔摺〕(27)
这〔這〕　征〔徵〕(28)　症〔癥〕　证〔證〕　只〔隻、祇〕
致〔緻〕　制〔製〕　钟〔鐘、鍾〕　肿〔腫〕　种〔種〕　众〔衆〕
昼〔晝〕　朱〔硃〕　烛〔燭〕　筑〔築〕　庄〔莊〕(29)　桩〔樁〕
妆〔妝〕　装〔裝〕　壮〔壯〕　状〔狀〕　准〔準〕　浊〔濁〕
总〔總〕　钻〔鑽〕

（1）蚕：上从天，不从夭。

（2）缠：右从㢆，不从厘。

（3）乾坤、乾隆的乾读qián（前），不简化。

（4）不作坏。坏是砖坯的坯，读pī（批），坏坯二字不可互混。

（5）作多解的夥不简化。

（6）浆、桨、奖、酱：右上角从夕，不从夕或⺈。

（7）藉口、凭藉的藉简化作借，慰藉、狼藉等的藉仍用藉。

（8）类：下从大，不从犬。

（9）瞭：读liǎo（了解）时，仍简作了，读liào（瞭望）时作瞭，不简作了。

（10）临：左从一短竖一长竖，不从刂。

（11）岭：不作岺，免与岑混。

（12）读me轻声。读yāo（夭）的幺应作幺（幺本字）。吆应作吆。麽读mó（摩）时不简化，如幺麽小丑。

（13）前仆后继的仆读pū（扑）。

（14）纤维的纤读xiān（先）。

（15）庆：从大，不从犬。

（16）古人南宫适、洪适的适（古字罕用）读kuò（括）。此适字本作𨓈，为了避免混淆，可恢复本字𨓈。

（17）中药苍术、白术的术读zhú（竹）。

（18）厅：从厂，不从广。

（19）袜：从末，不从未。

（20）系带子的系读jì（计）。

（21）恐吓的吓读hè（赫）。

（22）县：七笔。上从且。

（23）压：六笔。土的右旁有一点。

（24）叶韵的叶读xié（协）。

（25）在余和馀意义可能混淆时，仍用馀。如文言句"馀年无多"。

（26）喘吁吁，长吁短叹的吁读xū（虚）。

（27）在折和摺意义可能混淆时，摺仍用摺。

（28）宫商角徵羽的徵读zhǐ（止），不简化。

（29）庄：六笔。土的右旁无点。

第二表　可作简化偏旁用的简化字和简化偏旁

本表共收简化字132个和简化偏旁14个。简化字按读音的拼音字母顺序排列，简化偏旁按笔数排列。

A
爱〔愛〕

B
罢〔罷〕　备〔備〕　贝〔貝〕　笔〔筆〕　毕〔畢〕　边〔邊〕
宾〔賓〕

C
参〔參〕　仓〔倉〕　产〔産〕　长〔長〕[1]　尝〔嘗〕[2]
车〔車〕　齿〔齒〕　虫〔蟲〕　刍〔芻〕　从〔從〕　窜〔竄〕

D
达〔達〕　带〔帶〕　单〔單〕　当〔當、噹〕　党〔黨〕
东〔東〕　动〔動〕　断〔斷〕　对〔對〕　队〔隊〕

E

尔〔爾〕

F

发〔發、髮〕 丰〔豐〕[3] 风〔風〕

G

冈〔岡〕 广〔廣〕 归〔歸〕 龟〔龜〕 国〔國〕 过〔過〕

H

华〔華〕 画〔畫〕 汇〔匯、彙〕 会〔會〕

J

几〔幾〕 夹〔夾〕 戋〔戔〕 监〔監〕 见〔見〕 荐〔薦〕
将〔將〕[4] 节〔節〕 尽〔盡、儘〕 进〔進〕 举〔舉〕

K

壳〔殼〕[5]

L

来〔來〕 乐〔樂〕 离〔離〕 历〔歷、曆〕 丽〔麗〕[6]
两〔兩〕 灵〔靈〕 刘〔劉〕 龙〔龍〕 娄〔婁〕 卢〔盧〕
虏〔虜〕 卤〔鹵、滷〕 录〔錄〕 虑〔慮〕 仑〔侖〕 罗〔羅〕

M

马〔馬〕[7] 买〔買〕 卖〔賣〕[8] 麦〔麥〕 门〔門〕
黾〔黽〕[9]

N

难〔難〕 鸟〔鳥〕[10] 聂〔聶〕 宁〔寧〕[11] 农〔農〕

Q

齐〔齊〕 岂〔豈〕 气〔氣〕 迁〔遷〕 佥〔僉〕 乔〔喬〕
亲〔親〕 穷〔窮〕 区〔區〕(12)

S

啬〔嗇〕 杀〔殺〕 审〔審〕 圣〔聖〕 师〔師〕 时〔時〕
寿〔壽〕 属〔屬〕 双〔雙〕 肃〔肅〕(13) 岁〔歲〕 孙〔孫〕

T

条〔條〕(14)

W

万〔萬〕 为〔爲〕 韦〔韋〕 乌〔烏〕(15) 无〔無〕(16)

X

献〔獻〕 乡〔鄉〕 写〔寫〕(17) 寻〔尋〕

Y

亚〔亞〕 严〔嚴〕 厌〔厭〕 尧〔堯〕(18) 业〔業〕 页〔頁〕
义〔義〕(19) 艺〔藝〕 阴〔陰〕 隐〔隱〕 犹〔猶〕 鱼〔魚〕
与〔與〕 云〔雲〕

Z

郑〔鄭〕 执〔執〕 质〔質〕 专〔專〕

简化偏旁

讠〔言〕(20) 饣〔食〕(21) 旸〔昜〕(22) 纟〔糸〕 收〔戠〕
芇〔燅〕 𠂉〔歐〕 只〔戠〕 钅〔金〕(23) 𰀁〔與〕
𦍌〔罨〕(24) 圣〔巠〕 亦〔戀〕 呙〔咼〕

（1）长：四笔。笔顺是：丿一七长。

（2）尝：不是赏的简化字。赏的简化字是赏（见第三表）。

（3）四川省酆都县已改丰都县。姓酆的酆不简化作邦。

（4）将：右上角从夕，不从歺或爫。

（5）壳：几上没有一小横。

（6）丽：七笔。上边一横，不作两小横。

（7）马：三笔。笔顺是：フ马马。上部向左稍斜，左上角开口，末笔作左偏旁时改作平挑。

（8）卖：从十从买，上不从士或土。

（9）黾：从口从电。

（10）鸟：五笔。

（11）作门屏之间解的宁（古字罕用）读zhù（柱）。为避免此宁字与宁的简化字混淆，原读zhù的宁作㝉。

（12）区：不作区。

（13）肃：中间一竖下面的两边从八，下半中间不从米。

（14）条：上从夂，三笔，不从夊。

（15）乌：四笔。

（16）无：四笔。上从二，不可误作旡。

（17）写：上从冖，不从宀。

（18）尧：六笔。右上角无点，不可误作尧。

（19）义：从乂（读yì）加点，不可误作叉（读chā）。

（20）讠：二笔。不作訁。

（21）饣：三笔。中一横折作㇆，不作㇉或点。

（22）纟：三笔。

（23）钅：第二笔是一短横，中两横，竖折不出头。

（24）睾丸的睾读gāo（高），不简化。

第三表　应用第二表所列简化字和简化偏旁得出来的简化字

本表共收简化字1,753个（不包含重见的字。例如"缆"分见"纟、ㅩ、见"三部，只算一字），以第二表中的简化字和简化偏旁作部首，按第二表的顺序排列。同一部首中的简化字，按笔数排列。

爱
嗳〔嗳〕　媛〔嫒〕　叆〔靉〕　瑷〔璦〕　暧〔曖〕

罢
摆〔擺、襬〕　罴〔羆〕　耀〔耀〕

备
惫〔憊〕

贝
贞〔貞〕　则〔則〕　负〔負〕　贡〔貢〕　呗〔唄〕
员〔員〕　财〔財〕　狈〔狽〕　责〔責〕　厕〔厠〕
贤〔賢〕　账〔賬〕　贩〔販〕　贬〔貶〕　败〔敗〕
贮〔貯〕　贪〔貪〕　贫〔貧〕　侦〔偵〕　侧〔側〕
货〔貨〕　贯〔貫〕　测〔測〕　浈〔湞〕　恻〔惻〕
贰〔貳〕　贲〔賁〕　贳〔貰〕　费〔費〕　郧〔鄖〕
勋〔勛〕　帧〔幀〕　贴〔貼〕　贶〔貺〕　贻〔貽〕
贱〔賤〕　贵〔貴〕　钡〔鋇〕　贷〔貸〕　贸〔貿〕
贺〔賀〕　陨〔隕〕　涢〔溳〕　资〔資〕　祯〔禎〕
贾〔賈〕　损〔損〕　贽〔贄〕　埙〔塤〕　桢〔楨〕
唝〔嗊〕　唢〔嗩〕　赅〔賅〕　圆〔圓〕　贼〔賊〕
贿〔賄〕　赆〔贐〕　赂〔賂〕　债〔債〕　赁〔賃〕
渍〔漬〕　惯〔慣〕　琐〔瑣〕　赉〔賚〕　匮〔匱〕

掼〔摜〕　殒〔殞〕　勚〔勩〕　赈〔賑〕　婴〔嬰〕
啧〔嘖〕　赊〔賒〕　帻〔幘〕　偾〔僨〕　铡〔鍘〕
绩〔績〕　溃〔潰〕　溅〔濺〕　赓〔賡〕　愦〔憒〕
愤〔憤〕　蒉〔蕢〕　赍〔賫〕　蒇〔蕆〕　腈〔腈〕
赔〔賠〕　赕〔賧〕　遗〔遺〕　赋〔賦〕　喷〔噴〕
赌〔賭〕　赎〔贖〕　赏〔賞〕(1)　赐〔賜〕　赒〔賙〕
锁〔鎖〕　馈〔饋〕　赖〔賴〕　赪〔赬〕　碛〔磧〕
殨〔殨〕　猸〔猸〕　腻〔膩〕　赛〔賽〕　褙〔褙〕
赘〔贅〕　撄〔攖〕　樻〔樻〕　嘤〔嚶〕　赚〔賺〕
赙〔賻〕　罂〔罌〕　镄〔鐨〕　篑〔簣〕　鲗〔鰂〕
缨〔纓〕　璎〔瓔〕　聩〔聵〕　樱〔櫻〕　赜〔賾〕
篑〔簣〕　濑〔瀨〕　瘿〔癭〕　懒〔懶〕　赝〔贋〕
獱〔獱〕　赠〔贈〕　鹦〔鸚〕　獭〔獺〕　赞〔贊〕
赢〔贏〕　赡〔贍〕　癞〔癩〕　攒〔攢〕　籁〔籟〕
缵〔纘〕　瓒〔瓚〕　臜〔臢〕　赣〔贛〕　趱〔趲〕
躜〔躦〕　戆〔戆〕

笔

浜〔濱〕

毕

荜〔蓽〕　哔〔嗶〕　筚〔篳〕　跸〔蹕〕

边

笾〔籩〕

宾

傧〔儐〕　滨〔濱〕　摈〔擯〕　嫔〔嬪〕　缤〔繽〕
殡〔殯〕　槟〔檳〕　膑〔臏〕　镔〔鑌〕　髌〔髕〕
鬓〔鬢〕

参

渗〔滲〕 惨〔慘〕 掺〔摻〕 骖〔驂〕 毵〔毿〕
瘆〔瘮〕 碜〔磣〕 穇〔穇〕 糁〔糝〕

仓

伧〔傖〕 创〔創〕 沧〔滄〕 怆〔愴〕 苍〔蒼〕
抢〔搶〕 呛〔嗆〕 炝〔熗〕 玱〔瑲〕 枪〔槍〕
戗〔戧〕 疮〔瘡〕 鸧〔鶬〕 舱〔艙〕 跄〔蹌〕

产

浐〔滻〕 萨〔薩〕 铲〔鏟〕

长

伥〔倀〕 怅〔悵〕 帐〔帳〕 张〔張〕 枨〔棖〕
账〔賬〕 胀〔脹〕 涨〔漲〕

尝

鲿〔鱨〕

车

轧〔軋〕 军〔軍〕 轨〔軌〕 库〔庫〕 阵〔陣〕
库〔庫〕 连〔連〕 轩〔軒〕 诨〔諢〕 郓〔鄆〕
轫〔軔〕 轭〔軛〕 匦〔匭〕 转〔轉〕 轮〔輪〕
斩〔斬〕 软〔軟〕 浑〔渾〕 恽〔惲〕 砗〔硨〕
轶〔軼〕 轲〔軻〕 钴〔鈷〕 轷〔軤〕 轻〔輕〕
轳〔轤〕 轴〔軸〕 挥〔揮〕 荤〔葷〕 轹〔轢〕
轸〔軫〕 轺〔軺〕 涟〔漣〕 珲〔琿〕 载〔載〕
莲〔蓮〕 较〔較〕 轼〔軾〕 轾〔輊〕 辂〔輅〕
轿〔轎〕 晕〔暈〕 渐〔漸〕 惭〔慚〕 鞍〔鞁〕
琏〔璉〕 辅〔輔〕 辄〔輒〕 辆〔輛〕 堑〔塹〕

啭〔囀〕　崭〔嶄〕　裤〔褲〕　褴〔襤〕　辇〔輦〕
辋〔輞〕　辍〔輟〕　辊〔輥〕　辇〔槼〕　辐〔輻〕
暂〔暫〕　辉〔輝〕　辈〔輩〕　链〔鏈〕　翚〔翬〕
辏〔輳〕　辐〔輻〕　辑〔輯〕　输〔輸〕　毂〔轂〕
辔〔轡〕　辖〔轄〕　辕〔轅〕　辗〔輾〕　舆〔輿〕
辘〔轆〕　撵〔攆〕　鲢〔鰱〕　辙〔轍〕　鉴〔鑒〕
辚〔轔〕

齿
龀〔齔〕　啮〔嚙〕　龆〔齠〕　龅〔齙〕　龃〔齟〕
龄〔齡〕　龇〔齜〕　龈〔齦〕　龉〔齬〕　龊〔齪〕
龌〔齷〕　龋〔齲〕

虫
蛊〔蠱〕

刍
诌〔謅〕　伛〔傴〕　邹〔鄒〕　怄〔慪〕　驺〔騶〕
绉〔縐〕　皱〔皺〕　趋〔趨〕　雏〔雛〕

从
苁〔蓯〕　纵〔縱〕　枞〔樅〕　怂〔慫〕　耸〔聳〕

窜
撺〔攛〕　镩〔鑹〕　蹿〔躥〕

达
达〔澾〕　闼〔闥〕　挞〔撻〕　哒〔噠〕　鞑〔韃〕

带
滞〔滯〕

单
郸〔鄲〕 惮〔憚〕 阐〔闡〕 掸〔撣〕 弹〔彈〕
婵〔嬋〕 禅〔禪〕 殚〔殫〕 瘅〔癉〕 蝉〔蟬〕
箪〔簞〕 蕲〔蘄〕 冁〔囅〕

当
挡〔擋〕 档〔檔〕 裆〔襠〕 铛〔鐺〕

党
谠〔讜〕 傥〔儻〕 镋〔钂〕

东
冻〔凍〕 陈〔陳〕 岽〔崬〕 栋〔棟〕 胨〔腖〕
鸫〔鶇〕

动
恸〔慟〕

断
簖〔籪〕

对
怼〔懟〕

队
坠〔墜〕

尔

迩〔邇〕 弥〔彌、瀰〕 祢〔禰〕 玺〔璽〕 猕〔獼〕

发

泼〔潑〕 废〔廢〕 拨〔撥〕 钹〔鏺〕

丰

沣〔灃〕 艳〔艷〕 滟〔灧〕

风

讽〔諷〕 沨〔渢〕 岚〔嵐〕 枫〔楓〕 疯〔瘋〕
飒〔颯〕 砜〔碸〕 飓〔颶〕 飔〔颸〕 飕〔颼〕
飗〔飀〕 飘〔飄〕 飙〔飆〕

冈

刚〔剛〕 扨〔掆〕 岗〔崗〕 纲〔綱〕 枫〔棡〕
钢〔鋼〕

广

邝〔鄺〕 圹〔壙〕 扩〔擴〕 犷〔獷〕 纩〔纊〕
旷〔曠〕 矿〔礦〕

归

岿〔巋〕

龟

阄〔鬮〕

国

掴〔摑〕 帼〔幗〕 腘〔膕〕 蝈〔蟈〕

过
挝〔撾〕

华
哗〔嘩〕　骅〔驊〕　烨〔燁〕　桦〔樺〕　晔〔曄〕
铧〔鏵〕

画
婳〔嫿〕

汇
㧟〔擓〕

会
刽〔劊〕　郐〔鄶〕　侩〔儈〕　浍〔澮〕　荟〔薈〕
哙〔噲〕　狯〔獪〕　绘〔繪〕　烩〔燴〕　桧〔檜〕
脍〔膾〕　鲙〔鱠〕

几
讥〔譏〕　叽〔嘰〕　饥〔饑〕　机〔機〕　玑〔璣〕
矶〔磯〕　虮〔蟣〕

夹
郏〔郟〕　侠〔俠〕　陕〔陝〕　浃〔浹〕　挟〔挾〕
荚〔莢〕　峡〔峽〕　狭〔狹〕　惬〔愜〕　硖〔硤〕
铗〔鋏〕　颊〔頰〕　蛱〔蛺〕　瘗〔瘞〕　箧〔篋〕

戋
划〔劃〕　浅〔淺〕　钱〔餞〕　线〔綫〕　残〔殘〕
栈〔棧〕　贱〔賤〕　盏〔盞〕　钱〔錢〕　笺〔箋〕

溅〔濺〕 践〔踐〕

监
滥〔濫〕 蓝〔藍〕 尴〔尷〕 槛〔檻〕 褴〔襤〕
篮〔籃〕

见
苋〔莧〕 岘〔峴〕 觃〔覎〕 视〔視〕 规〔規〕
现〔現〕 枧〔梘〕 觅〔覓〕 觉〔覺〕 砚〔硯〕
觇〔覘〕 览〔覽〕 宽〔寬〕 蚬〔蜆〕 觊〔覬〕
笕〔筧〕 觋〔覡〕 觌〔覿〕 靓〔靚〕 搅〔攪〕
揽〔攬〕 缆〔纜〕 窥〔窺〕 榄〔欖〕 觍〔覥〕
靦〔靦〕 觐〔覲〕 觑〔覷〕 髋〔髖〕

荐
鞯〔韉〕

将
蒋〔蔣〕 锵〔鏘〕

节
栉〔櫛〕

尽
浕〔濜〕 荩〔藎〕 烬〔燼〕 赆〔贐〕

进
琎〔璡〕

举
榉〔櫸〕

壳
悫〔愨〕

来
涞〔淶〕　莱〔萊〕　崃〔崍〕　徕〔徠〕　赉〔賚〕
睐〔睞〕　铼〔錸〕

乐
泺〔濼〕　烁〔爍〕　栎〔櫟〕　轹〔轢〕　砾〔礫〕
铄〔鑠〕

离
漓〔灕〕　篱〔籬〕

历
沥〔瀝〕　坜〔壢〕　苈〔藶〕　呖〔嚦〕　枥〔櫪〕
疬〔癧〕　雳〔靂〕

丽
俪〔儷〕　郦〔酈〕　逦〔邐〕　骊〔驪〕　鹂〔鸝〕
酾〔釃〕　鲡〔鱺〕

两
俩〔倆〕　唡〔啢〕　辆〔輛〕　满〔滿〕　瞒〔瞞〕
颟〔顢〕　螨〔蟎〕　魉〔魎〕　懑〔懣〕　蹒〔蹣〕

灵
棂〔欞〕

刘
浏〔瀏〕

龙
陇〔隴〕　泷〔瀧〕　宠〔寵〕　庞〔龐〕　垄〔壟〕
拢〔攏〕　茏〔蘢〕　咙〔嚨〕　珑〔瓏〕　栊〔櫳〕
奁〔奩〕　眬〔矓〕　胧〔朧〕　砻〔礱〕　袭〔襲〕
聋〔聾〕　龚〔龔〕　龛〔龕〕　笼〔籠〕　詟〔讋〕

娄
偻〔僂〕　溇〔漊〕　蒌〔蔞〕　搂〔摟〕　嵝〔嶁〕
喽〔嘍〕　缕〔縷〕　屡〔屢〕　数〔數〕　楼〔樓〕
瘘〔瘻〕　褛〔褸〕　窭〔窶〕　瞜〔瞜〕　镂〔鏤〕
屦〔屨〕　蝼〔螻〕　篓〔簍〕　耧〔耬〕　薮〔藪〕
擞〔擻〕　髅〔髏〕

卢
泸〔瀘〕　垆〔壚〕　栌〔櫨〕　轳〔轤〕　胪〔臚〕
鸬〔鸕〕　颅〔顱〕　舻〔艫〕　鲈〔鱸〕

虏
掳〔擄〕

卤
鹾〔鹺〕

录
箓〔籙〕

虑
滤〔濾〕 摅〔攄〕

仑
论〔論〕 伦〔倫〕 沦〔淪〕 抡〔掄〕 囵〔圇〕
纶〔綸〕 轮〔輪〕 瘪〔癟〕

罗
萝〔蘿〕 啰〔囉〕 逻〔邏〕 猡〔玀〕 椤〔欏〕
锣〔鑼〕 箩〔籮〕

马
冯〔馮〕 驭〔馭〕 闯〔闖〕 吗〔嗎〕 犸〔獁〕
驮〔馱〕 驰〔馳〕 驯〔馴〕 妈〔媽〕 玛〔瑪〕
驱〔驅〕 驳〔駁〕 码〔碼〕 驼〔駝〕 驻〔駐〕
驵〔駔〕 驾〔駕〕 驿〔驛〕 驷〔駟〕 驶〔駛〕
驹〔駒〕 骈〔騈〕 骀〔駘〕 驸〔駙〕 驽〔駑〕
骂〔罵〕 蚂〔螞〕 笃〔篤〕 骇〔駭〕 骈〔駢〕
骁〔驍〕 骄〔驕〕 骅〔驊〕 骆〔駱〕 骊〔驪〕
骋〔騁〕 验〔驗〕 骏〔駿〕 骎〔駸〕 骑〔騎〕
骐〔騏〕 骡〔騾〕 骓〔騅〕 骖〔驂〕 骗〔騙〕
鸷〔鷙〕 骛〔鶩〕 骚〔騷〕 骞〔騫〕 骜〔驁〕
蓦〔驀〕 腾〔騰〕 骝〔騮〕 骟〔騸〕 骠〔驃〕
骢〔驄〕 骡〔騾〕 羁〔羈〕 骤〔驟〕 骥〔驥〕
骧〔驤〕

买
荬〔蕒〕

卖
读〔讀〕 渎〔瀆〕 续〔續〕 椟〔櫝〕 觌〔覿〕
赎〔贖〕 犊〔犢〕 牍〔牘〕 窦〔竇〕 黩〔黷〕

麦
唛〔嘜〕 麸〔麩〕

门
闩〔閂〕 闪〔閃〕 们〔們〕 闭〔閉〕 闯〔闖〕
问〔問〕 扪〔捫〕 闱〔闈〕 闵〔閔〕 闷〔悶〕
闰〔閏〕 闲〔閑〕 间〔間〕 闹〔鬧〕(2) 闸〔閘〕
钔〔鍆〕 阁〔閣〕 闺〔閨〕 闻〔聞〕 阀〔閥〕
闽〔閩〕 阃〔閫〕 阄〔鬮〕 阆〔閬〕 阁〔閣〕
阀〔閥〕 润〔潤〕 涧〔澗〕 悯〔憫〕 阒〔闃〕
阅〔閱〕 阆〔閬〕 阉〔閹〕(2) 闽〔閩〕 娴〔嫻〕
阏〔閼〕 阈〔閾〕 庵〔闇〕 阊〔閶〕 阁〔閣〕
阂〔閡〕 阋〔鬩〕(2) 阐〔闡〕 阎〔閻〕 焖〔燜〕
阑〔闌〕 裥〔襉〕 阔〔闊〕 痫〔癇〕 鹇〔鷴〕
阕〔闋〕 阌〔閿〕 搁〔擱〕 锏〔鐧〕 锎〔鐦〕
阙〔闕〕 阖〔闔〕 阗〔闐〕 槠〔櫚〕 简〔簡〕
谰〔讕〕 阚〔闞〕 蔺〔藺〕 澜〔瀾〕 斓〔斕〕
嘞〔嘞〕 镧〔鑭〕 躏〔躪〕

黾
渑〔澠〕 绳〔繩〕 鼋〔黿〕 蝇〔蠅〕 鼍〔鼉〕

难

傩〔儺〕　滩〔灘〕　摊〔攤〕　瘫〔癱〕

鸟

凫〔鳧〕　鸠〔鳩〕　岛〔島〕　茑〔蔦〕　鸢〔鳶〕
鸣〔鳴〕　枭〔梟〕　鸩〔鴆〕　鸦〔鴉〕　鸪〔鴣〕
鸥〔鷗〕　鸨〔鴇〕　鸽〔鴿〕　鸾〔鸞〕　莺〔鶯〕
鹄〔鵠〕　捣〔搗〕　鸫〔鶇〕　鸬〔鸕〕　鸭〔鴨〕
莺〔鶯〕　鹛〔鶥〕　鸲〔鴝〕　鸰〔鴒〕　鸳〔鴛〕
鸵〔鴕〕　袅〔裊〕　鸱〔鴟〕　鸶〔鷥〕　鸾〔鸞〕
鸠〔鵁〕　鸿〔鴻〕　鸷〔鷙〕　鸸〔鴯〕　鸳〔鴦〕
鹃〔鵑〕　鸽〔鴿〕　鸹〔鴰〕　鸺〔鵂〕　鸽〔鴿〕
鹈〔鵜〕　鹏〔鵬〕　鹁〔鵓〕　鹂〔鸝〕　鹃〔鵑〕
鹆〔鵒〕　鹄〔鵠〕　鹅〔鵝〕　鹑〔鶉〕　鹇〔鷳〕
鹊〔鵲〕　鹉〔鵡〕　鹊〔鵲〕　鹊〔鶓〕　鹤〔鶴〕
鹏〔鵬〕　鸽〔鴿〕　鹚〔鶿〕　鹕〔鶘〕　鹗〔鶚〕
鹧〔鷓〕　鹗〔鶚〕　鹘〔鶻〕　鹜〔鶩〕　鹜〔鶩〕
鹛〔鶥〕　鹤〔鶴〕　鹣〔鶼〕　鹞〔鷂〕　鹠〔鷚〕
鹧〔鷓〕　鹏〔鷴〕　鹭〔鷺〕　鹦〔鸚〕　鹨〔鷚〕
鹭〔鷺〕　鹩〔鷯〕　鹪〔鷦〕　鹬〔鷸〕　鹰〔鷹〕
鹳〔鸇〕　鹭〔鷺〕　鹏〔鸕〕　鹳〔鸛〕

聂

慑〔懾〕　滠〔灄〕　摄〔攝〕　嗫〔囁〕　镊〔鑷〕
颞〔顳〕　蹑〔躡〕

宁

泞〔濘〕　拧〔擰〕　咛〔嚀〕　狞〔獰〕　柠〔檸〕
聍〔聹〕

农
侬〔儂〕 浓〔濃〕 哝〔噥〕 脓〔膿〕

齐
剂〔劑〕 侪〔儕〕 济〔濟〕 荠〔薺〕 挤〔擠〕
脐〔臍〕 蛴〔蠐〕 跻〔躋〕 霁〔霽〕 鲚〔鱭〕
齑〔齏〕

岂
剀〔剴〕 凯〔凱〕 恺〔愷〕 闿〔闓〕 垲〔塏〕
桤〔榿〕 觊〔覬〕 硙〔磑〕 皑〔皚〕 铠〔鎧〕

气
忾〔愾〕 饩〔餼〕

迁
跹〔躚〕

佥
剑〔劍〕 俭〔儉〕 险〔險〕 捡〔撿〕 猃〔獫〕
验〔驗〕 检〔檢〕 殓〔殮〕 敛〔斂〕 脸〔臉〕
裣〔襝〕 睑〔瞼〕 签〔籤〕 潋〔瀲〕 蔹〔蘞〕

乔
侨〔僑〕 挢〔撟〕 荞〔蕎〕 峤〔嶠〕 骄〔驕〕
娇〔嬌〕 桥〔橋〕 轿〔轎〕 硚〔礄〕 矫〔矯〕
鞒〔鞽〕

亲
榇〔櫬〕

穷
劳〔藭〕

区
讴〔謳〕 伛〔傴〕 沤〔漚〕 怄〔慪〕 抠〔摳〕
奁〔奩〕 呕〔嘔〕 岖〔嶇〕 妪〔嫗〕 驱〔驅〕
枢〔樞〕 瓯〔甌〕 欧〔歐〕 殴〔毆〕 鸥〔鷗〕
眍〔瞘〕 躯〔軀〕

啬
蔷〔薔〕 墙〔墻〕 嫱〔嬙〕 樯〔檣〕 穑〔穡〕

杀
铩〔鎩〕

审
谉〔讅〕 婶〔嬸〕

圣
怪〔懌〕 蛏〔蟶〕

师
浉〔溮〕 狮〔獅〕 蛳〔螄〕 筛〔篩〕

时
埘〔塒〕 莳〔蒔〕 鲥〔鰣〕

寿
俦〔儔〕 涛〔濤〕 祷〔禱〕 焘〔燾〕 畴〔疇〕
铸〔鑄〕 筹〔籌〕 踌〔躊〕

属
嘱〔囑〕 瞩〔矚〕

双
𠁁〔攢〕

肃
萧〔蕭〕 啸〔嘯〕 潇〔瀟〕 箫〔簫〕 蟏〔蠨〕

岁
刿〔劌〕 哕〔噦〕 秽〔穢〕

孙
荪〔蓀〕 狲〔猻〕 逊〔遜〕

条
涤〔滌〕 绦〔縧〕 鲦〔鰷〕

万
厉〔厲〕 迈〔邁〕 励〔勵〕 疠〔癘〕 虿〔蠆〕
趸〔躉〕 砺〔礪〕 粝〔糲〕 蛎〔蠣〕

为
伪〔僞〕 沩〔溈〕 妫〔嬀〕

韦
讳〔諱〕 伟〔偉〕 闱〔闈〕 违〔違〕 苇〔葦〕
韧〔韌〕 帏〔幃〕 围〔圍〕 纬〔緯〕 炜〔煒〕
祎〔禕〕 玮〔瑋〕 韨〔韍〕 涠〔潿〕 韩〔韓〕
韫〔韞〕 韪〔韙〕 韬〔韜〕

乌
邬〔鄔〕 坞〔塢〕 呜〔嗚〕 钨〔鎢〕

无
怃〔憮〕 庑〔廡〕 抚〔撫〕 芜〔蕪〕 呒〔嘸〕
妩〔嫵〕

献
谳〔讞〕

乡
芗〔薌〕 飨〔饗〕

写
泻〔瀉〕

寻
浔〔潯〕 荨〔蕁〕 挦〔撏〕 鲟〔鱘〕

亚
垩〔堊〕 垭〔埡〕 挜〔掗〕 哑〔啞〕 娅〔婭〕
恶〔惡、噁〕 氩〔氬〕 壶〔壺〕

严
俨〔儼〕 酽〔釅〕

厌
恹〔懨〕 厣〔厴〕 赝〔贗〕 餍〔饜〕 魇〔魘〕
餍〔饜〕

尧

侥〔僥〕 浇〔澆〕 挠〔撓〕 荛〔蕘〕 峣〔嶢〕
哓〔嘵〕 娆〔嬈〕 骁〔驍〕 绕〔繞〕 饶〔饒〕
烧〔燒〕 桡〔橈〕 晓〔曉〕 硗〔磽〕 铙〔鐃〕
翘〔翹〕 蛲〔蟯〕 跷〔蹺〕

业

邺〔鄴〕

页

顶〔頂〕 顷〔頃〕 项〔項〕 预〔預〕 顺〔順〕
须〔須〕 顽〔頑〕 烦〔煩〕 顼〔頊〕 顽〔頑〕
顿〔頓〕 顾〔顧〕 颁〔頒〕 颂〔頌〕 倾〔傾〕
预〔預〕 庼〔廎〕 硕〔碩〕 颅〔顱〕 领〔領〕
颈〔頸〕 颇〔頗〕 颏〔頦〕 颊〔頰〕 颌〔頜〕
颖〔穎〕 颔〔頷〕 颐〔頤〕 颒〔頮〕 颐〔頤〕
蒇〔蕆〕 频〔頻〕 颓〔頹〕 颔〔頷〕 颖〔穎〕
颗〔顆〕 额〔額〕 颜〔顏〕 撷〔擷〕 题〔題〕
颙〔顒〕 颛〔顓〕 缬〔纈〕 濒〔瀕〕 颠〔顛〕
颠〔顛〕 颢〔顥〕 颡〔顙〕 嚣〔囂〕 颥〔顬〕
颤〔顫〕 巅〔巔〕 颦〔顰〕 癫〔癲〕 灏〔灝〕
颧〔顴〕 颧〔顴〕

义

议〔議〕 仪〔儀〕 蚁〔蟻〕

艺

呓〔囈〕

阴

荫〔蔭〕

隐

瘾〔癮〕

犹

莸〔蕕〕

鱼

鱽〔魛〕　渔〔漁〕　鲂〔魴〕　鱿〔魷〕　鲁〔魯〕
鲎〔鱟〕　蓟〔薊〕　鲆〔鮃〕　鲏〔鮍〕　鲅〔鮁〕
鲈〔鱸〕　鲇〔鮎〕　鲊〔鮓〕　䲟〔鮣〕　稣〔穌〕
鲋〔鮒〕　鲍〔鮑〕　鲐〔鮐〕　鲞〔鯗〕　鲝〔鮺〕
鲚〔鱭〕　鲛〔鮫〕　鲜〔鮮〕　鲑〔鮭〕　鲒〔鮚〕
鲔〔鮪〕　鲟〔鱘〕　鲗〔鰂〕　鲖〔鮦〕　鲙〔鱠〕
鲨〔鯊〕　噜〔嚕〕　鲡〔鱺〕　鲠〔鯁〕　鲢〔鰱〕
鲫〔鯽〕　鲥〔鰣〕　鲩〔鯇〕　鲣〔鰹〕　鲤〔鯉〕
鲦〔鰷〕　鲧〔鯀〕　橹〔櫓〕　氇〔氌〕　鲸〔鯨〕
鲭〔鯖〕　鲮〔鯪〕　鲰〔鯫〕　鲲〔鯤〕　鲻〔鯔〕
鲳〔鯧〕　鲱〔鯡〕　鲵〔鯢〕　鲷〔鯛〕　鲶〔鯰〕
藓〔蘚〕　䲡〔鰌〕　䲠〔鰆〕　鲿〔鱨〕　鳊〔鯿〕
鲽〔鰈〕　鳁〔鰛〕　鳃〔鰓〕　鳄〔鱷〕　镥〔鑥〕
鳅〔鰍〕　鳆〔鰒〕　鳇〔鰉〕　鳌〔鰲〕　[illegible]〔[illegible]〕
䲢〔鰧〕　鳒〔鰜〕　鳍〔鰭〕　鳎〔鰨〕　鳏〔鰥〕
鳑〔鰟〕　癣〔癬〕　鳖〔鱉〕　鳙〔鱅〕　鳛〔鰼〕
鳕〔鱈〕　鳔〔鰾〕　鳓〔鰳〕　鳘〔鰵〕　鳗〔鰻〕
鳝〔鱔〕　鳟〔鱒〕　鳞〔鱗〕　鳜〔鱖〕　鳣〔鱣〕
鳢〔鱧〕

与
屿〔嶼〕 欤〔歟〕

云
芸〔蕓〕 昙〔曇〕 叆〔靉〕 叇〔靆〕

郑
掷〔擲〕 踯〔躑〕

执
垫〔墊〕 挚〔摯〕 贽〔贄〕 鸷〔鷙〕 蛰〔蟄〕
絷〔縶〕

质
锧〔鑕〕 踬〔躓〕

专
传〔傳〕 抟〔摶〕 转〔轉〕 䏝〔膞〕 砖〔磚〕
啭〔囀〕

讠
计〔計〕 订〔訂〕 讣〔訃〕 讥〔譏〕 议〔議〕
讨〔討〕 讧〔訌〕 许〔許〕 记〔記〕 讯〔訊〕
讪〔訕〕 训〔訓〕 讫〔訖〕 访〔訪〕 讶〔訝〕
讳〔諱〕 讵〔詎〕 讴〔謳〕 诀〔訣〕 讷〔訥〕
设〔設〕 讽〔諷〕 讹〔訛〕 䜣〔訢〕 许〔許〕
论〔論〕 讼〔訟〕 讻〔訩〕 诂〔詁〕 诃〔訶〕
评〔評〕 诏〔詔〕 词〔詞〕 译〔譯〕 诎〔詘〕
诇〔詗〕 诅〔詛〕 识〔識〕 诋〔諔〕 诋〔詆〕
诉〔訴〕 诈〔詐〕 诊〔診〕 诒〔詒〕 诨〔諢〕

该〔該〕 详〔詳〕 诧〔詫〕 诓〔誆〕 诖〔註〕
诘〔詰〕 诙〔詼〕 试〔試〕 诗〔詩〕 诩〔詡〕
诤〔諍〕 诠〔詮〕 诛〔誅〕 诔〔誄〕 诟〔詬〕
诣〔詣〕 话〔話〕 诡〔詭〕 询〔詢〕 诚〔誠〕
诞〔誕〕 浒〔滸〕 诮〔誚〕 说〔說〕 诫〔誡〕
诬〔誣〕 语〔語〕 诵〔誦〕 罚〔罰〕 误〔誤〕
诰〔誥〕 诞〔誕〕 诱〔誘〕 诲〔誨〕 诶〔誒〕
狱〔獄〕 谊〔誼〕 谅〔諒〕 谈〔談〕 谆〔諄〕
谂〔諗〕 谇〔誶〕 请〔請〕 诺〔諾〕 诸〔諸〕
读〔讀〕 诼〔諑〕 诹〔諏〕 课〔課〕 诽〔誹〕
诿〔諉〕 谁〔誰〕 谀〔諛〕 调〔調〕 谄〔諂〕
谂〔諗〕 谛〔諦〕 谙〔諳〕 谜〔謎〕 谚〔諺〕
谝〔諞〕 谘〔諮〕 谌〔諶〕 谎〔謊〕 谋〔謀〕
谍〔諜〕 谐〔諧〕 谏〔諫〕 谞〔諝〕 谑〔謔〕
谒〔謁〕 谔〔諤〕 谓〔謂〕 谖〔諼〕 谕〔諭〕
谥〔謚〕 谤〔謗〕 谦〔謙〕 谧〔謐〕 谟〔謨〕
谠〔讜〕 谡〔謖〕 谢〔謝〕 谣〔謠〕 储〔儲〕
谪〔謫〕 谞〔謂〕 谨〔謹〕 谬〔謬〕 谩〔謾〕
谱〔譜〕 谮〔譖〕 谭〔譚〕 谰〔讕〕 谲〔譎〕
谯〔譙〕 蔼〔藹〕 槠〔櫧〕 谴〔譴〕 谵〔譫〕
谳〔讞〕 辩〔辯〕 谶〔讖〕 雠〔讎〕(3) 谳〔讞〕
霭〔靄〕

饣

饥〔饑〕 饦〔飥〕 饧〔餳〕 饨〔飩〕 饭〔飯〕
饮〔飲〕 饫〔飫〕 饩〔餼〕 饪〔飪〕 饬〔飭〕
饲〔飼〕 饯〔餞〕 饰〔飾〕 饱〔飽〕 饴〔飴〕
饳〔飿〕 饸〔餄〕 饷〔餉〕 饺〔餃〕 饻〔餏〕
饼〔餅〕 饵〔餌〕 饶〔饒〕 蚀〔蝕〕 饹〔餎〕
饽〔餑〕 馁〔餒〕 饿〔餓〕 馆〔館〕 馄〔餛〕

馃〔餜〕 馅〔餡〕 馃〔餶〕 馇〔餷〕 馈〔饋〕
馊〔餿〕 馐〔饈〕 馍〔饃〕 馎〔餺〕 馏〔餾〕
馑〔饉〕 馒〔饅〕 馓〔饊〕 馔〔饌〕 馕〔饢〕

昜

汤〔湯〕 扬〔揚〕 场〔場〕 旸〔暘〕 饧〔餳〕
炀〔煬〕 杨〔楊〕 肠〔腸〕 疡〔瘍〕 砀〔碭〕
畅〔暢〕 钖〔鍚〕 殇〔殤〕 荡〔蕩〕 烫〔燙〕
觞〔觴〕

纟

丝〔絲〕 纠〔糾〕 纩〔纊〕 纤〔紆〕 纣〔紂〕
红〔紅〕 纪〔紀〕 纫〔紉〕 纥〔紇〕 约〔約〕
纨〔紈〕 级〔級〕 纺〔紡〕 纹〔紋〕 纬〔緯〕
纭〔紜〕 纯〔純〕 纰〔紕〕 纽〔紐〕 纳〔納〕
纲〔綱〕 纱〔紗〕 纴〔紝〕 纷〔紛〕 纶〔綸〕
纸〔紙〕 纵〔縱〕 纾〔紓〕 纲〔綱〕 唑〔嗂〕
绊〔絆〕 线〔綫〕 绀〔紺〕 继〔繼〕 绂〔紱〕
绋〔紼〕 绎〔繹〕 经〔經〕 绍〔紹〕 组〔組〕
细〔細〕 绌〔紬〕 绅〔紳〕 织〔織〕 绌〔絀〕
终〔終〕 绉〔縐〕 绐〔紿〕 哟〔喲〕 经〔經〕
荮〔葤〕 茎〔莖〕 绞〔絞〕 统〔統〕 绒〔絨〕
绕〔繞〕 绔〔絝〕 结〔結〕 绗〔絎〕 给〔給〕
绘〔繪〕 绝〔絕〕 绛〔絳〕 络〔絡〕 绚〔絢〕
绑〔綁〕 莼〔蒓〕 绠〔綆〕 绨〔綈〕 绡〔綃〕
绢〔絹〕 绣〔繡〕 绥〔綏〕 绦〔縧〕 鸶〔鷥〕
综〔綜〕 绽〔綻〕 绾〔綰〕 绻〔綣〕 绩〔績〕
绫〔綾〕 绪〔緒〕 续〔續〕 绮〔綺〕 缀〔綴〕
绿〔綠〕 绰〔綽〕 绲〔緄〕 绳〔繩〕 绯〔緋〕
绶〔綬〕 绸〔綢〕 绷〔綳〕 绺〔綹〕 维〔維〕

绵〔綿〕 缁〔緇〕 缔〔締〕 编〔編〕 缕〔縷〕
缃〔緗〕 绰〔綽〕 缅〔緬〕 缘〔緣〕 缉〔緝〕
缇〔緹〕 缈〔緲〕 缙〔縉〕 缊〔縕〕 缌〔緦〕
缆〔纜〕 缓〔緩〕 缄〔緘〕 缑〔緱〕 缒〔縋〕
缎〔緞〕 缏〔緶〕 缤〔繽〕 缤〔繽〕 缟〔縞〕
缣〔縑〕 缢〔縊〕 缚〔縛〕 缙〔縉〕 缛〔縟〕
缜〔縝〕 缝〔縫〕 缡〔縭〕 潍〔濰〕 缩〔縮〕
缥〔縹〕 缪〔繆〕 缦〔縵〕 缨〔纓〕 缫〔繅〕
缧〔縲〕 蕴〔蘊〕 缮〔繕〕 缯〔繒〕 缬〔纈〕
缭〔繚〕 橼〔櫞〕 缰〔韁〕 缳〔繯〕 缲〔繰〕
缱〔繾〕 缴〔繳〕 辫〔辮〕 缵〔纘〕

丨
坚〔堅〕 贤〔賢〕 肾〔腎〕 竖〔豎〕 悭〔慳〕
紧〔緊〕 铿〔鏗〕 鲣〔鰹〕

艹
劳〔勞〕 茔〔塋〕 茎〔莖〕 荧〔熒〕 荣〔榮〕
荥〔滎〕 荤〔葷〕 涝〔澇〕 崂〔嶗〕 莹〔瑩〕
捞〔撈〕 唠〔嘮〕 莺〔鶯〕 萤〔螢〕 营〔營〕
萦〔縈〕 痨〔癆〕 嵘〔嶸〕 铹〔鐒〕 耢〔耮〕
蝾〔蠑〕

忄
览〔覽〕 揽〔攬〕 缆〔纜〕 榄〔欖〕 鉴〔鑒〕

只
识〔識〕 帜〔幟〕 织〔織〕 炽〔熾〕 职〔職〕

钅

钆〔釓〕	钇〔釔〕	钉〔釘〕	钋〔釙〕	钌〔釕〕
针〔針〕	钊〔釗〕	钗〔釵〕	钎〔釺〕	钓〔釣〕
钏〔釧〕	钍〔釷〕	钐〔釤〕	钒〔釩〕	钖〔鍚〕
钕〔釹〕	钔〔鍆〕	钦〔欽〕	钫〔鈁〕	钚〔鈈〕
钘〔鈃〕	钪〔鈧〕	钯〔鈀〕	钭〔鈄〕	钙〔鈣〕
钝〔鈍〕	钛〔鈦〕	钘〔鈃〕	钮〔鈕〕	钞〔鈔〕
钢〔鋼〕	钠〔鈉〕	钡〔鋇〕	铃〔鈴〕	钧〔鈞〕
钩〔鈎〕	钦〔欽〕	钨〔鎢〕	铋〔鉍〕	钰〔鈺〕
钱〔錢〕	钲〔鉦〕	钳〔鉗〕	钴〔鈷〕	钺〔鉞〕
钵〔鉢〕	钹〔鈸〕	钼〔鉬〕	钾〔鉀〕	铀〔鈾〕
铟〔鈿〕	铎〔鐸〕	铍〔鏺〕	铃〔鈴〕	铅〔鉛〕
铂〔鉑〕	铄〔鑠〕	铆〔鉚〕	铍〔鈹〕	钶〔鈳〕
铊〔鉈〕	钽〔鉭〕	铌〔鈮〕	钷〔鉕〕	铈〔鈰〕
铉〔鉉〕	铒〔鉺〕	铑〔銠〕	铕〔銪〕	铟〔銦〕
铷〔銣〕	铯〔銫〕	铥〔銩〕	铪〔鉿〕	铞〔銱〕
铫〔銚〕	铵〔銨〕	衔〔銜〕	铲〔鏟〕	铰〔鉸〕
铳〔銃〕	铱〔銥〕	铓〔鋩〕	铗〔鋏〕	铐〔銬〕
铡〔鍘〕	铙〔鐃〕	银〔銀〕	铛〔鐺〕	铜〔銅〕
铝〔鋁〕	铡〔鍘〕	铠〔鎧〕	铨〔銓〕	铢〔銖〕
铣〔銑〕	铤〔鋌〕	铭〔銘〕	铬〔鉻〕	铮〔錚〕
铧〔鏵〕	铩〔鎩〕	揿〔撳〕	锌〔鋅〕	锐〔銳〕
锑〔銻〕	锒〔鋃〕	铺〔鋪〕	铸〔鑄〕	嵌〔嵌〕
锓〔鋟〕	锃〔鋥〕	链〔鏈〕	铿〔鏗〕	锏〔鐧〕
销〔銷〕	锁〔鎖〕	锄〔鋤〕	锅〔鍋〕	锉〔銼〕
锈〔鏽〕	锋〔鋒〕	锆〔鋯〕	锊〔鋝〕	锔〔鋦〕
锕〔錒〕	锏〔鐧〕	铽〔鋱〕	铼〔錸〕	锇〔鋨〕
锂〔鋰〕	锁〔鑕〕	锗〔鍺〕	锞〔錁〕	锭〔錠〕
锗〔鍺〕	锝〔鍀〕	锫〔錇〕	错〔錯〕	锚〔錨〕
锛〔錛〕	锯〔鋸〕	锰〔錳〕	锢〔錮〕	锟〔錕〕

附录一　简化字总表

锡〔錫〕	锣〔鑼〕	锤〔錘〕	锥〔錐〕	锦〔錦〕
锨〔鍁〕	锚〔錨〕	键〔鍵〕	镀〔鍍〕	镃〔鎡〕
镁〔鎂〕	镂〔鏤〕	锲〔鍥〕	锵〔鏘〕	锷〔鍔〕
锶〔鍶〕	锴〔鍇〕	锾〔鍰〕	锹〔鍬〕	镇〔鎵〕
锔〔鋦〕	镄〔鐨〕	锻〔鍛〕	锸〔鍤〕	锼〔鎪〕
锌〔鋅〕	镓〔鎵〕	锐〔鑭〕	镔〔鑌〕	镒〔鎰〕
镐〔鎬〕	镑〔鎊〕	镐〔鎬〕	镉〔鎘〕	镊〔鑷〕
镇〔鎮〕	镍〔鎳〕	镌〔鐫〕	镏〔鎦〕	镜〔鏡〕
镝〔鏑〕	镛〔鏞〕	镞〔鏃〕	镖〔鏢〕	镚〔鏰〕
镗〔鏜〕	镨〔鐠〕	镘〔鏝〕	镡〔鐔〕	镦〔鐓〕
镨〔鐥〕	镨〔鐠〕	镧〔鑭〕	镥〔鑥〕	镤〔鏷〕
镢〔鐝〕	镣〔鐐〕	镫〔鐙〕	镦〔鏑〕	镰〔鐮〕
镱〔鐿〕	镭〔鐳〕	镬〔鑊〕	镮〔鐶〕	镯〔鐲〕
镲〔鑔〕	镳〔鑣〕	镴〔鑞〕	镶〔鑲〕	镵〔鑱〕

⺍

凿〔鑿〕	学〔學〕	觉〔覺〕	搅〔攪〕	誉〔譽〕
鲎〔鱟〕	黉〔黌〕			

睪

译〔譯〕	泽〔澤〕	怿〔懌〕	择〔擇〕	峄〔嶧〕
绎〔繹〕	驿〔驛〕	铎〔鐸〕	萚〔蘀〕	释〔釋〕
箨〔籜〕				

巠

劲〔勁〕	到〔到〕	陉〔陘〕	泾〔涇〕	茎〔莖〕
径〔徑〕	经〔經〕	烃〔烴〕	轻〔輕〕	氢〔氫〕
胫〔脛〕	痉〔痙〕	羟〔羥〕	颈〔頸〕	巯〔巰〕

亦

变〔變〕	弯〔彎〕	孪〔孿〕	峦〔巒〕	娈〔孌〕
恋〔戀〕	栾〔欒〕	挛〔攣〕	鸾〔鸞〕	湾〔灣〕
蛮〔蠻〕	脔〔臠〕	滦〔灤〕	銮〔鑾〕	

呙

剐〔剮〕	涡〔渦〕	埚〔堝〕	啰〔喎〕	莴〔萵〕
娲〔媧〕	祸〔禍〕	膈〔膼〕	窝〔窩〕	锅〔鍋〕
蜗〔蝸〕				

（1）赏：不可误作尝。尝是嘗的简化字（见第二表）。

（2）鬥字头的字，一般也写作門字头，如鬧、鬮、鬩写作闹、阄、阋。因此，这些鬥字头的字可简化作門字头。但鬥争的鬥应简作斗（见第一表）。

（3）雠：用于校雠、雠定、仇雠等。表示仇恨、仇敌义时用仇。

附录二　第一批异体字整理表
（1955年）

A

an
庵〔菴〕
暗〔闇晻〕
案〔桉〕
鞍〔鞌〕
岸〔岍〕

ao
坳〔垇〕
鳌〔鼇〕
翱〔翶〕

B

ba
霸〔覇〕

bai
柏〔栢〕
稗〔粺〕

ban
坂〔岅〕

bang
帮〔幚幇〕
膀〔髈〕

榜〔牓〕

bao
刨〔鉋鑤〕
褓〔緥〕
宝〔寳〕
褒〔襃〕

bei
背〔揹〕
备〔俻〕
悖〔誖〕
杯〔盃桮〕

ben
奔〔犇逩〕

beng
绷〔繃〕

bi
痹〔痺〕
逼〔偪〕
毙〔斃〕
秘〔祕〕
弊〔獘〕
秕〔粃〕

bian
遍〔徧〕

biao
膘〔臕〕

bie
鳖〔鼈〕
瘪〔癟〕

bing
冰〔氷〕
并〔併並竝〕
禀〔稟〕

bo
钵〔缽盋〕
博〔愽〕
驳〔駮〕
脖〔頸〕

bu
布〔佈〕

C

cai
睬〔保〕

踩〔跴〕

采〔寀採〕
彩〔綵〕
　　can
惭〔慙〕
参〔叅〕
　　cao
草〔艸〕
操〔捒捙〕
　　ce
册〔冊〕
厕〔廁〕
策〔筞筴〕
　　cha
碴〔䃎〕
查〔査〕
察〔詧〕
插〔挿〕
　　chan
鏟〔剷剗〕
　　chang
尝〔嚐甞〕
肠〔膓〕
场〔塲〕
　　che
扯〔撦〕
　　chen
嗔〔瞋〕
趁〔趂〕
　　cheng
乘〔椉棄〕

撑〔撐〕
澄〔澂〕
塍〔堘〕
　　chi
吃〔喫〕
翅〔翄〕
耻〔恥〕
痴〔癡〕
敕〔勅勑〕
　　chou
仇〔讎讐〕
瞅〔瞧䁅〕
酬〔酧詶醻〕
綢〔紬〕
　　chu
鋤〔鉏耡〕
蹰〔躕〕
橱〔櫥〕
厨〔廚厨〕
　　chuan
船〔舩〕
　　chuang
創〔剏剙〕
窗〔窓窻牕牎〕
床〔牀〕
　　chui
搥〔搋〕
棰〔箠〕
錘〔鎚〕

　　chun
唇〔脣〕
春〔萅〕
醇〔醕〕
蠢〔惷〕
淳〔湻〕
萏〔蕁〕
　　ci
詞〔䛐〕
辞〔辤〕
糍〔餈〕
鹚〔鷀〕
　　cong
匆〔悤忩〕
葱〔蔥〕
　　cou
湊〔凑〕
　　cu
粗〔觕麤〕
蹴〔蹙〕
　　cuan
篡〔簒〕
　　cui
脆〔胞〕
悴〔顇〕
　　cun
村〔邨〕
　　cuo
銼〔剉〕

D

da
瘩〔瘩〕

dai
呆〔獃騃〕
玳〔瑇〕

dan
啖〔啗噉〕
淡〔澹〕
耽〔躭〕

dang
挡〔攩〕
荡〔盪〕

dao
捣〔搗搞〕
岛〔嶋〕

de
德〔惪〕

deng
凳〔櫈〕

di
堤〔隄〕
抵〔牴觝〕
蒂〔蔕〕

diao
雕〔彫鵰凋琱〕
吊〔弔〕

die
蝶〔蜨〕
叠〔疊疉曡〕

喋〔啑〕

ding
碇〔椗矴〕

dong
动〔働〕

dou
兜〔兠〕
斗〔鬦鬪鬭〕
豆〔荳〕

du
睹〔覩〕
妒〔妬〕

dun
敦〔敎〕
惇〔憞〕
遁〔遯〕
墩〔墪〕

duo
朵〔朶〕
垛〔垜〕
跺〔踩〕

E

e
额〔額〕
扼〔搤〕
莪〔䕩〕
峨〔峩〕
鹅〔鵞䳘〕
婀〔娿媕〕

呃〔阨戹〕
鳄〔鱷〕
腭〔齶〕
讹〔譌〕

en
恩〔恩〕

er
尔〔尒〕

F

fa
罚〔罸〕
筏〔栰〕
法〔灋佱〕
珐〔琺〕

fan
繁〔緐〕
翻〔飜繙〕
凡〔凢〕
帆〔帆颿〕
泛〔汎氾〕

fang
仿〔彷髣倣〕

fei
痱〔疿〕
废〔癈〕

fen
氛〔雰〕

feng
蜂〔蠭逢〕

峰〔峯〕

fu
俯〔俛頫〕
佛〔彿髴〕
婦〔媍〕
附〔坿〕
麸〔粰麱〕

G

ga
戛〔戞〕
嘎〔嘠〕

gai
丐〔匄匃〕
概〔槩〕

gan
赣〔贑灨〕
秆〔稈〕
杆〔桿〕
乾〔亁乹〕
幹〔榦〕

gang
杠〔槓〕
扛〔摃〕
肛〔疘〕

gao
皋〔皐臯〕
槁〔槀〕
糕〔餻〕
稿〔稾〕

ge
阁〔閤〕
胳〔肐骼〕
歌〔謌〕
个〔箇〕

gen
亘〔亙〕

geng
耕〔畊〕
粳〔稉秔〕
鲠〔骾〕

gong
躬〔躳〕

gou
够〔夠〕
钩〔鈎〕
构〔搆〕

gu
雇〔僱〕
菇〔菰〕
鼓〔皷〕

gua
挂〔掛罣〕

guai
拐〔枴〕
怪〔恠〕

guan
管〔筦〕
馆〔舘〕
罐〔鑵〕

gui
规〔槼〕
瑰〔瓌〕

guo
果〔菓〕
椁〔槨〕

H

han
函〔圅〕
悍〔猂〕
焊〔釬銲〕
捍〔扞〕

hao
嗥〔嘷獋〕
皓〔皜暠〕
蚝〔蠔〕

he
呵〔訶〕
盍〔盇〕
核〔覈〕
和〔龢咊〕

heng
恒〔恆〕

hong
哄〔閧鬨〕

hou
猴〔猴〕

hu
呼〔虖嘑謼〕

糊〔粘餬〕　楫〔檝〕　屆〔届〕
胡〔衚〕　勣〔勛〕　階〔堦〕
　　hua　迹〔跡蹟〕　潔〔絜〕
話〔誩〕　期〔朞〕　劫〔刼刧刦〕
嘩〔譁〕　賷〔賫齎〕　杰〔傑〕
花〔苍蘤〕　　　jia　捷〔倢〕
　　huan　假〔叚〕　　　jin
獾〔貛貚〕　夾〔袷袷〕　斤〔觔〕
歡〔懽讙驩〕　　　jian　晉〔晋〕
　　huang　箋〔牋椾〕　緊〔繄繋〕
恍〔怳〕　劍〔劔〕　　　jing
晃〔提〕　鑒〔鑑鍳〕　阱〔穽〕
　　hui　緘〔械〕　徑〔逕〕
毀〔燬譭〕　奸〔姦〕　淨〔凈〕
蛔〔蚘蚘蛕蜖〕　鹼〔鹻〕　脛〔踁〕
輝〔煇暉〕　碱〔堿〕　　　jiong
匯〔滙〕　剪〔翦〕　炯〔烱〕
迴〔廻逥〕　減〔减〕　迥〔逈〕
徽〔徵〕　繭〔蠒〕　　　jiu
　　hun　　　jiang　韭〔韮〕
魂〔䰟〕　繮〔韁〕　救〔捄〕
混〔渾〕　僵〔殭〕　糾〔糺〕
昏〔昬〕　獎〔奬〕　揪〔揫〕
　　huo　　　jiao　廄〔廐廏〕
禍〔旤〕　僥〔儌傲〕　　　ju
　　　　叫〔呌〕　巨〔鉅〕
　　J　剿〔勦勦〕　矩〔榘〕
　　ji　脚〔腳〕　局〔侷跼〕
羈〔羇〕　　　jie　據〔㩀〕
鷄〔雞〕　秸〔稭〕　舉〔擧〕

勬〔勬〕
    juan
狷〔獧〕
眷〔睠〕
倦〔勌〕
    jue
橛〔檿〕
撅〔噘〕
决〔決〕
    jun
俊〔儁僎〕
浚〔濬〕
隽〔雋〕

K

    kai
慨〔嘅〕
    kan
刊〔栞〕
瞰〔矙〕
侃〔偘〕
坎〔埳〕
    kang
糠〔穅粇〕
炕〔匟〕
    kao
考〔攷〕
    ke
咳〔欬〕
疴〔痾〕

尅〔剋〕
    ken
肯〔肎〕
    keng
坑〔阬〕
    kou
寇〔宼冦〕
叩〔敂〕
扣〔釦〕
    ku
裤〔袴〕
    kuai
脍〔鱠〕
    kuan
款〔欵〕
    kuang
况〔況〕
矿〔礦〕
诓〔誆〕
    kui
馈〔餽〕
愧〔媿〕
窥〔闚〕
    kun
昆〔崑崐〕
捆〔綑〕
坤〔堃〕
    kuo
阔〔濶〕
括〔捪〕

L

    la
辣〔辢〕
腊〔臈〕
    lai
赖〔賴〕
    lan
懒〔嬾〕
婪〔惏〕
    lang
螂〔蜋〕
琅〔瑯〕
    lei
泪〔淚〕
    leng
棱〔稜〕
楞〔愣〕
    li
厘〔釐〕
里〔裡〕
历〔歷曆〕
历〔歷厤〕
苈〔藶茘〕
犁〔犛〕
狸〔貍〕
梨〔棃〕
隶〔隸隷〕
藜〔蔾〕
栗〔溧慄〕
璃〔瓈瓈〕

荔〔茘〕
　　lian
廉〔亷廉〕
鐮〔鎌鐮〕
奩〔匲匳籢〕
煉〔鍊〕
敛〔歛〕
　　liang
梁〔樑〕
凉〔涼〕
　　lin
麟〔麐〕
吝〔悋〕
鄰〔隣〕
淋〔痳〕
磷〔燐粦〕
　　ling
菱〔蔆〕
　　liu
留〔畱畄畱〕
琉〔瑠瑠〕
瘤〔癅〕
柳〔栁桺〕
　　long
弄〔挊挵〕
　　lu
櫓〔艣樐艪樐〕
碌〔磟〕
戮〔剹勠〕
爐〔鑪〕

　　lü
緑〔菉〕
　　lüe
略〔畧〕
　　lun
侖〔崙崘〕
　　luo
裸〔躶臝〕
騾〔贏〕
虜〔虜〕

M
　　ma
罵〔罵傌〕
麻〔蔴〕
蟆〔蝦〕
　　mai
脉〔脈衇䘑〕
　　mang
虻〔蝱〕
　　mao
冒〔冐〕
帽〔帽〕
卯〔夘卵〕
猫〔貓〕
牦〔犛氂〕
　　mei
梅〔楳槑〕
　　mi
幂〔冪〕

眯〔瞇〕
覓〔覔〕
　　mian
綿〔緜〕
麵〔麪〕
　　miao
眇〔眇〕
渺〔淼淼〕
妙〔玅〕
　　mie
咩〔哔哗〕
　　min
泯〔冺〕
　　ming
命〔俞〕
冥〔冥冥〕
　　mo
饃〔饝〕
謨〔謩〕
　　mu
幕〔幙〕
畝〔畂畮畆畞畝〕

N
　　na
拿〔舒拏拏〕
　　nai
奶〔嬭妳〕
乃〔迺廼〕

nan
楠〔枏柟〕

nao
閙〔鬧〕

ni
霓〔蜺〕
你〔妳〕
昵〔暱〕
擬〔儗〕

nian
拈〔撚〕
念〔唸〕
粘〔黏〕
年〔秊〕

niang
娘〔孃〕

niao
裊〔嬝嫋褭〕

nie
嚙〔齧囓〕
捏〔揑〕
涅〔湼〕
孽〔孼〕

ning
寧〔寍寗〕

nong
農〔辳〕

nü
衂〔衄魶〕

nuan
暖〔煖曖煗〕

nen
嫩〔嫰〕

nuo
糯〔稬稴〕
挪〔捼挼〕

P

pao
疱〔皰〕
炮〔砲礮〕

pei
胚〔肧〕

peng
碰〔掽踫〕

pi
毗〔毘〕
匹〔疋〕

piao
飄〔飃〕

ping
憑〔凴〕
瓶〔缾〕

po
迫〔廹〕

pu
鋪〔舖〕

Q

qi
戚〔慼慽〕
启〔啟启〕
棋〔碁棊〕
栖〔棲〕
凄〔淒悽〕
旗〔旂〕
弃〔棄〕
憩〔憇〕

qian
鉛〔鈆〕
潜〔潛〕
愆〔諐〕

qiang
强〔彊強〕
襁〔繦〕
牆〔墻〕
艢〔艩〕
羌〔羗羌〕
槍〔鎗〕

qiao
憔〔顦癄〕
蹺〔蹻〕
峭〔陗〕
蕎〔荍〕
鍫〔鍬〕

qie
愜〔慊〕

qin	ren	se
寝〔寑〕	韧〔靭靱靫〕	涩〔澁澀〕
勤〔懃〕	韌〔靱〕	shan
琴〔琹〕	饪〔餁〕	鳝〔鱓〕
撳〔搇〕	衽〔袵〕	删〔刪〕
qiu	妊〔姙〕	姗〔姍〕
丘〔坵邱〕	rong	栅〔柵〕
虬〔虯〕	冗〔宂〕	珊〔瑚〕
鳅〔鰌〕	绒〔羢毧〕	膳〔饍〕
秋〔秌穐〕	熔〔鎔〕	膻〔羶羴〕
球〔毬〕	融〔螎〕	shao
qu	ruan	筲〔籍〕
麴〔麵〕	蠕〔蝡〕	she
驱〔駈敺〕	软〔輭〕	蛇〔虵〕
quan	rui	射〔躲〕
券〔劵〕	蕊〔蘂蕋蘃〕	shen
que	睿〔叡〕	深〔湙〕
权〔榷權〕	ruo	慎〔昚〕
却〔卻刧〕	箬〔篛〕	参〔葠蔘〕
qun		sheng
群〔羣〕	S	升〔阩昇〕
裙〔裠帬〕	sa	剩〔賸〕
	飒〔颯〕	shi
R	sai	虱〔蝨〕
ran	腮〔顋〕	是〔昰〕
冉〔冄〕	san	尸〔屍〕
髯〔髥〕	伞〔傘繖〕	湿〔溼〕
rao	散〔散〕	谥〔諡〕
绕〔遶〕	sang	实〔寔〕
	桑〔桒〕	时〔旹〕

视〔眡眎〕	锁〔鏁〕	峒〔峝〕
柿〔枾〕	蓑〔簑〕	tou
shu	挲〔挱〕	偷〔婾〕
倏〔儵儵〕		tu
庶〔庻〕	**T**	兔〔兎兎〕
竖〔豎〕	ta	tui
漱〔潄〕	塔〔墖〕	腿〔骽〕
疏〔疎〕	拓〔搨〕	颓〔穨〕
薯〔藷〕	它〔牠〕	tun
si	tan	臀〔臋〕
饲〔飤〕	叹〔歎〕	tuo
祀〔禩〕	罎〔罈壜〕	驮〔馱〕
厮〔廝〕	袒〔襢〕	托〔託〕
俟〔竢〕	tang	驼〔駝〕
似〔佀〕	趟〔跿躞踢〕	拖〔拕〕
sou	糖〔餹〕	
嗽〔嗽〕	tao	**W**
搜〔蒐〕	掏〔搯〕	wa
su	縧〔絛縚〕	蛙〔鼃〕
溯〔泝遡〕	teng	袜〔韈韤〕
宿〔宿〕	藤〔籐〕	wan
诉〔愬〕	ti	挽〔輓〕
苏〔蘇甦〕	剃〔薙髢〕	浣〔澣〕
sui	啼〔嗁〕	玩〔翫〕
岁〔歲〕	蹄〔蹏〕	碗〔盌椀鋺〕
sun	tiao	wang
笋〔筍〕	眺〔覜〕	亡〔亾〕
飧〔飱〕	tong	望〔朢〕
suo	筒〔筩〕	往〔徃〕
琐〔瑣〕	同〔仝衕〕	罔〔冈〕

wei	闲〔閒〕	胸〔胷〕
喂〔餵餧〕	娴〔嫻〕	xiu
猬〔蝟〕	涎〔次〕	修〔脩〕
wen	綫〔線〕	绣〔繡〕
吻〔脗〕	籼〔秈〕	锈〔鏽〕
蚊〔蟁蠢〕	xiang	xu
weng	享〔亯〕	叙〔敘敍〕
瓮〔甕罋〕	饷〔饟〕	勖〔勗〕
wu	嚮〔曏〕	恤〔卹賉䘏〕
污〔汙汚〕	厢〔廂〕	婿〔壻〕
坞〔隖〕	xiao	xuan
忤〔牾〕	笑〔咲〕	喧〔誼〕
	效〔効傚〕	楦〔楥〕
X	xie	萱〔蕿蘐藼蕙〕
xi	胁〔脇〕	璇〔璿〕
嘻〔譆〕	邪〔衺〕	xue
溪〔谿〕	蟹〔蠏〕	靴〔鞾〕
晰〔晳皙〕	燮〔爕〕	xun
席〔蓆〕	蝎〔蠍〕	熏〔薰燻〕
熙〔熈煕〕	泄〔洩〕	徇〔狥〕
戏〔戱〕	绁〔紲〕	勋〔勳〕
膝〔厀〕	鞋〔鞵〕	埙〔壎〕
xia	携〔攜攜擕〕	寻〔尋〕
厦〔廈〕	xin	巡〔廵〕
狭〔陿〕	欣〔訢〕	
xian	xing	**Y**
衔〔銜啣〕	幸〔倖〕	ya
弦〔絃〕	xiong	鸦〔鵶〕
仙〔僊〕	汹〔洶〕	丫〔枒椏〕
鲜〔尠蠾尟〕	凶〔兇〕	

yan
赝〔贗〕
雁〔鴈〕
验〔驗〕
烟〔煙菸〕
胭〔臙〕
燕〔鷰〕
黡〔黶〕
腌〔醃〕
咽〔嚥〕
檐〔簷〕
岩〔巖巌嵒〕
焰〔燄〕
艳〔豔豓〕
宴〔讌醼〕

yang
扬〔揚颺敭〕

yao
淆〔殽〕
肴〔餚〕
耀〔燿〕
咬〔齩〕
拗〔抝〕
窑〔窯窰〕
夭〔殀〕

ye
野〔埜壄〕
夜〔亱〕
烨〔爗曄〕

yi
翳〔瞖〕
异〔異〕
咿〔吚〕
移〔迻〕
以〔㕥㠯〕

yin
因〔囙〕
殷〔慇〕
饮〔飲〕
淫〔婬滛〕
喑〔瘖〕
堙〔陻〕
阴〔陰〕
吟〔唫〕
荫〔廕〕
姻〔婣〕

ying
嚶〔罃〕
颖〔穎〕
映〔暎〕
莺〔鶯〕

yong
咏〔詠〕
涌〔湧〕
恿〔慂恩〕
雍〔雝〕

you
游〔遊〕

yu
于〔於〕
寓〔庽〕
欲〔慾〕
逾〔踰〕
愈〔癒瘉〕
郁〔鬱欝〕

yuan
冤〔寃寬〕
猿〔猨蝯〕

yue
岳〔嶽〕

yun
韵〔韻〕

Z

za
杂〔襍〕
匝〔帀〕

zai
灾〔災烖菑〕
再〔再冄〕

zan
咱〔喒喠偺俗〕
赞〔賛讚〕
簪〔篸〕

zang
葬〔塟塟〕

zao
唣〔唕〕

糟〔蹧〕	zhen	猪〔豬〕
噪〔譟〕	针〔鍼〕	zhuan
皂〔皁〕	鸩〔酖〕	砖〔甎塼〕
zha	砧〔碪〕	撰〔譔〕
札〔剳劄〕	珍〔珎〕	专〔耑〕
闸〔牐〕	侦〔遉〕	馔〔籑〕
榨〔搾〕	zhi	zhuang
扎〔紥紮〕	卮〔巵〕	妆〔粧〕
咤〔吒〕	帙〔袠袟〕	zhuo
zhai	址〔阯〕	斫〔斵斲斵〕
寨〔砦〕	置〔寘〕	桌〔棹〕
斋〔斋〕	跖〔蹠〕	zi
zhan	栀〔梔〕	姊〔姉〕
盏〔琖醆〕	祇〔祇秖〕	资〔貲〕
毡〔氊〕	志〔誌〕	眦〔眥〕
占〔佔〕	纸〔帋〕	zong
崭〔嶃〕	稚〔穉稺〕	偬〔傯〕
暂〔蹔〕	侄〔姪妷〕	鬃〔騌騣鬉〕
沾〔霑〕	zhong	踪〔蹤〕
zhang	冢〔塚〕	棕〔椶〕
獐〔麞〕	衆〔眾〕	粽〔糉〕
zhao	zhou	zu
照〔炤〕	周〔週〕	卒〔卆〕
棹〔櫂〕	咒〔呪〕	zuan
zhe	帚〔箒〕	纂〔篹〕
浙〔淛〕	zhu	钻〔鑽〕
辄〔輙〕	煮〔煑〕	樽〔罇〕
谪〔讁〕	箸〔筯〕	zui
哲〔喆〕	伫〔竚佇〕	最〔冣冣〕
慑〔慴讋〕	注〔註〕	罪〔辠〕

北京大学出版社语言学教材总目

博雅21世纪汉语言专业规划教材：专业基础教材系列

　　语言学纲要（修订版）　叶蜚声、徐通锵著，王洪君、李娟修订
　　语言学纲要（修订版）学习指导书　王洪君等编著
　　现代汉语（第二版）（上）　黄伯荣、李炜主编
　　现代汉语（第二版）（下）　黄伯荣、李炜主编
　　现代汉语学习参考　黄伯荣、李炜主编
　　古代汉语　邵永海主编（即出）
　　古代汉语阅读文选　邵永海主编（即出）
　　古代汉语常识　邵永海主编（即出）

博雅21世纪汉语言专业规划教材：专业方向基础教材系列

　　语音学教程（增订版）　林焘、王理嘉著，王韫佳、王理嘉增订
　　实验语音学基础教程　孔江平编著
　　现代汉语词汇学教程　周荐编著
　　简明实用汉语语法教程（第二版）　马真著
　　当代语法学教程　熊仲儒著
　　修辞学教程（修订版）　陈汝东著
　　汉语方言学基础教程（第二版）　李小凡、项梦冰编著，项梦冰修订
　　语义学教程　叶文曦编著
　　新编语义学概要（修订版）　伍谦光编著
　　语用学教程（第二版）　索振羽编著
　　语言类型学教程　陆丙甫、金立鑫主编
　　汉语篇章语法教程　方梅编著（即出）
　　汉语韵律语法教程　冯胜利、王丽娟著

新编社会语言学概论　祝畹瑾主编
计算语言学教程　詹卫东编著（即出）
音韵学教程（第五版）　唐作藩著
音韵学教程学习指导书　唐作藩、邱克威编著
训诂学教程（第三版）　许威汉著
校勘学教程　管锡华著
文字学教程　喻遂生著
汉字学通论（第二版）　孔祥卿、史建伟、孙易、白艳章编著
汉字学教程　罗卫东编著（即出）
文化语言学教程　戴昭铭著（即出）
历史句法学教程　董秀芳著（即出）

博雅21世纪汉语言专业规划教材：专题研究教材系列

实验语音学概要（增订版）　鲍怀翘、林茂灿主编
现代汉语词汇（重排本）　符淮青著
现代汉语语法研究教程（第五版）　陆俭明著
汉语语法专题研究（增订版）　邵敬敏等著
现代实用汉语修辞（修订版）　李庆荣编著
新编语用学概论　何自然、冉永平编著
语法分布描写方法与案例　金立鑫编著
外国语言学简史　李娟编著（即出）
近代汉语研究概要　蒋绍愚著
汉语白话史　徐时仪著
说文解字通论　黄天树著
甲骨文选读　喻遂生编著（即出）
商周金文选读　喻遂生编著（即出）
汉语语音史教程（第二版）　唐作藩著
音韵学讲义　丁邦新著
音韵学答问　丁邦新著
音韵学研究方法导论　耿振生著

博雅西方语言学教材名著系列

语言引论（第八版中译本）　弗罗姆金等著，王大惟等译
语音学教程（第七版中译本）　彼得·赖福吉等著，张维佳、田飞洋译
语音学教程（第七版影印本）　彼得·赖福吉等著
方言学教程（第二版中译本）　J.K.钱伯斯等著，吴可颖译
构式语法教程（影印本）　马丁·休伯特著
构式语法教程（中译本）　马丁·休伯特著，张国华译